Ein honiggoldener Kaminfeuerherbst

Sarina Gygi

Text: Sarina Gygi
Illustrationen: Sarina Gygi
Covergestaltung: Verlagshaus Schlosser
Coverabbildung: Adobe Firefly und AdobeStock
Satz und Layout: Verlagshaus Schlosser
ISBN 978-3-7581-0081-9
Druck: Verlagsgruppe Verlagshaus Schlosser
D-85652 Pliening • www.schlosser-verlagshaus.de

Printed in Germany

An alle, die auch noch auf der Suche nach ihrem Glück sind

Inhaltsverzeichnis

Knusprig goldgelb 7
Ein fremdes Zuhause 21
An meine geliebte Tochter 32
Bruchstücke zusammenfügen 43
Niemals ohne Einhorn im Gepäck verreisen ... 55
Rote Ampel für grüne Pflanzen 69
Gestrandet 85
Schon wieder gestrandet 96
Est-ce que vous avez besoin une Mitfahrgelegenheit ? 108
In guten alten Zeiten 120
Nur das Beste mit Honig obendrauf 135
Kryptische Botschaft 150
Abgepackte Erinnerungen 155
Wo heisse Schokolade out ist 172
Sich um seinen eigenen Scheiss kümmern 189
Nachts rauchen alle Eulen Zigaretten 198
Smaragdgrün 214

Gleise sind Einbahnstrassen 226
Glasklar wie Wasser in Thermosflaschen 231
La fête est finie 250
Eine Fischgräte zur Freiheit 261
Naturfotografie ist ein gefährlicher Beruf 277
Was schon immer vor der Nase lag 285
Vom Vergeben und Vergessen 296
BRO'S 307
Der absolut unromantischste
Platz der Welt 320
Der Star des Tages 333
Blumenbergs (annektierte!)
französische Honigspezialitäten 349
Véra's Frühstücksporridge
mit Honig und Nüssen 350
Französischer Nougat vom Herbstmarkt 351
Véra's Madeleines
als süße Frühstücks-Sünde 352
Nachwort der Autorin 353

- Kapitel 1-

Knusprig goldgelb

Es waren vor allem Bewegungen, die mir in ihrer Ausführung allzu vertraut waren, die sich hier einfach nur fremd anfühlten. Teller hin und her zu tragen, unterschied sich nicht wirklich davon, Honiggläser zu sortieren. Sie mit einem Waschlappen abzutrocknen dasselbe, als würde ich den Honig von den Rahmen aus den Bienenkästen abstreifen. Einkassieren blieb einkassieren, auch wenn für etwas anderes gezahlt wurde.

Arbeiten mit den Händen – das konnte ich eigentlich gut. Nur hier fühlte es sich an, als wäre ich in einer anderen Welt gelandet. In einer Welt, in der es ein unscheinbarer Montag war – nicht Donnerstag – an dem ein neues Abenteuer begann.

Dass ich Montage hasste, wusste ich, seit in die Schule ging. Wie abgrundtief ich diesen ersten Tag der Woche wirklich hasste, das ist mir erst bewusst geworden, als ich die Lehre in einer miefenden Imbissbude in der Stadt begonnen habe. Ob man es mir glaubte oder nicht, aber Wochentage konnte man wirklich töten wollen. Genauso wie das bei Vorgesetzten der Fall sein konnte, auch wenn ich niemals einen Menschen umbringen könnte.

«Was trödelst du eigentlich die ganze Zeit hier hinten herum? Die Gäste warten auf ihre Fritten!»

Mein Chef kam in die Küche gerauscht, ehe ich mich innerlich dagegen hätte wappnen können. Der bauchige Mann mit dem ungepflegten Bart – Anfang dreißig, gab mir gar keine Gelegenheit dazu, seine rhetorische Frage zu beantworten.

«Die Jungen werden immer mühsamer. Erst wollen sie nicht in die Schule, lieber *Kohle* machen, und dann suchen sie sich begeistert eine Arbeitsstelle. Wenn sie erst gemerkt haben, dass Arbeiten nicht heißt herumzusitzen und zuzusehen, wie die Kunden einem das Geld in den Schoß werfen und dann haben sie *keinen Bock* mehr», redete er vor sich hin, halb zu sich und halb in den Raum hinein, wobei ihm schon bewusst sein musste, dass ich auch in diesem war, während er ein paar Akten durchblätterte. «Wir machen Verluste in diesem Monat. Die Leute kommen nicht mehr gerne in's *JOE'S.»*

Kein Wunder, dachte ich mir, sprach meinen Gedanken aber nicht aus. Der bloße Anblick meines Vorgesetzten, der in einer Jogginghose, die ihm bestimmt zwei Nummern zu eng war und einen Schokoladenfleck auf der Rückseite hatte, vor mir stand und seine Haare bestimmt schon seit zwei Wochen nicht mehr gewaschen hatte, was man mittlerweile am bloßen

Anblick erkannte, war mir Bestätigung genug dafür, dass ich richtig lag.

«Entweder liegt es an der Baustelle, die sie zwei Straßen weiter hingepflanzt haben, die die Leute zwingt, den Zugang über die noch engere Seitengasse zu nehmen, oder es liegt an unserem schlampigen Personal.»

Er bedachte mich mit einem bösen Blick, mehr fiel ihm aber nicht ein und er verliess die Küche. Kommentarlos.

Ich seufzte. Ehe ich die Schultern hängen ließ, besann ich mich aber etwas Besserem, straffte den Rücken und band mir die Schürze enger um, damit sie an meiner schlanken Taille nicht herunterrutschte. Eine Portion Pommes wartete auf mich.

Ich machte mich an das, was erklärte, warum ich abends immer so furchtbar roch, wenn ich in meine kleine Wohnung kam. Aus einer Gefriertruhe fischte ich eine zwei-Kilo-Packung billiger, tiefgefrorener Pommes hervor und wendete mich der Fritteuse zu, die ich vorbildlich schon angeschaltet hatte. Aufwärmen brauchte Zeit. Zeit war Geld. Kaum hatte das Öl darin zu blubbern begonnen, schüttete ich die gelben Stäbchen hinein, die absolut gar nichts mehr mit frischen Kartoffeln aus dem Garten zu tun hatten.

Zwei Jahre, dann wäre das hier vorbei, sagte ich mir immer wieder. Nur zwei verdammt endlose Jahre dauerte es, bis ich zertifizierte Restaurantfachfrau sein würde und mich auf den Weg zu meinem eigenen Bistro begeben konnte. Ein Ort – am besten ein kleiner, überschaubarer, gut belichtetet Raum in der Stadt – der zum Schwelgen und Verweilen einlud. Ein Ort, der nur so vor guter Laune und Wärme strotzte und die Gäste mit natürlichen Dekorationen, Blumen und vielen Pflanzen beeindruckte. Ein Ort, an dem man sich gerne nach einer strengen Arbeitswoche einfand, Leute kennenlernte, Altbekannte traf und sich obendrein mit meinen berühmten Honigspezialitäten und Kaffee verwöhnen ließ. Im Winter und im Herbst würde es auf der Karte...

Ich wurde in meinem Gedankengang jäh unterbrochen. «Knusprig goldgelb, nicht *pinkelhart* dunkelbraun.»

Haha, ein Zitat. Nur hörten sich die liebsten Worte des Tadels meines Vorgesetzten, die ein Wort verwendeten, das es nicht einmal gab, aus Jonas Mund überhaupt nicht bösartig, ja gar schon witzig an. Mit einem Lächeln im Gesicht, oder zumindest einem müden, niedergeschlagenen Heben meiner Mundwinkel, drehte ich mich zu meinem Arbeitskollegen um. Jedenfalls war es ein authentischer Zug. Jonas zu sehen, machte mich glücklich. Immer. Ich wüsste nicht, wie ich die Zeit hier ohne einen affigen Bienenallergiker an meiner Seite überstehen würde.

«Besser etwas zu dunkel geraten als in der Mitte noch durchgefroren», konterte ich, woraufhin Jonas mich freundschaftlich in die Seite zwickte und ich leise aufschreien musste. Ich unterdrückte einen weiteren Laut, da dieser nur die Aufmerksamkeit unseres bärtigen Sesselhockers erregt hätte, die wir gerade nicht nötig hatten.

«Kann ich dir bei etwas behilflich sein?», fragte mich Jonas, der meine Nachdenklichkeit natürlich sofort bemerkt hatte.

«Nein danke, schon in Ordnung. Ich mach nur noch schnell die Bestellung hier fertig und bringe sie zu Tisch sieben», erwiderte ich, während ich tat, was ich angekündigt hatte und nach den Fritten schaute. Noch nicht knusprig goldgelb. Hatte ich es mir doch gedacht.

«Sonst sagst du Bescheid, ich soll nämlich Pause machen und könnte derweilen für dich übernehmen.»

Verblüfft drehte ich mich zu Jonas um, der unmittelbar hinter mir stand, und sah ihm in die Augen – seine smaragdgrünen Augen – die auch noch nach einem langen Arbeitstag lebendig funkelten.

«Schon wieder? Ich meine, das sollte jetzt nicht vorwurfsvoll klingen. Wenn einer eine Pause verdient hat – dann du! Aber manchmal habe ich das Gefühl, dass *Sessel* dich lieber mag als mich. Viel lieber.»

Sessel – so nannten wir ihn heimlich, unseren Vorgesetzten. Es fiel uns leicht, ihn uns zu Hause in Jogginghose auf dem Sofa vorzustellen, mit einer Tüte Chips und einer aufgerissenen Familientafel Schokolade in der Hand.

«Lass dich von dem Typen nicht runterziehen, Kira. Er ist vielleicht unser Chef, aber als Mensch nicht mehr wert als irgendein anderer. Nach der Lehre werden wir ihn nie wiedersehen.»

Jonas wusste wie immer genau, wann er mich mit schlauen Sprüchen aufmuntern konnte. Dafür hatte er ein besonderes Talent.

«Augen zu und durch, haben wir gesagt – richtig?»

«Am Ende wird es sich lohnen. *Yoki's Honighaus* lächelt uns schon entgegen.»

Jetzt war ich diejenige, die Jonas in gespielter Entrüstung in die Seite boxte, weil er den Namen unsere Bistros verwendete – einen kitschigen Namen – der uns in jener Sommernacht draußen auf der Wiese zu Kopf gestiegen war. Natürlich ging unser jugendliches, leichtsinniges Leben langsam dem Ende zu. Aber als ich es mir erlaubte, Jonas nochmal in die Augen zu sehen, die bei längerem Betrachten noch viel mehr Tiefe hatten und jetzt nicht mehr hinter einer Brille versteckt waren, weil er Kontaktlinsen trug, erkannte ich immer noch den schlaksigen Praktikanten mit den blonden Locken und den großen Träumen darin. Und genau der durfte meinetwegen so lange bleiben, wie er wollte.

Jonas' herber, würziger Duft strömte mir in die Nase, der so einen krassen Kontrast zum penetranten Geruch nach gedämpften Zwiebeln, gebratenem Fleisch und Frittiertem bildete, dass ich für einen kurzen Moment die Augen schließen musste, um dem Verlangen zu widerstehen, ihm in die Arme zu fallen. Träumte ich das nur oder stand er wirklich so dicht vor mir, dass sich unsere Nasespitzen fast berührten?

Ich verlor mich viel zu oft in Träumen, das war mir bewusst. Momentan waren es Träume, in denen Jonas vorkam und ich mir ausmalte, wie wir in Zukunft zusammen eine tolle, gemeinsame Arbeit finden würden. Eine bessere als diese öde Fressbude, bei der wir nur einsteigen mussten, weil sich am Ende der Sommerferien nicht mehr viele freie Lehrplätze angeboten hatten. Ich stelle mir vor, oft äußerst sehnsüchtig, wie wir beide einer Zukunft entgegensteuerten, die uns endlich – nach allem, was geschehen war – glücklich machen würde.

Ehe ich mich zu sehr von seiner Anwesenheit ablenken ließ, wandte ich mich um und zog die Fritten aus dem Öl.

Knusprig goldgelb. Ging doch.

«Hattest du schöne Herbstferien?», fragte ich ihn, um das Thema zu wechseln. Das zwischen uns war eine unausgesprochene Sache. Vermutlich bildete ich mir zu viel ein, wenn ich an unseren Kuss im hohen Gras dachte und mir vorstellte, dass zwischen uns etwas sein könnte. Dass da etwas war und noch mehr daraus werden könnte.

Vermutlich hatte er das Ganze als puren, jugendlichen Leichtsinn abgestempelt und schon längst vergessen, was passiert war… Oder nicht? Wie auch immer, ich hätte es nie über mich gebracht, ihn darauf anzusprechen.

Nie. Im. Leben.

Egal, wie mutig ich war, das war ein Thema, das mir die Knie weich werden ließ und es immer tun würde.

«Wir waren in Mallorca. Habe ich dir schon erzählt, glaube ich. Meine Mutter, meine kleine Schwester und ich. War schön dort, ein bisschen zu heiß vielleicht für den Herbst.»

«Das heißt?»

«30 Grad im Schatten?»

Ich lachte auf.

«Dann sollte ich mich also glücklich schätzen, dass mein Vater und ich im Geldsparmodus sind, um das Honighaus wieder aufzubauen, und deshalb in Holland geblieben sind. Es war ein kühler, windiger Herbst auf Balkonien.»

«Aber du hattest ja noch Geburtstag. Habt ihr gefeiert?»

Dass ich an diesem Tag fast vergessen hätte, dass ich Geburtstag haben würde, war ja schon traurig genug gewesen und ich würde es Jonas nie gestehen. Aber nun war mir schon wieder glatt entfallen, dass ich ja jetzt nicht mehr fünfzehn, sondern sechzehn Jahre alt war.

«Im kleinen Rahmen – ja. Es war ein schönes Fest. Oder zumindest – gemütlich. Tante Serafin hat mal wieder ihre berühmte Bienenstichtorte mitgebracht.»

«Dann habe ich ja was verpasst. Sorry, dass ich nicht da sein konnte. Aber meiner Mutter sind Ferien mit der Familie heilig. Ich habe da aber noch etwas für dich, dass ich dir nachträglich schenken möchte. Hättest du Lust, nach der Arbeit noch etwas zu mir nach Hause zu kommen?»

Natürlich hätte ich das. Und ich hätte auch nicht gezögert, sofort zuzusagen, wüsste ich nicht, dass bei mir in meinem Mietzimmer noch ein Stapel Hausaufgaben für die Schule, die immer donnerstags stattfand, auf mich wartete. Leider – so furchtbar blöd das auch war – war ich ein pflichtbewusster Mensch.

«So gerne ich auch kommen würde, aber ich habe noch zu tun für morgen.»

Jonas sah aufrichtig enttäuscht aus. Das hätte ich nicht erwartet. Und es ließ mich meine Entscheidung nochmal überdenken.

«Komm schon, man wird nur einmal sechzehn. Wir müssen deinen Geburtstag noch etwas nachfeiern. Außerdem freut sich Viviana auch schon riesig auf dich.»

Das Viviana es kaum erwarten konnte, mir ihre Schleichpony Sammlung zu zeigen, die seit dem letzten Mal sicher um ein paar Plastikpferdchen angewachsen war, glaubte ich ihm nur allzu gerne. Jonas' kleine Schwester würde mich am liebsten behalten, wenn niemand sie jedes Mal wie eine Klette von mir ziehen würde. Eine äußerst hartnäckige Klette.

«Na gut, aber nicht zu lange. Ich möchte keine Nachtschicht einlegen müssen, um den Kram zu erledigen.»

Jetzt wirkte Jonas zufrieden. Am liebsten hätte ich noch stundenlang hier gestanden und mit ihm geredet, ich hatte ihn schließlich seit zwei Wochen nicht mehr gesehen. Aber die Pflicht rief.

Mit Ketchup, drei Bechern Cola und zwei großen Portionen Fritten auf dem Tablett machte ich mich auf den Weg in den Gästebereich – ein karg eingerichteter Raum, düster und beleuchtet durch Neonröhren an den Wänden.

Überall verteilt standen klobige, runde Plastiktische mit farblich unpassenden, bunten Stühlen dazu. An der nackten Betonwand gegenüber der Theke hing ein Fernseher, in dem meistens ein Sportsender lief, gleich daneben ein gemaltes Bild, das – wie mein Chef immer sagte – eine Laterne im nächtlichen Park darstellen sollte, für mich aber eindeutig eine halbnackte Frau im Stripclub zeigte.

Tisch sieben steuerte ich an, wo ein reich aussehendes Paar mit einem kleinen Jungen saß. Glücklich sahen sie nicht aus, als ich das frisch frittierte Essen vor ihnen abstellte und die Becher verteilte.

«Sie sind schlecht besucht heute, wie ich sehe», sagte die Frau zu mir, ohne mich anzusehen und strich sich dabei eine weißblond gefärbte Haarsträhne aus dem Gesicht, obwohl diese eigentlich gar nie verrutscht war.

«Wir haben generell nicht viele Besucher. Eigentlich nur Stammkunden.»

«Da frage ich mich, warum es so lange gedauert hat, bis sie unsere Bestellung geliefert haben.»

Beinahe hätte ich das Ketchup fallen gelassen, das ich in den Händen hielt. Ich schluckte schwer. Obwohl ich solche Kommentare mittlerweile gewohnt war, hörte es nie auf wehzutun, wenn mit Pfeilen nach einem geschoßen wurde.

Weil es eben seine Zeit braucht, bis die Fritten fertig waren, egal, wie viele Portionen man in der Fritteuse hat. Knusprig goldgoldgelb mussten sie sein, nicht schlampig und innen noch durchgefroren, hätte ich am liebsten geantwortet. Aus Erfahrung hielt ich den Mund.

Sich zu verteidigen brachte nichts. Am besten, man entschuldigte sich einfach, nahm die Schuld auf sich und die Gäste waren zufrieden. Mit etwas Glück gab es dann auch noch etwas Trinkgeld. Wehrte man sich gegen alles, was einem unfair vorkam, führte das nur zu einem Durcheinander.

Das hatte ich lernen müssen. Mein Temperament zu zügeln. Und dass die Welt eben unfair war.

«Entschuldigen Sie, aber ich wollte mir lieber Mühe geben, als etwas Ungenießbares auf den Tisch zu stellen. Nächstes Mal werde ich mich beeilen – noch mehr beeilen.»

Und hoffentlich würde es dieses nächste Mal nie geben.

Die Frau sah aus, als würde sie mir da vollkommen zustimmen. Sie wollte schon den Mund aufmachen, doch genau in diesem Moment klingelte das Handy in meiner Hosentasche. Ich hatte das Ding nun schon seit ungefähr einem halben Jahr, zuckte aber dennoch jedes Mal zusammen, wenn es einen Ton von sich gab und noch mehr, wenn es vibrierte, als hätte ich vergessen, dass da dieser Fremdkörper immer in meiner Hosentasche steckte.

Reflexartig zog ich das Ding hervor, auch wenn es sich nicht gehörte, hier vor den Gästen. Aber ich musste wissen, wer versuchte, mich zu erreichen. Ich konnte den Anruf immer noch wegdrücken, wenn es nichts Wichtiges war.

Auf dem Display erkannte ich den Namen meines Vaters, so wie ich ihn eingespeichert hatte mit dem roten Herz hintendran.

Was wollte er von mir? Es war höchst eigenartig, dass er mich auf der Arbeit anrief. Vielleicht war etwas in der Imkerei passiert?

Ich beschloss, dass der Anruf wichtig genug sein musste und drückte zur großen Entrüstung der Familie – die Frau klappte den Mund wieder zu – auf den grünen Hörer, während ich kehrtmachte und mich in die Küche zurückbegab, wo nur Jonas war, der gerade Zwiebeln und Knoblauch kleinschnippelte. Wenn jemand meine Privatgespräche mitanhören durfte, dann nur er.

«Papa? Alles in Ordnung bei dir?»

Es knarzte einmal in der Leitung. Instinktiv drückte ich das Handy näher an mein Ohr.

«*Kira mein Schatz. Es tut mir so leid, dass ich dich bei der Arbeit stören muss. Ich hoffe, das geht in Ordnung.*»

«Jaja, kein Problem!», rief ich aus und versuchte, meine Stimme hell klingen zu lassen. Hell und gut gelaunt. Vielleicht, um meinen Vater zu beruhigen, vielleicht aber auch, um mich selbst vor dem zu wappnen, was gleich kommen würde.

«*Du weisst, dass ich nicht angerufen hätte, wenn es nicht wichtig wäre.*»

Stumm nickte ich. Und wie mir das bewusst war.

«Schlechte Nachrichten also?», sprach ich es aus, weil ich nicht gerne um den heißen Brei herumredete.

Neben mir sah Jonas von seiner Arbeit auf, ein fragender Blick stand ihm ins Gesicht geschrieben. Ich bedeutete ihm mit einer Handbewegung, dass er ruhig weitermachen sollte und ich ihm gleich alles erklären würde. Er dachte nicht einmal daran, sondern legte das Messer beiseite und trat näher zu mir heran, als wollte er mich beschützen. Wäre auch zu schön gewesen, hätte er mich innerlich genauso behüten können, wie er es von außen konnte.

«*Nein, es sind nicht unbedingt schlechte Nachrichten. Aber auch nicht gute. Es ist eher – es ist kompliziert.*»

«Dann erklär es mir. Ich bin ja nicht dumm. Dafür hast du ja angerufen, oder nicht? Ich habe Zeit.»

Hatte ich nicht, aber das spielte jetzt auch keine Rolle. Am anderen Ende der Leitung hörte ich Oskar einmal tief ein- und ausatmen.

«Es geht um deine Mutter. Johanna hat... in den Trümmern des Honighauses, wir haben eine Kiste gefunden mit Sachen, die ihr gehörten. Und darin war...»

Ich hörte meinen Vater seufzen, was mich drauf aufmerksam machte, wie ich selbst bis jetzt die Luft angehalten hatte.

«... darin war auch ein Brief für dich.»

-Kapitel 2-

Ein fremdes Zuhause

Genauso stürmisch, wie mir der kühle Herbstwind um die Ohren pfiff, als ich in der Dämmerung den Feldweg entlang bis zu meinem Haus lief, sah es in mir drinnen aus. Ich beschleunigte meine Schritte, um so schnell wie möglich ins Warme zu kommen und mir keine Erkältung einzufangen, während ich den karierten Mantel enger um meinen Körper wickelte.

Noch schneller lief ich, als ich bemerkte, wie mich die Bewegung ablenkte. Von dem, dessen ich mich würde stellen müssen, wenn ich mein Ziel erreicht hätte. Es war so viel leichter, sich auf die Schritte zu konzentrieren, als sich mit Gedanken daran zu beschäftigen, was noch in den Sternen lag.

Ich blickte in den Himmel hinauf, wo ich im letzten Hell der schon länger untergegangenen Sonne Wolkenfetzen ausmachen konnte, die vom Wind getrieben wurden.

Wir hatten Ende Oktober. Dass es um sechs schon fast stockfinster war, war nichts Ungewöhnliches. Wann die Sonne unterging, wusste ich genau, da ich immer bis um sieben arbeitete und den Sonnenuntergang miterlebte, auch wenn man ihn in der Stadt nur erahnen konnte, wenn man zwischen den Hochhäusern in den Himmel hinaufblickte. Nur im Hochsommer war es zu dieser Zeit noch hell.

Ich kam also immer im Finsteren in mein gemietetes Zimmer in der Stadt zurück. Das ließ einen langen Arbeitstag noch härter wirken.

Am Ende des Weges wurde das Gebäude immer größer, auf das ich mit schnellen Schritten zuging. Mein Haus. Das hieß, es war einmal mein Haus. Der Ort, an dem ich aufgewachsen war und der deshalb mit vielen Gefühlen verbunden war.

Wenn ich an die Zeit dachte, die ich hier mit meiner Familie erlebt hatte, mit den Bienen und wie Jonas diesen Sommer hergekommen war, dann waren es glückliche Erinnerungen. Dachte ich an Mama's Autounfall, der ihr das Leben gekostet hatte, an den Streit zwischen meinem Onkel und meinem Vater und an die vielen, nervenaufreibenden Ereignisse, die hier passiert waren, dann waren es Gefühle, bei denen sich meine Brust schmerzvoll zusammenzog.

All die Empfindungen, die auf mich einströmten, wenn ich hierher zurückkehrte, ließen sich nur mit einem Wort beschreiben: *seltsam*.

Als würde man einen Cocktail trinken, dessen Inhaltstoffe nicht ganz zusammenpassten. Ein Limoncello gemischt mit einer Bloody Mary zum Beispiel…

Ich hatte zwar mein Leben hier verbracht, aber nun ein neues begonnen. Ein neues, für das ich mich selbst entschieden hatte und nicht hineingeboren worden war. Also dachte ich, war es angebracht, sich hier mehr wie ein Gast zu fühlen als wie eine Heimische.

Trotzdem, das hier war Teil meines Lebens, und ich werde nie aufhören, den Ort mit Bildern und Szenen aus der Vergangenheit zu verbinden. Waren es nun Gute oder Schlechte.

Ich erkannte Licht im Inneren des Hauses, als ich darauf zuging. Sofort fiel mir auf, dass auf dem Parkplatz nicht nur der Range Rover meines Vaters stand, sondern auch ein silbergrauer Porsche und ein elektrischer VW-Bus mit aufgesprayten Blumen. Schon verrückt, wie gut Autos den Charakter ihres Besitzers widerspiegeln konnten.

Dass Onkel Kahl – sorry, Karl (Ich werde mir das mit dem Namen nie abgewöhnen können) anwesend sein würde, hatte ich bereits gewusst. Oder geahnt. Schließlich wohnte er nun hier, seit ich ausgezogen war.

Nicht in meinem Zimmer. Das hatte ich behalten dürfen, falls es mich am Wochenende mal wieder her verschlug, aber im Zimmer, das früher der Hobbyraum meiner Mutter gewesen war, später Jonas' Gästezimmer, bis auch er sich für ein Leben fernab der Imkerei entschieden hatte. Johanna hätte bestimmt gewollt, dass ihr Bruder es nun bekam. Ihr Bruder, der jetzt zusammen mit meinem Vater Oskar die Imkerei leitete, damit dieser sich wieder etwas mehr seiner Leidenschaft widmen konnte: den Blumen.

Schon von Weitem erkannte ich, was sich seit dem letzten Besuch verändert hatte. Mein Vater hatte ein neues Tulpenbeet hergerichtet. Und es waren die schönsten Exemplare, die es weit und breit zu sehen gab.

Was das zweite, etwas weniger vertraute Auto anging, wobei der Ausdruck *Gefährt* es besser traf, das gehörte meiner Tante Serafin. Einer Tierärztin, die einen Hang zum Hippieleben hatte.

Dass sie es war, die ich im Haus ebenfalls antreffen würde, wurde mir bestätigt, als sich die Haustür öffnete und ein kleiner Mops bellend zu mir herangeflogen kam. Bacon. Serafins Liebling und bester Spürhund der Welt. Ohne ihn hätten wir wohl letzten Sommer niemals herausgefunden, dass Onkel Karl die Tulpen meines Vaters nachts mit Pestizid vergiftet hatte und die Bienen davon krank geworden waren. Ja, derselbe Karl, der heute hier wohnte, dessen neue Leidenschaft nach dem Immobilienunternehmen und der Umweltzerstörung die Bienen geworden waren und dem die Hälfte der Imkerei gehörte. Lange Geschichte.

Gleich nach Bacon, der hechelnd und kläffend an meinen Beinen hochzuspringen begann, traten Oskar, Serafin und Karl – einer nach dem anderen – aus dem Haus und hefteten sich an die Fersen des kleinen Ausreißers. Als sie mich erkannten, blieben sie stehen, wobei Karl beinahe in seine beiden Vorgänger hineingerannt wäre, und ein freudiger Ausdruck machte sich in ihren Gesichtern breit.

Die drei waren ein lustiges Trio. Ich zweifelte nicht daran, dass mein Vater sich in guter Gesellschaft befand und endlich Zeit fand, etwas zu sich zu kommen. Das hatte er sich mehr als verdient nach den schweren Jahren seit dem Unfall.

«Unsere Ausreißerin kehrt nach Hause zurück!»

Mit ausgebreiteten Armen kam mein Vater auf mich zu und ich zögerte nicht, mich hineinzuwerfen und mir seinen blumigen Duft, der mir niemals fremd sein würde, in die Nase steigen zu lassen. Hätte ich ihn nicht vor ein paar Augenblicken aus der Tür treten sehen, würde ich meinen, er käme direkt aus dem Tulpenbeet.

«Lass mich durch, ich möchte meine Nichte auch mal drücken.»

Ich löste mich aus den Armen meines Vaters, um nacheinander auch Serafin und Karl zu drücken, während ich keinen Gedanken mehr daran verschwendete zu denken, dass das hier nicht mehr der Ort sein könnte, an den ich gehörte. Zu Hause war da, wo sich das befand, was man liebte, nicht dort, wo man die meiste Zeit verbrachte. Und diese drei Menschen hier – und natürlich Bacon – die liebte ich.

Dieses Gefühl war so stark präsent, dass ich beinahe verdrängt hätte, warum ich wirklich hier war.

Auf einmal kam es mir falsch vor, hier zu stehen und Nettigkeiten auszutauschen. Wir zögerten doch nur das Unvermeidliche hinaus. Ich war hier, um Antworten zu erhalten. Antworten, die ich vielleicht gar nicht wissen wollte – vielleicht aber doch. Es würde mir jedenfalls keine Ruhe lassen, wenn ich sie nicht erhalten würde. Es würde auch nicht besser werden, würden wir noch länger damit warten. Besser, man sagte mir die Wahrheit schonungslos ins Gesicht. Egal, wie schrecklich sie auch sein mochte. Es ging um meine Mutter, nichts konnte schlimm genug sein, um sie aus meinem Leben verbannen zu wollen.

Meinem Vater konnte nicht entgangen sein, wie ich nachdenklich geworden war, denn seine väterlichen Gesichtszüge, die bis jetzt freundlich und voller Wärme gewesen waren, verdunkelten sich augenblicklich. Und da erkannte ich auch die Schatten unter seinen Augen, der graue Bart, der seit dem letzten Treffen länger geworden war und nun dunkle Schatten auf das gutmütige Gesicht warf.

«Kira, du weisst, dass ich dich nicht herbestellt habe, weil wir dich vermissen. Das heisst – natürlich vermissen wir dich, aber das ist kein Grund, dich von deiner Arbeit abzuhalten.»

Oskar lachte auf und mich beschlich die Sorge, dass es das letzte Mal sein würde, dass ich ihn heute würde lachen sehen.

«Mein Vorgesetzter mag mich nicht besonders. Dem kann nur recht sein, mich aus dem Restaurant zu haben. Ausserdem hat Jonas angeboten, meine Schicht heute zu Ende zu führen», erzählte ich, nicht ohne dabei an Jonas zu denken, der vermutlich immer noch in der Küche stehen musste, Töpfe und Pfannen wusch, nur, weil ich nicht da sein konnte, um ihm zu helfen.

Ich würde es ihm sagen. Ich würde ihm sagen, wie wichtig er mir war und wie dankbar ich ihm war – für alles. Ohne ihn wäre ich nicht so weit gekommen. Und vielleicht würde ich ihm auch irgendwann sagen, was ich für ihn empfand. Aber erst musste ich das selbst herausfinden.

Ich atmete tief ein und aus und wappnete mich innerlich auf das, was als nächstes kam. Ehrlich gesagt, fühlte ich mich absolut stark genug dafür. Ob es die Arbeit im Restaurant, der Eintritt ins Erwachsenenleben, oder alles, was ich in den letzten Jahren erlebt hatte, war, das mich so gemacht hatte, wusste ich nicht. Aber ich würde nichts an der Vergangenheit ändern wollen, wäre ich fähig dazu. Außer, dass ich Mama zurückholen würde.

«Ihr baut das Honighaus neu auf, richtig?»

Oskar nickte. Ich beschloss, den nächsten Schritt zu gehen.

«Und in den Trümmern habt ihr eine Kiste gefunden, die Mama gehört hat?»

Die Augen meines Vaters verdüsterten sich um eine weitere Nuance. Ich fragte mich, wie lange er noch gewartet hätte, die Sache anzusprechen, wenn ich nicht darauf eingegangen wäre. Er war verklemmt. Ich nicht. Jedenfalls sprach ich bei den meisten Themen geradewegs aus, was ich dachte. Darin war ich eindeutig meiner Mutter ähnlicher als ihm.

«Lasst uns erstmal rein gehen», schlug Serafin vor.

Gute Idee. Was auch immer ich alles erfahren würde, es wäre besser, das sitzend zu tun.

«Hat jemand Lust auf eine Honigmilch?»

Natürlich hatten wir das. Noch besser, als tiefgreifende Nachrichten im Sitzen und im Warmen zu verarbeiten, war, sie im Sitzen, im Warmen und mit einer Tasse Honigmilch in der Hand entgegenzunehmen. Besser zu gut vorbereitet, als gar nicht.

Nur ein paar Minute später saßen wir zusammen in der Küche am runden Tisch, jeder eine Tasse mit unterschiedlichem Motiv vor sich.

«Es war ihre Kiste, die sie vermutlich selbst unter den Holzlatten versteckt hat. Ich habe nichts davon gewusst. Du demnach auch nicht. Ich bin mir sicher, dass sie es uns mitgeteilt hätte. Alles, was sie darin verborgen hat. Nur ist es zu früh gewesen. Vermutlich hat sie die Sachen für einen späteren Zeitpunkt dort aufgehoben. Dass dieser Zeitpunkt nie kommen würde, hat sie nicht ahnen können.»

Einen Moment lang schwieg ich, dachte über das Gesagte nach.

«Unter den Holzlatten, sagst du?»

Als Oskar erneut nur nickte, drehte sich ein Rädchen in meinem Hinterkopf. Da gab es nämlich etwas, das auch ich allen verschwiegen hatte.

«Und… war da noch etwas anderes? Ich meine, unter den Holzlatten?»

Ich versuchte, meine Stimme möglichst beiläufig klingen zu lassen. Aber Serafin erkannte, worauf ich hinauswollte.

«Wir haben die Fotos gefunden, die du unter den Dielen versteckt hattest. Die Kiste ist zwar aus Holz, aber dennoch einigermassen feuerfest. Und nein, es war nicht derselbe Platz, an dem wir Johannas Kiste gefunden haben.»

Beinahe erleichtert atmete ich aus. Ich wusste nicht, was ich mit dem Wissen angefangen hätte, all die Jahre fast täglich unter den Dielen herumgewühlt zu haben, ohne zu bemerken, dass genau am selben Platz eine andere Kiste versteckt gewesen war. Eine, die mein Leben verändert hätte. «Tut mir leid, dass ich dir das mit den Fotos verheimlicht habe. Aber ich habe gesehen, wie du dich bemüht hast, all die schmerzvollen Erinnerungen hinter dir zu lassen. Alles aus unserem Leben zu verbannen, das diese wieder hervorruft. Und das verstehe ich. Aber während es dir geholfen hat loszulassen, wollte ich nicht vergessen. Es schien mir die einzige Lösung, die Fotos zu verstecken.»

Weitersprechen konnte ich nicht, da ich spüre, wie mir die Tränen in die Augen stiegen. Ob tatsächlich das Wasser aus meinen Augen schoss, wusste ich nicht, da mich mein Vater erneut in die die Arme nahm und ich mein Gesicht in seinen Schultern vergrub. Ob ich weinte, würde sich herausstellen, wenn ich das Hemd meines Vaters nachher nach Flecken absuchen würde.

«Wie könnte ich dir dafür nur böse sein? Es war ein Fehler, die Fotos wegwerfen zu wollen. Das hilft nicht beim Loslassen, sondern beim Vergessen. Und das wollen wir nicht. Das dürfen wir nicht.»

Über Oskars Schulter hinweg fiel mein Blick auf den kleinen Kreis aus Tassen gefüllt mit Honigmilch, alle schon halbleergetrunken. Mich von den Motiven ablenken zu lassen, war nur allzu typisch für mich, aber in diesem Fall vielleicht sogar hilfreich.

Auf meiner Tasse, meiner Lieblingstasse, war ein Einhorn abgebildet. Keines, das echt aussah, sondern so ein dickes Comiceinhorn. Auf der Tasse meines Vaters fiel mir der Spruch: *«Das Glas ist immer halbvoll»* ins Auge, wobei ich mich selbst in Gedanken korrigierte. Wir hatten die Honigmilch nicht halb leer getrunken, sondern noch halb voll gelassen.

Aber was meinen Blick wirklich auf sich zog, war die Tasse meines Onkels. Zum einen wusste ich gar nicht, oder es war mir entfallen, dass wir so eine hatten, und zum anderen ließ etwas an dem Spruch, der darauf abgedruckt war, mich innerlich zusammenzucken.

Lieber etwas riskieren, als ewig zu bereuen, sich nicht getraut zu haben.

Deutlicher hätte mir nicht gesagt werden können, dass nun die Zeit gekommen war, mich meiner Angst zu stellen. Der Angst vor einem Wiedersehen mit meiner Mutter und dem, was sie geschrieben hatte.

Schon seltsam, vor was der Mensch Angst haben konnte.

«Paps, ich bin bereit. Zeig mir den Brief und alles, was ihr in dieser Kiste gefunden habt.»

-Kapitel 3-

An meine geliebte Tochter

An meine geliebte Tochter August 2020

Ich bin so unglaublich stolz auf meine achtzehnjährige, wunderbare Tochter. Dich wachsen und aufblühen zu sehen war schon immer das größte Geschenk der Welt für mich und ich werde nie aufhören, mich jeden Tag an deinem Lächeln zu erfreuen. Ich kann mir kein schöneres Leben vorstellen, als mit dir und deinem Vater auf der Imkerei, wo es für uns noch so viel zu entdecken und zu erleben gibt. Die Bienen scheinen dich genauso zu begeistern wie mich. Ich erkenne jeden Tag deutlicher, wie sehr du mir selbst, als ich noch jung war, ähnlich bist und es weckt in mir den Wunsch, mich gemeinsam mit dir einer Sache zu widmen. Einer Sache, die ich noch in meinem Leben als Studentin begonnen habe und niemals zu Ende gebracht habe.

Du weißt von der Zeit, als ich mit zwanzig Jahren nach Paris gezogen bin, um dort Biologie zu studieren. Fünf Jahre lang dauert so ein Studium. Details habe ich nie erzählt. Mehr über die Bienen zu erfah-

ren, das war mein Ziel gewesen, denn als Teil der Familie Blumenberg ist es immer mein Traum gewesen, eines Tages die Imkerei zu übernehmen. Aber ich bin in dieser Zeit über mich herausgewachsen und habe zwei wunderbare Menschen kennengelernt, die diese Faszination und Leidenschaft mit mir teilten. So haben wir etwas begonnen, dass die Menschen noch in vielen Jahren faszinieren wird und sie lernen kann, wie fragil und zerbrechlich die natürlichen Geschehnisse sind. Zu dritt haben wir uns ein Studentenhaus gekauft. Ein Haus auf dem französischen Land, nicht weit von der Stadt. Dort haben wir begonnen, ein paar Bienenvölker zu halten. Aber nicht, um damit Profit zu machen, sondern um sie zu erforschen. Ihre Lebensweise, ihre Art, mit Ausnahmesituationen umzugehen, ihr Zusammenleben und fingen an, durch die kleinen Wesen auch mehr über uns und die Welt zu lernen. Bienen zeigen an, wie es der Umwelt geht. Sie sind faszinierende, extrem angepasste Lebewesen und fähig, enormen Umweltveränderungen standzuhalten. Sie sind es, die komplexe Ökosysteme vervollständigen und am Leben erhalten und mithelfen, die Biodiversität der Erde aufrecht zu erhalten. Die Bienen zu schützen, heißt, unsere Erde zu schützen. Uns selbst zu schützen.

Für mich war das immer ein Gedanke, dem man nachgehen muss. So war es auch für meine neuen Freunde. Zusammen haben wir unsere eigene For-

schungsstation, wie wir sie getauft hatten, errichtet. Und da gab es auch einen Wildbienenschwarm in der Baumhöhle einer großen Eiche, den wir in unsere Arbeit miteinbezogen haben. Dabei haben wir Erstaunliches herausgefunden. Wildbienen sind weitaus resistenter und stärker als menschgezüchtete Schwärme. Ich habe eine Arbeit darüber geschrieben, die ursprünglich meine Masterarbeit werden sollte. Leider ist sie nie fertig geworden.

Meine liebe Kira. Wenn du dich doch auch so sehr für Bienen interessierst, würdest du das Herz deiner Mutter aufblühen lassen, wenn du mich bei meinem Vorhaben unterstützen würdest und wir diese Arbeit gemeinsam beenden könnten. Als Mutter und Tochter. Sie könnte die Arbeit vieler Imker erleichtern und die Haltung von Bienen zudem ökologischer und tierfreundlicher machen.

Als ich vierundzwanzig war, habe ich beschlossen, das Studium abzubrechen, Frankreich zu verlassen, da ich in dieser Zeit deinen Vater kennenlernte, der sich gerade mit einem Auftrag als Gärtner in der Gegend befand, und zusammen mit ihm und dir ein neues Leben in meinem Heimatland beginnen wollte. Ich habe nie über das gesprochen, das ich zurücklassen musste, da ich fürchtete, es würde deinen Vater kränken und du würdest zwischen zwei Welten aufwachsen müssen. Aber nun, da du erwachsen bist und dein Leben selbst in die Hand nehmen darfst, möchte ich zu-

sammen mit dem liebsten Menschen in meinem Leben etwas beenden, das der Welt und den Bienen helfen wird. Wenn jemand die Lorbeeren für die Arbeit ernten soll, dann du. Du hast es dir verdient.

Ich liebe dich, mein Schatz
Mama Johanna

Ich hatte den Brief schon längst zu Ende gelesen, hielt ihn aber dennoch weiterhin vor meinem Gesicht und starrte die Zeilen an. Starrte sie noch länger an.

Um Zeit zu gewinnen.

Um mich nicht den neugierigen Blicken von Oskar, Tante Serafin und Karl stellen zu müssen.

Weil ich nicht wusste, wie ich reagieren werde, denn der Ansturm aus Gefühlen, der sich in mir zusammenballte und mit jeder Sekunde wuchs, war immens.

Ich spürte, wie sich meine Lunge zusammenzog und sich meine Hände zitterten unter dem Druck, in dem ich das Papier mit der wunderschön geschwungenen Schrift meiner Mutter fast zerriss. Ich schluckte und spürte, wie schwer es mir fiel, da meine Kehle angeschwollen war.

August 2020 – meine Mutter hatte das geschrieben, als ich zwölf war. In demselben Jahr, in dem ihr ein Hirsch vor die Motorhaube gesprungen und sie von der Straße abgekommen war.

Nochmal schlucken.

Vielleicht war es Zeit, mit dem Denken aufzuhören. Ich würde den Brief irgendwann weglegen müssen. Schließlich war allen hier am Tisch bewusst, dass ich normalerweise keine langsame Leserin war.

Dass ich den Text meiner Mutter sorgfältig lesen wollte, das kauften sie mir sicher ab, dass ich stundenlang wie eingefroren daran hängenblieb, eher nicht.

Aber ich brauchte Zeit, um noch einmal tief ein- und auszuatmen. Um mir die Zeit dafür zu verschaffen, mich innerlich irgendwo festhalten zu können, um nicht von der Welle an Gefühlen übermannt zu werden, die drohte, über mich hereinzubrechen.

Mit zitternden Lippen richtete ich meinen Blick auf, zwang mich zu einem Lächeln, um zu überspielen, wie es in mir drin aussah.

«Ich kann sie fast vor mir sehen, wie sie diese Zeilen für mich zum achtzehnten Geburtstag geschrieben hat.»

Vielleicht hätte ich das besser nicht sagen sollen, denn nicht nur ich war es, die daraufhin zum dritten Mal schlucken musste, weil sich die Tränen ihren Weg and die Oberfläche zu bahnen versuchten, sondern auch Oskar, der sich eine solche aus den Augenwinkeln wischte.

«Da hast du recht. Es sieht ihr ähnlich, im Voraus alles durchzuplanen. Sie hat immer nur das Beste für uns gewollt. Auch, wenn sie dafür das aufgeben musste, was ihr ebenso am Herzen gelegen hat, wie ihre Familie.»

«Du hast den Brief gelesen?», schoss es sofort aus mir hervor, weil es mich schon überraschte, da der Brief ja an mich adressiert war. Nur an mich.

Meine Entrüstung schlug jedoch schnell in Verständnis um, als mir bewusst wurde, dass ich vermutlich nicht anders gehandelt hätte. Es gab also doch Dinge, in denen ich meinem Vater ähnlich war.

«Tut mir leid mein Schatz, aber ich konnte nicht anders. Ich habe nicht darüber nachgedacht, als ich den Brief gefunden habe, der von meiner verstorbenen Frau stammt. Ich vermisse sie so sehr, dass es mir vorkam, ein Stück von ihr zurückzugewinnen, wenn ich nur diesen Umschlag öffne…»

Ich legte meinem Vater die Hand auf die Schulter.

«Schon in Ordnung. Neugier ist kein einfacher Gegner.»

Nun war er es, der lächelte.

«Ich frage mich, ob Johanna's Arbeiten immer noch dort in Frankreich sind. Auf diesem Hof, wo sie die WG gegründet haben», unterbrach Serafin unser Zweiergespräch und ich war froh um die Ablenkung in ein etwas leichteres Thema.

Zudem beruhigte mich der Gedanke, dass nicht nur ich es war, die offenbar kaum etwas vom früheren Leben ihrer Mutter wusste, sondern auch ihre eigene Schwester recht planlos daherkam.

Natürlich hatte ich gehört, dass Johanna in ihren jungen Jahren für ein paar Jahre nach Frankreich gegangen war, um dort zu studieren. Sie hatte das Studium abgebrochen – wegen meinem Vater – aber auch, weil sie nicht dorthin gegangen war, um Professorin oder irgendetwas in der Art zu werden, sondern mehr über ihre Leidenschaft zu erfahren. Sie zu studieren – die Bienen.

Dass sie dort etwas Großes begonnen hatte, darüber hatte sie nie gesprochen. Weil sie uns damit nicht hatte verletzen wollen. Weil sie nicht gewollt hatte, dass wir dachten, wir hätten sie davon abgehalten.

Dennoch dachte ich das.

Scham und Reue frassen sich tief in mein Herz hinein.

«Im Brief steht davon nichts. Klar, denn Johanna hat damit gerechnet, dass sie Kira in zwei Jahren die Dokumente persönlich überreichen wird. Wegbeschreibungen wären überflüssig gewesen, wären die beiden zu zweit nach Paris gegangen», erklärte mein Onkel meiner Tante, während er mir sachte – überaus sachte – was gar nicht zu ihm passte, den Brief aus der Hand nahm, um selbst noch einmal nachzulesen.

Dabei wollte ich doch gar nicht wie ein rohes Ei behandelt werden. Ich fühlte mich nach wie vor stark genug für das alles hier. Dass ich dabei keine Gefühle zeigen durfte, davon war nie die Rede gewesen.

«Es wäre schön gewesen, wären Mama und ich nach Paris gefahren. Sie hätte mir ihre ganze Welt zeigen können. Alles, was ich jetzt noch von ihr habe, sind irgendwelche Papiere in einem fremden Land, von denen wir nicht einmal wissen, ob sie noch dort sind», fügte ich hinzu, weil es das Einzige war, was mir noch dazu einfiel.

Wut war es, die ich verspürte. Wut auf das, was passiert war. Und das Schlimmste war, dass es nicht einmal jemanden gab, dem ich die Schuld dafür geben konnte. Auf den ich wütend sein konnte. All meine Gefühle verrauchten im Nichts, da es nichts gab, an dem sie sich festklammern konnten.

«Ich nehme stark an, dass das Haus noch steht, in dem die drei gelebt haben. Aber mittlerweile wird eine andere Familie eingezogen sein und ich bin mir nicht sicher, ob sich die Dokumente noch dort befinden. Möglich ist es jedoch», sagte mein Vater und mich überkam ein Gedanke.

«Du weißt, wo das Haus steht?»

«Nicht direkt, nein. Aber in der Kiste ist eine Karte, auf der markiert wurde, wo sich der Wildbienenschwarm befand. Außerdem viele Bilder.»

«Kann ich die mal sehen?»

Mein Vater nickte nur, zog die schlicht gezimmerte Holzkiste unter dem Tisch hervor, wo wir sie vor wenigen Minuten deponiert hatten, und öffnete sie. Es dauerte nicht lange, da hielt er mir die zum Teil etwas vergilbten Fotografien unter die Nase.

Ich erkannte ein Haus – ein sehr schönes Einfamilienhaus mit Backsteinwänden und viel Umschwung, das für mich die typische französische Landidylle widerspiegelte.

Fotos vom Haus hatten wir genug. Es zu finden, wäre ein leichtes, da diese uns sagten, in welcher Region wir suchen und nachfragen müssten. Ein Bauwerk überdauerte viele Jahre, aber die drei Menschen, die ich mir auf weiteren Bildern ansah, waren zweifellos in alle Winde zerstreut worden.

Ich erkannte auf einem davon meine Mutter und einen jungen, kräftig gebauten Mann, der kaum älter als neunzehn sein konnte, dennoch einen dichten, dunkeln Bartwuchs aufzuweisen hatte. Daneben eine zierliche, kleine Blondine mit wunderschönen, mandelförmigen Augen. Es hätte mich nicht gewundert, hätte das Lächeln, dass sie im Augenblick der Aufnahme in die Kamera warf, den Betrachter hypnotisieren können.

Ich vermutete, das Bild auf einer Feier aufgenommen worden war. Die drei jungen Personen waren festlich gekleidet, meine Mutter trug ein elegantes, grünes Kleid, das wunderbar zu ihren roten Haaren passte, sie pfiffig und dennoch grazil aussehen ließ.

Im Hintergrund war ein Buffet zu erkennen. Alle drei hielten ein Glas Sekt in der Hand und erst jetzt nahm ich den verschmitzten Ausdruck in den Gesichtern der Drei wahr, der demnach nicht von ungefähr herzurühren schien. Jedenfalls sahen sie glücklich aus zusammen. Um ehrlich zu sein, tat mir diese Feststellung sogar weh. Meine Mutter musste die zwei jungen Leute, mit denen sie studiert hatte, unheimlich vermisst haben hier in Holland. Sie hatte schließlich nie mehr Kontakt zu ihnen gehabt. Ich hatte jedenfalls nie etwas in der Art mitbekommen.

Ein weiteres Bild zeigte einen Baum. Nur einen Baum im Wald. Eine alte Eiche, wie ich es bei näherem Betrachten erkannte. Ob es sich hierbei um einen zufälligen Schnappschuss oder um etwas Wichtiges handelte? Ich wünschte, ich könnte meine Mutter einfach fragen. Es war schwierig, ihr früheres Leben anhand von Bildern zu rekonstruieren. Zumal es auch nicht sehr viele Bilder waren. Auf allen kam immer wieder mehr oder weniger dasselbe vor: das Backsteinhaus, die drei Studenten, die Bienenkästen und der Baum, manchmal auch mehrere Dinge davon auf einem Bild.

Ich wollte mir noch mehr Fotos anschauen, auch wenn ich spürte, dass es mir nicht guttat. Doch da surrte das Handy in meiner Hosentasche und natürlich – ich zuckte zusammen. An das Ding würde ich mich nie gewöhnen.

Auf dem Display erkannte ich den Namen des Anrufers: Jonas.

Normalerweise wäre ich erfreut gewesen und hätte den Anruf sofort angenommen. Normalerweise musste ich mich aber auch nicht mit Briefen meiner verstorbenen Mutter auseinandersetzen, die drohten, meine ganze Welt aus den Fugen geraten zu lassen.

Dass ich nicht den grünen Hörer drücken, aber auch nicht einfach ablehnen konnte, war jedoch ungünstig, weil Zögern keine Option war.

Alle starrten mich an. Warteten darauf, dass ich etwas tat. Nur was?

Annehmen war am naheliegendsten. Jonas erklären, was los war. Wie ich es ihm, kurz nachdem ich meinem Chef gesagt hatte, dass ich notfallmäßig nach Hause müsste und er mir mit einer Gehaltskürzung gedroht hatte, versprochen hatte. Aber ich konnte nicht. Ich brauchte etwas Abstand. Zeit für mich, um die Gedanken in meinem Kopf, die wie verrückt Kreise drehten, zu sortieren.

Allein. In meinem Zimmer.

Als ich beschloss, den roten Hörer zu drücken, hatte die Zeit mir die Entscheidung schon abgenommen. Das Display erlosch. Der Ton verstummte. Ich hatte zu lange gewartet.

-Kapitel 4-

Bruchstücke zusammenfügen

Gestern war ich um zehn ins Bett gegangen, hatte jedoch kein Auge zugetan. Um fünf Uhr morgens war mein Vater in mein Zimmer gekommen, ohne mich erst wecken zu müssen, und hatte mich mit dem Auto in die Stadt direkt zur Arbeit gefahren. Wo ich jetzt war. Mit meinem Körper, nicht mit meinen Gedanken. Die waren irgendwo auf der Strecke liegen geblieben. Vermutlich an einem Zweig des Kastanienbaums, an dem man auf dem Weg zum *Jack's* vorbeikam.

Mir fielen immer wieder die Augen zu, während ich am Tresen stand und die Bestellungen entgegennahm.

Burger – zwei Burger, mit und ohne Käse, ohne und mit Käse, zwei Portionen Pommes – ein kleine, und eine der großen Portionen nur halb – also gleich zwei kleine und eine große. Nein – sie erklärten mir, dass es unbedingt eine halbe große sein musste… Und dann noch die Jalapeños. Ach nein, die waren ja für die Kunden am Tisch zwei!

Nochmal von vorne….

Ich vergass immer wieder, was die Kunden zu mir gesagt hatten, weshalb ich manchmal sogar mehr als einmal nachfragen musste. Meine Bewegungen waren unkoordinierter als sonst, die Sahnehaube auf meinen Desserts etwas schief und in sich zusammengefallen, als würde sich meine Müdigkeit auf alles auswirken, dass ich in die Hände nahm.

«Alles in Ordnung mit dir? Ich habe dich gestern nicht mehr erreicht und dachte, es könnte…», weiter kam Jonas nicht, denn das Geräusch von brechendem Glas hätte jedes seiner Worte übertönt.

Ich zuckte zusammen und starrte auf die Bruchstücke dessen, was gerade noch ein Teller mit einem Donut gewesen war, den ich in der Hand gehalten hatte, jetzt aber nur noch ein Haufen Glas. Das hieß, der Donut war noch ganz, aber nach menschlichem Ermessen ungenießbar.

Wie gebannt starrte ich auf die Steinplatten vor mir auf dem Boden, als würde ich mich fragen, wie das Chaos dahingekommen war.

Ich war das gewesen. Ich habe diesen Teller fallen gelassen. Warum? Weil Jonas mich erschreckt hatte? Nein, einfach nur, weil meine Gedanken nicht an dieser Bestellung, sondern zu Hause an Mom's Kiste gehangen hatten.

«Was zum Teufel?»

Ja, das sagte gerade der Richtige. Es hatte mir gerade noch gefehlt, dass mein Vorgesetzter um die Ecke kreuzte und ihm natürlich in die Augen sprang, was ich kreiert hatte. Ihm fiel immer sofort auf, was ich vergeigte, nicht aber, was mir besonders gut gelang. Das fand er wohl uninteressant.

Zornesröte stieg ihm ins Gesicht.

«Alles in Ordnung! Das war mein Fehler! Ich habe Kira angerempelt und dann ist sie gestolpert. Ich putz das gleich weg.»

Ungläubig starrte ich Jonas an, der sich vor mich geschoben hatte – zwischen mich und Sessel – in die Knie ging und begann, das Massaker mit Schaufel und Besen aufzuwischen.

Mein Vorgesetzter sah zwischen mir und Jonas hin und her, unschlüssig, ob er die Geschichte glauben sollte oder nicht. Mit einem brennenden Blick fokussierte er mich, die immer noch wie angewurzelt hinter der Theke stand, unfähig, sich zu rühren. Dann seufzte er.

«Also gut, räum das weg, Junge. Und sei nächstes Mal gefälligst etwas vorsichtiger! Du, Mädchen, bringst den Kunden eine neue Bestellung», lautete sein Befehl an Mädchen und Junge, vermutlich hätte er gerne noch mehr gesagt – mehr zum Thema die Jugend von heute – aber nicht vor den Kunden. Also drehte er sich um und schlurfte durch die Küche zurück ins Hinterzimmer zurück. Dorthin, wo nebst seinem Büro auch ein Sessel und ein Fernseher auf ihn warteten.

Ich hatte mich noch keinen Millimeter von der Stelle gerührt, da hatte Jonas den ganzen Schaden schon weggeräumt und es sah aus, als wäre nie etwas passiert. Das Treiben im Restaurant kam wieder zu seiner alten Form zurück. Wer uns bis jetzt noch neugierige Blicke zugeworfen hatte, widmete sich nun lieber wieder seinem Burger.

Ehe ich ihn hätte aufhalten können, hatte Jonas schon einen neuen Teller parat, schaufelte einen Donut mit leuchtend pinker Glasur aus der Theke darauf und ging in den Gästebereich. Tat also das, was ich hätte tun sollen.

Als er zurückkam, hatte ich mich wieder so weit im Griff, dass ich Cola Becher befüllte und eine weitere Bestellung entgegennahm. Innerlich fühlte ich mich aber wie leergefegt. Als wäre in mir genauso etwas zerbrochen und mit einem Besen weggefegt worden wie der Teller.

«Kira, wir müssen reden. Gehen wir nachher in die Crêperie?», raunte es hinter mir. Ich musste mich gar nicht erst umdrehen, damit ich wusste, dass es Jonas' Atem war, der mich im Nacken kitzelte.

«Ja, ich habe Zeit», war alles, was ich hervorbrachte. Ich konnte ihm nicht mehr länger vorenthalten, was gestern passiert war. Das war nicht fair. Vor allem nicht, nachdem er für den Fehler, den ich begonnen hatte, geradegestanden war.

«Deine Mutter muss eine bemerkenswerte Frau gewesen sein.»

«Ja, das war sie. Hättest du sie doch nur kennengelernt.»

«Ich hätte sie wirklich liebend gerne kennengelernt. So, wie du sie beschreibst, kommt es mir vor, als wärst du ihr verdammt ähnlich.»

Ich spürte, wie meine Wangen zu kitzeln begannen und drehte den Kopf ein Stück zur Seite. Jonas hatte einen wunden Punkt getroffen. Ich war meiner Mutter zwar ähnlich, aber bei weitem nicht so unglaublich wie sie. Wünschte mir aber, es wäre so.

Jonas faltete den Brief, den ich ihm zum Lesen gegeben hatte, um nicht die ganze Geschichte selbst erzählen zu müssen und auch einfach nur, weil meine Mutter besser erklärte als ich, sorgfältig wieder zusammen. Dann legte er ihn vor mir auf den Tisch, wo ich ihn liegen ließ, als wäre es gefährlich, ihn anzurühren.

Eine Weile lang starrten wir schweigend in die Gasse hinaus, wo die Stadtmenschen fleißig ihren Einkaufsbummel erledigten oder im benachbarten Restaurant verspätet Mittag aßen. Oder wir ließen unseren Blick durch den Gästebereich der Crêperie schweifen, an der zur Dessertzeit ebenso geschäftiges Treiben herrschte. Von der Küche ging ein herrlich süßer Duft aus, was mir Auskunft darüber sagte, welche Hektik da drinnen herrschen musste. Wenn man im Gastrobereich arbeitete, fiel einem schneller auf, welche Arbeit hinter solche wundervollen, süßen Kreationen steckte und verband sie schnell mit etwas Negativem. Personal ging ein und aus und eilte mit Tabletts und Tellern von Tisch zu Tisch, immer wieder wurden Extrawünsche angebracht. Das konnte ich nur an ihren Gesichtern erkennen.

Nahezu jeder Tisch im Raum war voll. Wir konnten uns glücklich schätzen, überhaupt noch einen Platz bekommen zu haben, sonst wären wir wohl ohne Mittagessen in den Nachmittag gegangen.

Mit Messer und Gabel schnitt ich die Spitze meines Crêpe's mit Zimtzucker ab und schob es mir in den Mund. Lecker, natürlich, aber bei weitem nicht in dem Ausmaß wie bei den Honigomeletten, die ich immer zu Hause machte.

Vielleicht war das auch der Grund, warum sich Jonas für Poffertjes entschieden hatte und nicht für einen Crêpe. Die holländischen Minipfannkuchen konnte keiner so gut zubereiten wie diese Crêperie.

Während wir unsere Desserts mampften, hing jeder seinen eigenen Gedanken nach. Auf Jonas Stirn hatte sich eine steile Falte gebildet wie immer, wenn er grübelte. Das konnte ich ihm nicht verdenken. Ich hatte ihm alles erzählt. Alles. Und das war Material genug, um eine Woche lang darüber brüten zu können.

«Wie fühlst du dich?», fragte er plötzlich in die Stille hinein, so als wäre er es leid, nur darüber nachdenken zu können.

«Keine Ahnung. Glücklich, betrübt, verwirrt… alles zugleich und doch irgendwie gar nichts davon», erklärte ich ihm, weil es die Wahrheit war. Innerlich fühlte ich mich leer. Weil ich in meinen Gedanken immer und immer wieder gegen die Wand gerannt war und meinen Kopf einer eingebildeten Gehirnerschütterung unterzogen hatte. Aber da gab es doch noch etwas, das ich fühlen konnte.

«Ich bin der Grund, warum meine Mutter ihre Arbeit, an der sie offensichtlich so gehangen hat, aufgeben musste. Ich und mein Vater.»

Jonas ließ mich nicht weitersprechen. «Komm nicht auf die Idee, dich verantwortlich zu fühlen. Es ist nicht deine Schuld, dass du geboren worden bist.»

Ein Lächeln stahl sich auf mein Gesicht und ich bemerkte, wie es auf Jonas übersprang. Er hatte immer die richtigen Worte parat, auch wenn sie manchmal etwas seltsam erschienen. Dieses Mal hatte er sogar recht, ich war nicht schuld daran, dass es mich gab. Meine Mutter wollte ein Kind. Einen Mann. Eine Familie zu haben, bedeutete nun mal, dass sich das Leben änderte.

«Ja, da magst du recht haben. Aber dennoch fühle ich mich meiner Mutter gegenüber nun irgendwie verpflichtet. Schon nur deshalb, weil sie sich so sehr gewünscht hat, gemeinsam mit mir das Projekt fertigzustellen. Diesen Wunsch würde ich ihr so gerne erfüllen, aber das kann ich nicht. Das macht mich völlig fertig.»

Ich stützte mein Gesicht in meine Hände und starrte zwischen meinen Fingern hindurch auf den Teller, auf dem immer noch ein halber Crêpe lag. Irgendwie hatte ich keinen Appetit mehr.

«Wer sagt denn, dass du ihr diesen Wunsch nicht erfüllen kannst?»

Entsetzt starrte ich Jonas an.

«Meine Mutter ist…», begann ich, aber da hielt ich mich selbst auf, weil eine Angestellte zu unserem Tisch gelaufen kam und ich das Wörtchen *tot* nicht so gerne aussprach, wenn jemand Fremdes neben mir stand.

«Noch gerne etwas zu trinken gehabt?»

«Ja gerne, ich nehme eine Cola und Kira nimmt… was willst du?»

«Einen Früchtetee bitte.»

Die Angestellte ging wieder und ich fuhr nicht fort, wo ich stehen geblieben war, weil ich erkannt hatte, was Jonas wirklich gemeint hatte.

«Du meinst, ich könnte die Arbeit fertigmachen? Ohne sie?»

«Tu es nicht, wenn du dich dazu gezwungen fühlst. Tu es, wenn es dich erleichtert.»

Einen Augenblick lang horchte ich in mich hinein. War es das, was ich wollte? Nicht wirklich. Das hieß, ich liebte die Bienen, mir war es wichtig, sie zu schützen, dennoch war ich keine Wissenschaftlerin wie meine Mutter. Studieren würde ich auch nicht. Ich war nicht die richtige dafür.

Die Arbeit – wo auch immer sie war – verstauben und vergessen werden zu lassen, fühlte sich jedoch genauso falsch an. Jemand musste sie holen. Unter die Welt bringen und für die Menschen zugänglich machen. Jedenfalls das, was bereits fertig war. So viel war ich meiner Mutter schuldig.

Mir kam ein verrückter Gedanke und ich dachte zweimal darüber nach, ob ich ihn wirklich aussprechen sollte. Und wie ich sie aussprechen sollte. Einmal ausgesprochen, ließen sich Worte nicht zurücknehmen.

«Warst du schon einmal in Frankreich?»

Jonas wusste natürlich genau, worauf ich hinauswollte, spielte aber gerne Spielchen mit mir.

«Nein, warum?»

Dann verdüsterten sich seine Augen, als würde ihm eine Erinnerung in den Kopf steigen.

«Mein Vater wollte immer mit uns nach Paris. Mit meiner Schwester, meiner Mutter und mir. Es sei wunderschön dort.»

Jonas' Vater war gestorben, als er sechs Jahre alt gewesen war. Krebs. Das musste schrecklich für ihn gewesen sein. Mindestens so, wie es für mich gewesen war, als meine Mutter mit dem Auto verunfallt war. Keine Ahnung, ob es im Nachhinein einen Unterschied gemacht hatte, dass Jonas Vater kläglich langsam gestorben war, er dafür aber Zeit bekommen hatte, sich von ihm zu verabschieden, bei mir der Abschied hingegen kurz und schmerzlos gekommen war. «*Habt einen schönen Tag, ihr beide!*», war das letzte, was ich von meiner Mutter gehört hatte, bevor sie aus dem Haus gegangen war, um ein paar Honiglieferungen an eine Verteilzentrale zu bringen. Ich hätte damals nicht ahnen können, dass es das letzte Mal sein würde, dass ich Johanna so lebendig vor mir sehen würde.

Jonas hatte das gewusst, als er während der Zeit, in der es mit seinem Vater langsam zu Ende gegangen war, viel an seinem Bett in Krankenhaus gesessen hatte. Zwar wusste ich nicht, was seine letzten Worte gewesen waren, Jonas sprach nicht viel darüber und ich hakte nie nach, weil ich wusste, wie es sich anfühlte, aber so etwas musste einen Menschen verändern. Von Grund auf.

Ich glaubte, dass uns beiden ein Elternteil abhandengekommen war, egal auf welche Art und Weise, war etwas, was uns verband.

Ich nahm all meinen Mut zusammen, um den endgültigen Schritt zu wagen, der meine Entscheidung, die ich gerade gefällt hatte, unumkehrbar machen würde.

Es waren nur Worte, aber in diesem Fall war gesagt vielleicht doch schon halb getan.

«Würdest du mich begleiten, wenn ich nach Paris reisen würde, um das Haus zu finden, in dem meine Mutter gelebt hat? Ich kann und will es nicht ohne dich tun.»

Das Jonas zusagen würde, hätte ich erwartet. Dass

er gleich eine so begeisterte Miene aufsetzen würde, eher nicht.

«Ich hatte schon Angst, du würdest mich nicht mitnehmen wollen.»

«Quatsch, wie soll ich mich auch ohne einen Bienenallergiker auf einer Mission, in der es um Bienen geht, durchschlagen? Das wäre ja langweilig», lachte ich und schüttelte gleichzeitig den Kopf. Wir steigerten uns da wieder in etwas hinein, das ahnte ich schon. Aber, was sollte es? Ich fühlte, wie beim Gedanken an die bevorstehende Reise wieder Leben in mich kam und das war alles, was zählte. Egal, wie viele Hürden es bis dahin noch zu überwinden gab, wir würden das schon hinkriegen. Es war ja nicht so, als würden wir auf den Mond fliegen wollen.

«Ich frage mich nur, wie wir Sessel beibringen sollen, dass wir uns spontan nach den Ferien zwei weitere Ferienwochen nehmen müssen.»

«Mir macht mehr Sorgen, dass der einzige Anhaltspunkt ein vergilbtes Foto ist, um das Haus zu finden.», erwiderte Jonas, nicht wirklich beunruhigt.

«Wenn das alles an Risiko ist, das wir eingehen müssen, dann bin ich dabei. Wir sind schon so gut wie unterwegs.»

«Lieber etwas riskieren, als ewig zu bereuen, sich nicht getraut zu haben, oder nicht?», zitierte ich den Spruch auf der Kaffeetasse meines Onkels, der mir seltsamerweise geblieben war.

«Genau, also wage ich es jetzt auch, dir diesen angeknabberten Crêpe vom Teller zu stibitzen, ehe er noch ganz ausgekühlt ist.»

«Pass auf, dass ich dich nicht erwische, wenn ich versuche, dir dabei die Gabel in die Hand zu stechen.»

«Das Risiko gehe ich gerne ein.»

-Kapitel 5-

Niemals ohne Einhorn im Gepäck verreisen

«Und du bist dir ganz sicher, dass ihr das alleine durchziehen wollt?»

Nein, war ich nicht. Absolut nicht.

Aber warum musste alles immer zu 100 Prozent sicher sein? Nichts im Leben war das.

«Pap's, wir sind nicht allein, wir haben Serafin bei uns», versuchte ich es meinem Vater zu erklären, weil ich nicht riskieren wollte, dass er in Ohnmacht fiel, wenn ich ihm erzählte, was ich über das Thema dachte.

«Denkst du, das soll mich beruhigen? Vielleicht komme ich doch besser mit. Karl kriegt das mit den Bienen bestimmt hin, sie müssen in den nächsten Tagen eingewintert werden. Und die Tulpen sind mit ein paar Instruktionen bestimmt ebenso einfach zu pflegen.»

Oskar hatte es versucht, aber ich kaufte ihm nicht ab, dass der Laden hier ohne ihn geschmissen werden konnte. Ich versuchte angestrengt, mir das Haus in den Händen von Karl nicht als einen brennenden Scheiterhaufen vorzustellen, und scheiterte kläglich daran.

«Hey, das wird schon gut gehen. Vertrau mir. Vertrau uns. Wir sind keine kleinen Kinder mehr.»

«Manchmal wünschte ich mir, ihr wärt es noch», seufzte Oskar, woraufhin ich nicht anders konnte, als ihm einen Kuss auf die Stirn zu drücken.

«Kinder, die jeden Tag vier Mal weinen, für Spielzeug quengeln und ihre Hausaufgaben nicht machen wollen?»

Oskar gab auf. Ich konnte meinen Vater jedoch nicht davon abhalten, mir während des Packens in meinem Zimmer über die Schulter zu schauen und mir hier und da, wenn eine Lücke im Koffer auftauchte, eine neue Essensration hineinstopfen zu lassen.

Für den Fall, in dem etwas nicht nach Plan liefe, meinte er. Ich sagte ihm nicht, dass wir eigentlich gar keinen Plan hatten.

Mit Tante Serafin würden wir mit dem Wohnwagen zuerst nach Belgien, dann nach Frankreich fahren bis nach Paris. Das war alles, was wir wussten. Der Rest würde sich schon irgendwie ergeben. Wie hatte ich das vorhin noch einmal definiert? Nichts war zu 100 Prozent sicher. Eine geplante Reise würde sowieso nicht so verlaufen, wie sie geplant war. Also besser gar nichts vorbereiten, als die Pläne über den Haufen werfen zu müssen.

«Frau Durand wird übrigens gleich vorbeikommen und euch die wichtigsten Begriffe beibringen.»

Ich warf meinem Vater einen verwunderten Blick zu. «Meinst du, ich kann kein Französisch?»

«*Tu parles le français comme tu l'a parlée à l'école primaire.*»

Ich funkelte meinen Vater böse an, was aber schnell in ein Lachen umschlug, weil er recht hatte. Dass ich verstanden hatte, was er gesagt hatte, grenzte schon an ein Wunder. Meine Französischnoten in der Schule waren immer alles andere als erfreulich gewesen. Ein wahrer Schandfleck in meinem Zeugnis, da es das einzige Fach gewesen war, in dem ich ungenügende Noten gehabt hatte.

Jedoch hätte ich nie gedacht, dass ich irgendwann nochmal bereuen würde, im Unterricht nicht besser aufgepasst und stattdessen nach draussen in die Natur gestarrt zu haben.

Vielleicht war es doch keine schlechte Idee, dass ich mir von unserer nächsten Nachbarin – etwa zweihundert Meter von unserem Haus entfernt stand ihr Haus – etwas unter die Arme greifen ließ.

Frau Durand war gebürtige Französin, also wäre es für sie ein leichtes, motivierte und gehörige Menschen mit einem guten Sprachgefühl zu unterrichten. Da ich vielleicht nicht ganz diesem Typ Mensch entsprach, was eine Französischlektion anging, war das vielleicht nicht ganz so leicht, aber machbar.

«Also gut, dann bin ich dir dankbar, dass du mir eine Nachhilfelehrerin engagiert hast. Ich fühle mich gerade wie in der Primarschule.»

«In der Primarschule musste ich dich auch allein ins Lager gehen lassen. Ich erinnere mich noch allzu gut daran, wie ich kurz nach dem Abschied zähneknirschend auf dem Sofa gehockt hatte. Ab liebsten hätte ich dich auf der Stelle zurückgeholt.»

Ich konnte mir gut vorstellen, von welchem Schullager mein Vater sprach. Es hatte ihm schon immer ähnlich gesehen, sich Sorgen um mich zu machen. An dieses Lager erinnerte ich mich noch. Das waren ein paar der wenigen Tage, in denen ich je von meinen Eltern getrennt gewesen war.

«Und dann? Was ist dann passiert?», fragte ich ihn, da ich gerne die ganze Geschichte hören wollte, während ich Unterwäsche und Sockenpaare in die letzten – aber wirklich letzten Lücken – in meinen ohnehin schon zu vollgestopften Koffer drückte. Dabei hatte ich mir vorgenommen, so wenig Ballast wie möglich mitschleppen zu müssen.

«Deine Mutter hat sich zu mir gesetzt, meine Hand genommen, sie ganz fest gedrückt und mich einen Angsthasen genannt.»

Etwas an den Worten meines Vaters, der sich auf mein Bett gesetzt hatte und mir von dort aus beim Packen zusah, ließ mich aufhorchen. Ich erstarrte mitten in der Bewegung – einen BH in der Hand. Zum Glück war es nur mein Vater, der hier drinnen war und mir zusah.

Ich musste mich neben ihn auf das Bett setzten. Ich musste es, weil es sich anfühlte, als würde ich so seiner Geschichte ein gelungenes Ende verpassen.

Ich nahm seine Hand, etwas schrumpelig und rau wie Schleifpapier war sie durch die Gartenarbeit geworden, und drückte sie fest. So fest, wie es meine Mutter getan haben musste.

«Du bist auch ein Angsthase. Aber einer von der guten Sorte.»

Das entlockte Oskar ein Lächeln.

«Was ist, wenn ich dir sage, dass ich ein etwas weniger großer Angsthase bin, wenn es meine Tochter dafür auf der Reise etwas mehr wäre?»

«Dann wirst du damit nichts bewirken können. Angst wurde mir nicht vererbt.»

Das stimmte. Ich war in der Lage, alle möglichen Gefühle zu empfinden, die mich aus der Bahn warfen. Aber Angst war mir eigentlich schon immer fremd gewesen. Und auch wenn ich einmal Angst gehabt hatte, zum Beispiel an meinem ersten Schultag im Kindergarten, hatte es mich nie davon abgehalten, meine Pläne trotzdem durchzuziehen. Ich hatte mich meinen Ängsten immer gestellt und gelernt, dass ich stärker war als sie.

«Sei trotzdem vorsichtig, Kira. Pass auf, dass du dir nicht zu viele Hoffnungen machst.»

«Werde ich nicht, versprochen.»

Das Klingeln an der Tür beendete unser Gespräch. Synchron standen mein Vater und ich schon auf den Beinen.

«Das muss die liebe Frau Durand für den Nachhilfekurs sein.»

«Ich frage mich, ob sie als Französischlehrerin genauso nett ist wie bei ihren Einkaufstouren im Honighaus.»

Vermutlich war es nicht gerade unauffällig, wie wir beide anschließend mit vorgehaltener Hand die Treppe hinunterdackelten, den Koffer im Schlepptau.

«*Merci beaucoup pour votre.. ähm... temps. Je suis très hereuse que ... vous...*», nein, das funktionierte nicht «*...avez eu du temps.*», stotterte ich unbeholfen und demonstrierte, was ich in den letzten beiden Stunden gelernt hatte. Nicht viel war das. Aber immerhin erging es Serafin nicht besser.

«Je suis apprendre beaucoup dans les passes heures», schmetterte meine Tante Frau Durand in einem furchtbaren Akzent hinterher, jedoch mit einer Selbstsicherheit, die mir glatt die Haare zu Berge stehen ließ. So eine hätte ich auch gerne.

Frau Durand drehte sich auf dem Kiesplatz vor ihrem Auto nochmal um, lächelte uns schief zu und winkte elegant mit ihrer Hand, ehe sie in ihren blauen Lada stieg und davonbrauste. Hätte mich nicht gewundert, würden ihre Ohren schmerzen nach unseren verbissenen Versuchen, halbwegs verständliche Sätze zu formen.

Jedenfalls wusste ich jetzt, wie man *nicht* in einem Supermarkt nach einer Batterie fragen soll. Würde man *une batterie* bestellen, bekäme man nur schräge Blicke zugeworfen. Welcher Supermarkt führte auch schon Schlagzeuge im Sortiment?

Das Ganze hatte mich zum Entschluss gebracht, dass ich keine Taschenlampe mit Batterie, sondern einfach nur das Ladekabel für mein Handy mit Taschenlampenfunktion mitnehmen würde. Hatte mir also viel gebracht – diese Lektion. Sie würde mich davor bewahren, Schlagzeugerin zu werden.

Es dauerte nicht mehr lange, da klingelte es erneut an der Tür und was war ich froh, den Ankömmling nicht mit *bonjour* zu begrüßen, sondern mit einem ganz simplen und altbekannten: «Hey.»

«Na, alles gepackt für das grosse Abenteuer?», erwiderte Jonas, während er die Schuhe auszog und mit seiner Umhängetasche ins Haus trat. Ich staunte nicht schlecht, wie wenig dieser Mensch zum Überleben benötigte. Normalerweise war ich nicht eine von der Sorte, die ihren ganzen Schminktisch mit ins Schullager schleppen und daher ihre Koffer von Mitschülern bis in den dritten Stock hochschleppen lassen musste, aber im Vergleich zu Jonas schlaff an seiner Seite hängenden Tasche kam ich mir schon ganz schön überladen vor.

«Ja, auch alles bereit. Wie es aussieht, scheint dir Packen nicht sehr viel Zeit abzuverlangen.»

«Ich habe nur das Notwendigste eingepackt.»

«Und das wäre?»

«Luft und Liebe.»

Ich boxte Jonas mit dem Ellbogen in die Seite, vielleicht etwas härter als beabsichtigt.

Wann würden wir endlich aufhören, uns wie kleine Schulkinder zu benehmen und etwas inniger miteinander reden? Unsere Beziehung auf ein anderes Niveau bringen? Ich würde es mir wünschen. So wie es jetzt war, konnte es für mich nicht weitergehen. Es war ein komisches Gefühl, nicht zu wissen, woran man war. Ich hätte gerne mehr von ihm und eine Bestätigung dafür. Aber was, wenn er das nicht wollte?

Ich bemerkte, wie ich Jonas anstarrte und drehte mich schnell in die andere Richtung.

«Das mit Sessel hast du geklärt?»

Ich wollte unbedingt einen Themenwechsel.

«Jup. Er hat uns zwei Wochen Ferien eingetragen.»

Und da musste ich mich doch wieder umdrehen, aber nicht, weil ich vorhatte, ihn weiterhin verliebt anzustarren, sondern mit offenem Mund.

«Was?! Einfach so?»

«Einfach so.»

«Glaub ich dir nicht.»

«Na gut, ich habe da vielleicht auf die eine oder andere Tränendrüse drücken müssen.»

Hatte ich es mir doch gedacht. Sessel wäre nicht Sessel, wenn er nicht versuchen würde, seine Angestellten zu überreden, auch sonntags noch im *Jack's* aufzukreuzen. Und Jonas wäre nicht Jonas, wenn er nicht eine jonashafte Show abziehen würde, um uns zwei Wochen Ferien einzuheimsen.

«Ich zwinge dich nicht dazu, mir die schaurigen Details des Gesprächs zu beschreiben, aber sag mir eins; auf was muss ich mich gefasst machen, wenn wir in zwei Wochen wieder anfangen?»

Jonas grinste vor sich hin.

«Familiendrama. Du müsstest notfallmässig zu deiner Oma nach Frankreich reisen, weil sie ausgeraubt wurde und jetzt auf dem Trockenen sitzt.»

«Haha, sehr witzig. Ich wette, als Legitimation dafür, dass du mitkommst, hast du eine bessere, weniger peinliche Story erfunden.»

«Eigentlich habe ich dazu gar keine Story erfinden müssen», beichtete mir Jonas und schon allein, wie er mich zerknirscht und gleichzeitig frech angrinste, sagte mir, dass er log.

«Raus mir der Sprache. Was war deine Ausrede für die zwei Wochen Ferien? Sessel würde doch nie einfach zwei Angestellte auf einmal entbehren.»

«Du könntest nicht allein gehen, weil…. weil dein… nein, ich kann es dir nicht sagen.»

«Jonas!»

«...weil dein Französisch miserabel ist!»

«Aua», sagte ich und versuchte, eine beleidigte Miene aufzusetzen, was schwerer war als gedacht, weil ich Jonas überhaupt nicht böse sein konnte. Und ich kam auch nicht dazu, ihm erneut einen spielerischen Schlag zu versetzten, weil ich ihm gerne mit der Faust in die Seite stieß, weil Serafin im Flur aufkreuzte.

«Du hast es dem Boss gezeigt, was?», fragte sie, weil sie wusste, dass Jonas direkt vom Restaurant kam, wo er die Formalitäten für unsere Reise geklärt hatte.

«Aber so was von!»

Ehe Jonas zu überheblich wurde, griff ich ein.

«Mit etwas Flunkereien, vielleicht.»

«Muss man erst mal können.»

«Nächstes Mal könntest du aber eine bessere Background-Story erfinden. Ich meine, ernsthaft jetzt? Meine Oma wurde überfallen? Du gäbest einen schlechten Schriftsteller ab.»

«So ihr Turteltäubchen. Der Tag wird nicht jünger. Wenn ihr noch vor Dämmerung in Paris sein wollt, würde ich vorschlagen, dass wir uns auf den Weg machen. Es dauert fünfeinhalb Stunden von hier bis nach Paris», unterbrach uns Serafin. Ich versuchte gar nicht erst, ihr zu erklären, dass Jonas und ich kein Paar waren und dementsprechend auch keine Turteltäubchen, weil das eine Vorstellung war, der sich schon fest in ihr Gehirn eingefressen hatte. Ich hatte Angst, dass dort eine Lücke entstehen würde, wenn ich es ihr erklärte – die schonungslose Wahrheit. Sie hieß Beziehungsstatus; *es ist kompliziert*.

Mein Vater erschien im Türrahmen, wo wir unser Gepäck bereits aufgestapelt hatten.

«Lasst euch noch einmal drücken!»

Und wir ließen uns drücken. Tante Serafin erwiderte Oskars Umarmung geradezu überschwänglich, Jonas hielt sich etwas zurück und ich – ich hätte meinen Vater am liebsten *er*drückt.

«Schau gut zu den Bienen!»

«Werde ich. Schau du mir, dass ihr heil und glücklich zurückkommt. Wenn etwas ist, kannst du mich immer anrufen. Ich kann auch jederzeit kommen und euch…»

«Paps, das wird schon gut. Keine Helikoptervater-Aktionen, bitte. Aber danke für alles und für die…», ich deutete auf meinen Koffer, der in den letzten zehn Minuten noch um ein paar Pfund Gewicht zugenommen hatte; «…Honigbonbons und Honigplätzchen...»

«…und die Instantnudeln!»

Fassungslos starrte ich meinen Vater an.

«…und die Instantnudeln.»

Wobei ich stark bezweifelte, dass ich diese gebrauchen würde.

Frankreich. Das Land der Croissants, Baguettes, Weichkäse, Schokoladenbrötchen, Weintrauben, Macarons… wer wollte da schon noch abgestandene Instantnudeln?

Ich sah meinem Vater nochmal ins Gesicht, erkannte Freude darin, Stolz, was das kleine bisschen Sorge und Traurigkeit jedoch nicht restlos überschatten konnte. Irrte ich mich, oder sah ich da eine Träne in seinen Augenwinkeln aufblitzen? Ob ich das getan hatte oder nicht, Oskar hatte sich schon mit der Hand über's Gesicht gewischt und die potenziellen Spuren verwischt.

«Meine Tochter ist erwachsen geworden.»

«Und mein Vater hat jetzt endlich Zeit, erwachsen zu *werden*. Aber du packst das schon. Onkel Karl ist ja auch noch da. Der wird dir die Windeln schon wechseln, wenn es nötig ist.»

Ich glaubte langsam zu wissen, warum wir das immer taten. Ständig Witze über alles und übereinander zu reissen. Es machte die schweren Dinge leichter. Und Abschiede gehörten definitiv nicht zu meinen Lieblingstätigkeiten.

Um diesen hier nicht unnötig in die Länge zu ziehen, langte ich nach dem Griff meines Rollkoffers. Jonas tat es mir gleich und schulterte seine Tasche, die in seiner Hand so schwungvoll vom Boden aufsprang, dass sie wirklich nicht mehr als zwei Kilo wiegen konnte.

Serafin öffnete die Haustür, durch die wir nacheinander hinaustraten. Ich fühlte mich wie einer dieser Astronauten, die vor einer bedeutenden Mission in die Raumfahrtkapsel einstiegen.

Ready to take off.

Der Moment, der sich so endgültig nach Aufbruch anfühlte, wurde unterbrochen, als mein Fuß gegen etwas weiches stieß. Ich sah nach unten, um zu schauen, was es gewesen war. Hoffentlich nicht Bacon! Doch es war nicht Serafins Liebling, denn der schlief tief und fest im Hundekörbchen im Wohnzimmer. Serafin würde ihn hierlassen müssen. Hunde auf dem Zoll machten leider nur Probleme.

Was ich mit Füßen getreten hatte, waren meine pinken Einhornpantoffeln, die ich zwar kaum noch trug, mein Vater aber dennoch hier im Flur hatte stehen lassen. Vielleicht als Erinnerung an mich. Oder für den Fall, dass ich für eine längere Zeitspanne nach Hause zurückkommen wollte.

Erst in diesem Moment wurde mir klar, wie sehr er mich vermissen musste. Und wie sehr ich mein altes Zuhause vermisste. Solche Dinge wurden einem auch immer erst dann klar, wenn sie einem wieder entrissen wurden.

Es tat augenblicklich weg. Aber dagegen konnte ich etwas tun. Ich bückte mich, klappte den Koffer noch ein letztes Mal auf und stopfte die Pantoffeln hinein. Dabei mussten die Instantnudeln leider aussteigen.

Sorry Paps, aber ohne Einhorn würde ich leider nicht verreisen!

Oskar folgte uns nach draußen und sah zu, wie wir unser Gepäck in Serafins Bus verstauten. Und er stand auch noch da und winkte, als wir Platz nahmen, Serafin den Zündschlüssel drehte und der Motor ein paar Anläufe brauchte, um anzuspringen. Drei waren es insgesamt. Und dann fuhren wir los.

Im Rückspiegel sah ich meinen Vater, wir er immer noch dort stand, die Hände sinken ließ und solange er noch in meinem Sichtfeld war, blieb er auch dort wie angewurzelt.

«Ich hoffe, deiner Großmutter geht es den Umständen entsprechend gut», kommentierte Jonas, der zu meiner rechten saß. Ich brauchte eine Weile, bis ich begriff, was er meinte.

«Ja, meine arme alte Großmutter. Sie wird sich sicher über unseren Besuch freuen.»

Ich hätte erwartet, dass Serafin uns ratlos anschauen und nachfragen würde, über was zur Hölle wir eigentlich sprachen. Aber meine Tante war zu gut dafür.

«Hoffentlich spricht die arme alte Dame nicht Französisch, sonst werde ich ihr nicht helfen können.»

-Kapitel 6-

Rote Ampel für grüne Pflanzen

Ich konnte an einer Hand abzählen, wie viele Länder ich in meinem Leben bereist hatte. Belgien – klar, lag ja auch einen Katzensprung entfernt.

In Belgien war ich mit meinen Eltern zum ersten Mal am Meer gewesen. Zum ersten und zum letzten Mal. Eine Imkerei zu besitzen, machte einem das Reisen nicht gerade leicht und verbaute – in meinem Fall – vielleicht auch ein Stückchen Freiheit.

Dann war da noch Deutschland, wo wir einige Male Ferien gemacht hatten. Nur ein paar Tage lang. Man konnte die Bienen nicht einfach so lange sich selbst überlassen. Na klar, es waren Tiere, aber eben domestizierte Tiere wie Hunde, die in freier Wildbahn auf sich selbst gestellt nicht überlebten.

In England war ich auch einmal. Das war in einer Zeit gewesen, in der das noch mit der ganzen Familie möglich gewesen war, in der Zeit vor dem Unfall. Ein Zweitagestrip mit Übernachtung im Zug. Leider konnte ich mich nicht mehr richtig daran erinnern, weil ich zu klein gewesen war und die ganze Zugfahrt im Eurotunnel, der unterirdisch über den Ärmelkanal führte, verschlafen hatte.

Drei Länder also insgesamt, ohne die Niederlande. Demnach ließ sich vernünftig erklären, dass meine Nase wie von selbst an der Fensterscheibe klebte, als wir die Grenze nach Frankreich erreichten, als hätte ich noch nie Zollbeamte in Uniformen und lange Autoschlangen gesehen. Um ehrlich zu sein, hatte ich auch noch nie Zollbeamte in Uniformen und dermaßen lange Autoschlangen gesehen, aber es ging ums Prinzip.

Mir war bewusst, dass ich wie gebannt aus dem Fenster starrte und das Niemandem entgehen konnte. Auch nicht von außen. Ein Nachteil, den ein alter Bus ohne den Luxus getönter Fensterscheiben mit sich brachte.

«Dauert nicht mehr lange, dann sind wir durch», versuchte Serafin offensichtlich, uns zu beruhigen.

Sie war sich der Sache sicher. Vielleicht zu sicher. Man sollte sich einer Sache nie zu sicher sein. Denn als man die stehenden Autos vor uns endlich abgearbeitet hatten und wir an der Reihe waren, hieß es: «Windschutzscheibe runter bitte!»

«*Pare-brise baissé s'il vous plaît.*»

Mir war nicht aufgefallen, dass das vor uns schon ein Fahrer hatte tun müssen. Aber das war ja das Prinzip von Zufallskontrollen. Man nahm nicht zwei Fahrer nacheinander dran, dann wäre der eine ja schon vorbereitet, der dem anderen zusehen musste, und würde die unfaire Chance bekommen, zu verstecken, was versteckt gehörte, oder gar umzudrehen und dem Ärger zu entkommen. Das Ganze musste mit Überraschungsmoment kommen. Gratulation an den Sicherheitsdienst. Der war bei uns hervorragend gelungen.

«Zollkontrolle. Wir führen an Ihrem Wagen eine Zufallskontrolle durch. Die Pässe bitte zuerst.»

Der Zollbeamte sagte uns, was wir schon längst geahnt hatten, als wir wie befohlen die *pare-brise* hinunterließen und den schwer bewaffneten Typen uns einen Ausweis unter die Nase halten ließ, als würden wir nicht glauben, dass er ein Recht darauf hatte, unseren Wagen zu kontrollieren.

Serafin kramte unsere Pässe hervor. Mein Blick schweifte währenddessen von seinem grimmig dreinblickenden Gesicht, dem rauen Bart, das diesem Aussehen noch zusätzlich etwas Hartes verlieh, bis hin zu seiner Uniform, die mit einem breiten Gürtel, an dem allerhand Schusswaffen hingen, montiert war. Ich erkannte einen Revolver und Patronen zum Nachladen. Etwas zu viele Patronen für meinen Geschmack. Als würde er im Schnellfeuer eine ganze Festhalle voller Leute umlegen wollen. Er selbst trug eine kugelsichere, blaue Weste.

Ihre bloße Erscheinung sagte mir, dass es unklug wäre, eine Auseinandersetzung mit einem dieser Kontrolleure anzufangen. Mit etwas Glück war das auch die primäre Funktion der ganzen Montur, noch vor dem Zweck, damit jemanden niederstrecken zu können.

Ich musste schlucken. Eigentlich wollte ich mich weder einschüchtern noch niederstrecken lassen, sondern einfach friedlich nach Frankreich überfahren. Aber Zufälle geschahen eben immer unerwartet.

«Na dann, meine Lieben. Lassen wir uns eben durchchecken! Aber ich sage euch, wenn die mir auch nur einen kleinen Kratzer an dem Wagen hinterlassen, kriegen die ne gute alte Tracht Prügel!»

Serafin hatte sich zu uns umgedreht, damit nur wir hören konnten, was sie sagte. Und es entlockte mir ein halb nervöses, halb belustigtes Lachen.

Irgendwann würde meine Tante mir beibringen müssen, wie sie das machte. Auch in den verzwicktesten Momenten die Ruhe zu bewahren. Und ihren Humor.

Ich hätte ihr gerne auf einem ebenso hohen Ross gesagt, dass ein paar weitere Kratzer an dem Wagen überhaupt nicht auffallen würden, als ich jäh unterbrochen wurde.

«Überlassen Sie uns bitte den Wagen und folgen Sie meinem Kollegen zu Zollkontrolle.»

Also Schluss mit lustig. Man führte uns zum Zollgebäude seitlich der Grenzübergänge.

Wir schwiegen, während wir den Beamten durch die Tür in einen langen, leeren Gang folgten, in dem rechts und links Türen waren.

Ich konnte mich nicht entscheiden, ob ich mich wie eine Schwerverbrecherin, die von Tatort abgeführt wurde, oder wie ein Gast, der im Restaurant vom Personal zum Tisch geführt wurde, fühlen sollte.

Weder noch. Besser, ich ließ das Ganze emotionslos an mir vorbeiziehen. Je weniger Emotionen, je weniger Aufmerksamkeit erregten wir und je schneller waren wir hier auch wieder raus.

Mein Herz tat jedoch einen Sprung, als am Ende des Ganges ein Beamter mit schnellen Schritten zu uns aufholte und dem anderen – dem bärtigen, harten Kerl – etwas ins Ohr flüsterte. Ich sah etwas darin aufblitzen.

«Madame Blumenberg, ich muss sie bitten, meinem Kollegen in den Befragungsraum zu begleiten.»

Wir blieben stehen. Ich sah erst Jonas, der als Antwort nur planlos mit den Schultern zuckte, dann Serafin an, in deren Gesicht ich nach der Bestätigung suchte, dass alles in Ordnung war. Dass das hier nichts zu bedeuten hatte und wir uns in ein paar Minuten im Wagen wiedersehen und weiterfahren würden. So hatte sie es doch eben noch gesagt, oder nicht? Naiv, wie ich eben war, hatte ich an ihren Worten festgehalten.

«Na dann. Wir sehen uns auf der anderen Seite!», scherzte Serafin, was ungefähr mit dem übereinstimmte, was ich von ihr hören wollte. Aber ihre Stimme klang belegt. Ein besorgter Glanz lag in ihren Augen.

Wie sie von zwei Beamten an den Armen festgehalten und eher weggeschleift als weggeführt wurde, gefiel mir gar nicht. Aber ich zwang mich zur Ruhe. Wir würden uns gleich wiedersehen, hatte sie gesagt. Also alles in Ordnung.

Man führte Jonas und mich weiter, wobei mir nicht entging, dass man auch uns plötzlich anders behandelte. Anstelle uns hinterherlaufen zu lassen wie Gäste im Restaurant, hatte man uns in die Zange genommen.

Also doch Schwerverbrecher.

Links und rechts ging einer neben uns her. Von hinten folgte eine Frau. Zwischen meinem Arm und dem Revolver lagen knapp vierzig Zentimeter.

Man drängte mich in ein enges, steriles Zimmer auf der rechten, Jonas in das auf der linken Seite. Durch die Türrahmen konnten wir Blickkontakt bewahren, als wir unsere Wertgegenstände, Jacken, Schuhe ausziehen musste und auf ein Band legten.

Nur noch im Unterhemd und Hose (immerhin nicht nackt) wurde ich durch einen grauen Rahmen in Menschengröße geführt, der einmal schrillte, als ich ihn passierte. Oh nein. Hatte ich etwas falsch gemacht? Was bedeutete dieses Geräusch? War alles in Ordnung oder führte ich unwissend etwas Illegales bei mir?

Keine meiner Fragen wurde beantwortete, da man mir schweigend meine Sachen zurückreichte und keinen Kommentar dazu gab. Ich traute mich auch nicht, etwas zu sagen.

«Sie dürfen im Gang Platz nehmen. Sobald es Neuigkeiten gibt, werden wir Sie informieren.»

Neuigkeiten? Zu was? Serafin? Was machten die mit ihr, dass es so lange dauerte? Auch das fragte ich nicht nach.

Jonas wusste ebenso wenig, als man uns im Gang wieder zusammenbrachte – wieder vollständig angezogen – und uns deutete, auf ein paar Plastikstühlen, die an der Wand des Ganges links und rechts angebracht waren, Platz zu nehmen. Es kam mir vor wie ein Déjà-vu. Das grelle Licht, das in den Augen stach, die weissen, leeren Wände. Der lange Gang, in dem es nach Putzmittel – sogar mit Zitronen-Aroma – und Plastik roch. Die fremden Geräusche. Zollbeamte, die auf- und abgehen, ohne uns eines Blickes zu würdigen. Jeder in seinen eigenen Tätigkeiten verloren. Dass ich instinktiv damit begann, in meine Fingernägel, die sowieso schon bis zum Ansatz abgeknabbert waren, zu beißen, war die endgültige Bestätigung.

Es war wie damals im Krankenhaus. An dem Tag im Sommer, an dem ich Jonas zum ersten Mal in meinem Leben gesehen hatte. Was hatte ich ihn vom ersten Moment an gehasst, wie er da mit seinem schicken Motorrad auf den Platz geschneit gekommen war und mir mit seiner Tasche, die damals um einiges dichter bepackt gewesen war, Frau Durand's Honigbestellung aus den Armen gefegt hatte. Was war ich wütend gewesen auf den Praktikanten mit der Bienenstichallergie, der den Sommer über auf der Imkerei hatte verbringen sollen, und gleich am ersten Tag von einer

Biene gestochen worden und notfallmäßig ins Krankenhaus gefahren worden war.

Das damals war derselbe Affe gewesen, der jetzt hier neben mir saß. Mit mir festsaß in einem Zollhaus an der Grenze zu Frankreich und durch dessen Gesellschaft ich mich gleich viel weniger verloren fühlte.

Das Leben war schon etwas Seltsames.

«Erinnerst du dich noch an eine Szene wie diese?», durchbrachen seine Worte die Stille und überschnitten sich mit dem, was in meinen Gedanken herumgeisterten.

«Wie kannst du nur immerzu wissen, was ich gerade denke?»

«Affen sind überaus schlaue Wesen und Einhörner leicht durchschaubar.»

So hatte ich ihn damals auch genannt. Einen Affen. Und in dem Krankenhaus, da hatte ich die Einhornpantoffeln an den Füßen, weshalb er mich immer Einhorn nannte. Das hatte bis heute gehalten.

Und es beruhigte mich viel mehr, als es mich aufbrachte. Es erinnerte mich an damals. In dieser Geschichte war auch alles gut geworden bis zum Schluss. Also würde es das heute auch werden.

Natürlich war das keine logische Schlussfolgerung, aber an irgendetwas musste ich mich festhalten.

Ich lehnte meinen Kopf an Jonas' Schulter. Nur ganz leicht. Eher freundschaftlich. Es war die falsche Zeit und vor allem der falsche Ort, das mit unserem Beziehungsstatus zu klären. Aber das hier genügte mir im Moment.

Ich spürte, wie sich sein waldiger Duft, der ihm auch hier in diesem penetrant riechenden Ort anhaftete, um mich herum ausbreitete. Mich umhüllte. Er nahm meine kalte Hand in seine warme und drückte sie. Ich drückte zurück.

Ich fühlte mich sicher in dieser Jonas-Blase, auch wenn die Schmetterlinge, die in mir herumflogen, sich häufig eher nach Ameisen anfühlten. Was würde ich nur hier in diesem viel zu weißen, sauberen Gang tun, wenn er nicht da wäre? Durchdrehen, vermutlich.

Die Blase wurde zum Platzen gebracht, als würde ich aus einem schönen Traum erwachen, als ich die sich nährenden Schritte hörte und energische, aufgebrachte Stimmen. Lauter als alle anderen war eine darunter, die garantiert Serafin gehörte.

Wie von selbst richteten sich meine Beine auf und ich stand schon kerzengerade im Gang, als Serafin begleitet von nur vier Zollbeamten um die Ecke bog. Ich musste zweimal hinblicken, blinzeln und dann noch einmal die Augen darauf richten, um mir sicher sein zu können, dass mir mein Gehirn keinen Streich speilte und die glänzenden, silbernen Dinger an Serafins Handgelenken vor ihrem Bauch wirklich Handschellen waren.

«Sie verstehen das nicht. Das ist keine Schmuggelware! Das ist doch bloss vergessenes Material im Kofferraum. In Privatgebrauch sogar legal!»

«Eine Überführung der Ware in ein fremdes Land ist aber keine Privatangelegenheit!», donnerte es zurück.

Ich trat ein paar Schritte auf Serafin zu, die uns bald erreicht hatte. Als sie mich erkannte, stemmte sie ihre Füße gegen den Boden und versuchte anzuhalten, sichtlich gegen den Willen ihrer Aufpasser, die versuchten, sie weiter zu drängen. Vergebens.

Manchmal lohnte es sich doch, wenn man ein paar Kilos zu viel auf den Rippen hatte. Serafin hatte in etwa die Statur eines Ringers.

«Was ist los? Warum trägst du Handschellen?», fragte ich meine Tante sofort und ergriff ihre Hände, weil sie diese kaum zehn Zentimeter auseinanderzerren konnte.

«Alles in Ordnung Kira, mach dir keinen Kopf. Diese gesetzestreuen Menschenfeinde hier haben bloß den Notfallkoffer mit den Medikamenten für Tiere in meinem Kofferraum entdeckt. Ich habe vergessen, das Ding rauszunehmen, als wir losgefahren sind. So blöd von mir. Aber auch eine übertriebene Angelegenheit. Wegen diesen paar Döschen und Pipetten…»

«Medikamente, echt jetzt?», unterbrach ich ihre Erklärungen und ließ ihre Hände los, weil ich ihr nicht so recht glauben wollte. Wegen einem Tierarztkoffer machte man doch nicht gleich so einen Aufstand…

«Sagen Sie Ihrer Nichte die Wahrheit», bat die uniformierte Frau. Zu meinem Erstaunen war plötzlich jegliche Härte aus ihrem Gesicht gewichen und hatte Platz gemacht für einen breites Schmunzeln. Jetzt war ich vollends verwirrt.

«Serafin, raus mit der Sprache. Was zum Teufel ist hier los?»

Serafin rang offensichtlich mit einer Antwort.

«Na gut, vielleicht war das nicht die ganze Wahrheit.» «Dann sag uns die Wahrheit! Das absolut vollständig Ganze der Wahrheit», jetzt klang auch Jonas aufgebracht.

«Vielleicht hatte ich da ein oder zwei Pflänzchen zu viel im Seitenfach des Kofferraums deponiert…»

Nur langsam rieselte es in mein Gedächtnis, von was Serafin sprach.

Pflanzen.

Serafins Pflanzen.

Da leuchtete das Lämpchen auf.

«Du hast *Gras* in deinem Kofferraum?»

Ich faltete meine Hände über dem Kopf zusammen, als könnte ich ihn so davor bewahren, von noch mehr Informationen überflutet zu werden. Es brachte nichts. Es erklärte alles.

Seitenfach – na klar, deshalb war uns nichts aufgefallen. Und dass Serafin diese Pflanzen zu Hause züchtete, das wusste ich bereits. Zuhause war es legal. Aber doch nicht am Grenzübergang! Ich konnte mir nicht vorstellen, dass sie log, wenn sie behauptete, die

Pflanzen aus Versehen dabeizuhaben. Sie war viel zu aufrichtig, absichtlich etwas Illegales zu tun. Es würde ihr nicht ähnlich sehen.

«Ich bevorzuge das Wort *Cannabis*, Gras klingt so Drogendealer-mäßig. Aber ja, ich habe da leider meinen kleinen Garten im Kofferraum vergessen, als ich meiner Freundin was davon vorbeibringen wollte. Und jetzt diese scheiß Zufallskontrolle.»

«Geschieht dir irgendwie recht.»

«Ich weiß.»

«Aber – verdammt nochmal – was tun wir jetzt?»

Viel gab es da offensichtlich nicht. Und die Zeit rannte uns davon.

«Madame – wir müssen Sie bitten, ihre Unterhaltung zu beenden. Es ist eigentlich nicht gestattet, vor der Verhandlung mit Zeugen zu sprechen.»

Verhandlung? Etwa eine Gerichtsverhandlung?

Serafin setzte ihren Ellbogen ein, als einer der Beamten erneut versuchte, sie zu packen und weiterzuführen. Natürlich konnte dieser Stoss nicht viel gegen gepanzerte Westen anrichten.

«Hört zu, ihr beiden. Fahrt ohne mich weiter nach Paris. Ihr kennt das Ziel. Zum Haus deiner Mutter. In diesem Dorf wird euch bestimmt einer reinlassen. Sonst sucht ihr euch irgendwo ein Zimmer.»

Während sie sprach, kramte sie etwas aus ihrer Hosentasche hervor. Ihr Portemonnaie.

«Mehr habe ich gerade nicht in Bar. Aber diese

zweihundert Euro sollten euch schonmal ein paar Stationen weiterbringen.»

Sie drückte mir die Scheine in die Hand.

«Aber Serafin… dürfen wir das überhaupt? Ich meine, wir waren doch alle in dem Wagen. Mit dem Gra-… Cannabis», protestierte ich, weil ich insgeheim hoffte, einfach hierbleiben zu dürfen. Bei Serafin. Auch wenn es darauf hinauslaufen würde, weitere Stunden hier zwischen diesen sterilen Wänden absitzen zu müssen. Hauptsache, sie ließ uns nicht allein.

«Wie alt seid ihr beiden?»

«Sechzehn», antworteten wir beide wie aus einem Mund. «Ihr seid minderjährig und kommt nicht als Zeugen infrage. Eure Tante hat für euch ausgesagt, dass ihr beide nichts mit den Pflanzen im Kofferraum zu tun habt und demnach seid ihr freigesprochen.»

Mist. Verdammter. Mist.

«Ihr habt es gehört. Geht ruhig ohne mich. Wir treffen uns in ein paar Tagen – hoffentlich – in Paris.»

«Aber Serafin, wir schaffen das nicht ohne dich! Ich habe keine Ahnung, wo wir hinmüssen, und überhaupt…», sprach ich meine Bedenken aus und meine Stimme brach. Ich durfte jetzt nicht schwach werden! Nicht vor diesen Leuten hier! Sonst hätten wir plötzlich noch das Jugendamt am Hals.

«Wenn jemand auf dieser Reise gut – wenn nicht sogar besser! – ohne mich zurechtkommt, dann seid ihr das.»

Stark bleiben, Kira. Stark bleiben.

«Also gut. Treffen wir uns in Paris!»

Dieses Mal hielt meine Stimme stand. Tapfer nahm ich das Geld entgegen. Keine Ahnung, wie lange zweihundert Euro reichen würden… vermutlich nicht für den Heimweg.

Ich musste seufzen.

«Alles wird gut, meine Lieben. Wenn etwas ist, ruft ihr einfach Oskar an! Der wird schon wissen, was zu tun ist. Wenn nötig fährt er höchstpersönlich nach Frankreich, um euch abzuholen, ich kenne diesen Spinner!»

«Du auch. Du rufst uns auch an, wenn du Hilfe brauchst», sagte ich, obwohl ich mir nicht vorstellen konnte, dass wir viel gegen das Rechtssystem auszurichten hatten. Ein System, das uns nicht einmal fünf Minuten ließ, uns von unserer Tante zu verabschieden und weiteres Vorgehen zu besprechen, sondern sie erbarmungslos von uns wegzog und durch den leeren, weißen Gang drängte.

Mit jedem Schritt, mit dem sie sich weiter von uns entfernten, fühlte es sich hier leerer und einsamer an. Serafins Proteste verhallten in der Ferne, als der Trupp in der nächsten Biegung verschwand.

Man hatte uns allein gelassen. Zwei Teenager. Völlig allein in einem fremden Land. Wie ging es jetzt weiter?

Als ich die Scheine betrachtete, die ich mit meinen schweisskalten Fingern fest umklammert hielt, beruhigte mich das weniger, als dass es mich herabzog, mich erniedrigte. Das Geld war wie Gift in meinen Händen. Oder einfach nichts wert. Was sollte ich mit Geld anfangen, wenn ich nicht einmal wusste, für was ich es als nächstes ausgeben sollte?

Wir steckten hier fest. Serafin steckte man vielleicht in den Knast. Es bräuchte schon etwas mehr als zweihundert Euro, sie da wieder rauszubekommen.

Wie immer wusste Jonas genau, was mich bedrückte. Langsam fragte ich mich, ob Emotionen in meinem Gesicht so einfach abzulesen waren oder ob er mich einfach zu gut kannte. Vielleicht beides. Oder es war angesichts der Lage, in der wir steckten, auch einfach klar, warum ich mich gerade sorgte.

«Mach dir keinen Kopf wegen Serafin. Die werden ihr kein Haar krümmen. Und wenn schon, dann nicht ohne dabei selbst Blessuren, blaue Flecken und Bisswunden davonzutragen.»

Der Gedanke entlockte mir trotz allem ein müdes Lächeln. Serafin wäre nicht Serafin, wenn sie nicht bis auf den letzten Tropfen Blut für das kämpfen würde, was ihr wichtig war. Und das mit den Cannabispflanzen sah ihr auch ganz ähnlich und bestätigte diesen Verdacht nur noch zusätzlich. Sie hatte schon immer einen grünen Daumen gehabt. Schade nur, dass man in Frankreich nichts damit anzufangen wusste.

Mein Lächeln wuchs zu einem fetten Grinsen an. So blöd die Situation auch war, in die wir geraten waren, etwas Gutes hatte die Sache an sich: Wir würden in Zukunft eine Geschichte zu erzählen haben. Eines Tages würde jemand noch Bücher über meine verrückte Tante schreiben, da wettete ich drauf.

-Kapitel 7-

Gestrandet

Spielende Kinder, die uns dabei um die Beine rannten und lauthals schrien. Ein sich auf französisch streitendes Ehepaar. Der alte Mann neben mir auf der Bank mit dem schlimmem, kehligen Husten. Covid 19? Scharfes Zischen der Gleise bei einfahrenden Zügen.

Ich versuchte, die Hintergrundgeräusche auszublenden, indem ich die regelmäßigen Signaltöne aus dem Telefonapparat zählte.

Eins…. Niemand ging ran.

Zwei… langsam wurde ich ungeduldig.

Drei…

«Pap's, geh ran!»

Vier…

«Jonas, das bringt nichts, wir müssen...»

Und dann endlich, ein Knirschen in der Leitung, das mir signalisierte, dass jemand am anderen Ende den grünen Hörer gedrückt hatte und die Verbindung aufgebaut wurde.

«Guten Tag, hier Oskar Blumenberg am Apparat.»

Ich hatte es ihm schon tausend Mal gesagt. Man sagte *am Telefon,* nicht *am Apparat.* Das hatte man vor dreißig Jahren höchstens noch gesagt. Heute schaffte er es mit diesem Wort nur noch, mich zu reizen. Und höchstwahrscheinlich auch andere. Aber das tat jetzt nichts zur Sache.

Ich schaltete das Telefon auf Lautsprecher, damit Jonas mithören konnte.

«Papa! Gut, dass du angenommen hast. Ich hatte schon Angst, du seist nicht zuhause.»

«*Kira, schön dich zu hören. Ich war nur schnell draußen im Garten und habe die Tulpen bewässert. Ist recht trocken im Moment. Zum Glück soll es bald regnen.*»

«Hhm.»

«*Warum rufst du an? Alles in Ordnung bei euch? Habt ihr das Haus schon gefunden?*»

Auf all diese Fragen, auf die ich eigentlich Antworten parat hatte, konnte ich plötzlich nicht mehr antworten.

Hey Paps, Jonas und ich sind an einem französischen Bahnhof, weil die Serafin wegen ihrem Gras, das sie im Kofferraum hatte, einbuchten wollen. Wir sitzen hier fest, es wird langsam spät und wir haben nicht genug Geld für ein Zugticket nach Hause, kam mir plötzlich nicht mehr wie der richtige Ansatz vor.

«Kira? Bist du noch dran?»

«Ja, bin ich.»

«*Was ist denn los?*»

Ich wollte den roten Knopf drücken. Das Gespräch beenden und meinen Vater vor einem Nervenzusammenbruch bewahren, den er bekommen würde, wenn er erfuhr, in was für einer verflixten Situation wir steckten. Vor einem Problem, bei dem er uns sowieso nicht helfen konnte. Und ich hätte es auch getan, hätte Jonas mir nicht in dem Moment die Hand – seine warme Hand – auf die Schulter gelegt.

Ich zuckte zusammen, ließ aber dann die Wärme der Berührung in mich einströmen. Vielleicht konnte Jonas zaubern, oder seine pure Anwesenheit verhexte mich, aber plötzlich hatte ich meine Meinung geändert. Mein Vater musste wissen, was passiert war. Sonst würde niemand wissen, wo wir waren, und was passiert war, würden wir in weitere Schwierigkeiten geraten. Ich hatte nicht vor, spurlos von der Landkarte zu verschwinden.

«Pap's, wir sitzen in einem Bahnhof in Frankreich, irgendwo kurz nach der Grenze, fest. Sie haben Serafin in Gewahrsam genommen und wir sind jetzt allein unterwegs», entschied ich mich, es vorsichtiger zu formulieren. Dann wartete ich. Auf den Ausbruch meines Vaters.

Den Wutausbruch. Panikausbruch. Keine-ahnung-was-Ausbruch. Einfach darauf, dass er in aller Lautstärke seine Emotionen durch den Hörer schleudern würde, bis dieser quietschte und ächzte.

Dass ich nichts mehr hören konnte, beunruhigte mich umso mehr.

«Papa? Bist du auch noch da?»

Oskar schien seine Stimme wiedergefunden zu haben. Eine Stimme, die stärker und bestimmter klang, als ich sie von ihm kannte.

«Schickt mir den Standort des Bahnhofs und rührt euch nicht von der Stelle. Ich werde euch holen kommen.»

Mit so einem Entschluss hatte ich insgeheim schon gerechnet, weshalb ich auch genau wusste, dass ich diesen abstreiten würde.

«Nein, ich kann jetzt nicht einfach abbrechen. Die Reise hat uns bisher schon viel zu viel gekostet. Ich kann mir nicht einfach zwei Wochen Ferien nehmen und diese dann doch zu Hause verbringen. Außerdem muss ich es tun. Ich muss einfach, verstehst du?»

Vielleicht hatte ich keine Antwort darauf, warum es so war, wie es war. Warum es ein Fakt war, dass ich diese Reise machen musste.

Vielleicht aber hatte ich eine, die ich mir selbst nicht eigestehen konnte. Ich wollte einfach nicht. Es hätte auch die Angst davor sein können, dass diese Antwort so lächerlich war, dass ich beim bloßen Aussprechen einen Rückzieher machen würde. Wer tat schon etwas, das er selbst für absolut dämlich hielt?

Ich drückte das Telefon näher an mein Ohr – das Telefon, für dessen Anruf ich auch zwei Euro hatte liegen lassen müssen, weil ein Telefonat mit meinem Handy im Ausland ein Vielfaches davon gekostet hätte – weil es im Hintergrund erneut lauter wurde.

Ein Zug fuhr in den Bahnhof ein. Das Quietschen der Gleise ging mir durch Mark und Bein. Dennoch hörte ich meinen Vater seufzen. Ein lautes Seufzen. Aber anstelle davon, ihn weitersprechen zu hören, antwortete mir ein aufgeregtes Bellen aus dem Hintergrund.

«*Schhh. Ruhig, Bacon. Es ist doch nur Kira.*»

Ich konnte mir nicht denken, dass es meine Stimme aus dem Hörer war, die Bacon mit der einer Fremden verwechselte und deshalb so in Rage geraten war. Er würde meine Stimme unter Tausenden erkenne. Auch wenn sie aus einem Hörer kam, der alles nur verzerrt und verzögert durchsickern ließ. Vielmehr vermutete ich, dass sich auch Bacon Sorgen um mich machte. So sehr, dass ich mir vorstellen konnte, dass er sich anstelle meines Vaters hinters Steuer setzen würde, um uns abzuholen, wäre er ein Mensch mit Händen, Füßen und einem Führerschien.

Ich atmete noch einmal tief durch, bis ich bereit war, meinen Vater – und notwendigerweise auch Bacon – davon zu überzeugen, meine Reise weiterzuführen.

«Pap's, ehrlich, ich schaffe das. Ich bin schließlich kein kleines Kind mehr. Es ist nicht das erste Mal, dass ich allein mit dem Zug unterwegs bin. Vielleicht musst du mir einfach im Verlauf der Woche noch etwas Geld schicken. Für ein einfaches Motel wird das, was wir haben, für heute auf jeden Fall noch reichen. Ich kriege das schon hin. Das hier ist nur eine kleine

Planänderung. Außerdem ist Jonas bei mir. Er passt auf mich auf.»

«Genau, ich werde dein kleines Töchterchen wieder sicher zurück nach Holland bringen.»

Ich boxte Jonas freundschaftlich in die Seite. Kleine Scherze konnten meinen Vater bestimmt davon überzeugen, dass es uns gut ging. Tat es ja auch – oder?

Ich hätte nicht sagen können, welcher Teil meiner Rede es war, der Oskar – wenn auch immer noch zweifelnd – schließlich einlenken ließ, es spielte aber auch keine Rolle. Hauptsache, unserer Reise stand nichts mehr im Weg und wir wussten, dass wir zu Hause jemanden hatten, der uns den Rücken freihielt. Jedenfalls finanziell. Und falls die Sache ganz aus dem Ruder laufen sollte, was ich mir gar nicht auszumalen versuchte.

«*Also gut. Dann macht ihr weiter, wie geplant. Versprecht mir nur eins: Vertraut niemandem leichtfertig und geht auf keinen Fall mit jemandem einfach so mit. Ganz egal, wie vertrauenswürdig euch die Person auch erscheinen mag.*

Ihr habt alle Zeit der Welt, euer Ziel zu erreichen und ich werde euch so viel Geld schicken, wie ihr benötigt, sobald ihr mir die Adresse eurer Bleibe mitteilt. Und bleibt auf jeden Fall zusammen. Ich will mich nicht um drei Leute in einem fremden Land sorgen müssen, die sich in alle Winde verstreut haben.»

Ich hörte meinem Vater schweigend zu und nickte abermals, obwohl mir bewusst war, dass er es nicht sehen konnte. Vielleicht nickte ich auch für Jonas. Damit er wusste, dass wir zusammenbleiben würden. Dass wir das gemeinsam durchziehen würden.

«Ich liebe dich – euch beide! Passt gut auf euch auf, wenn ihr euren alten Oskar bei eurer Rückkehr nicht mit grauen Haaren auffinden wollt.»

Mir entfuhr ein Lachen.

«Keine Sorge, wir werden schon nicht gekidnappt und werden auch nicht auf der Straße schlafen.»

«Kira, nimm das bitte ernst. Stellt keinen Blödsinn an, versprochen?»

Etwas ernst nehmen? Wie ging das? Ich konnte nicht widerstehen, meinen Vater etwas auf die Folter zu spannen.

«Meinst du, Bungeejumpen vom Eiffelturm geht unter die Kategorie «Blödsinn»?», fragte ich und sah dabei Jonas an.

«Schade, dann muss ich den Termin wohl absagen», gab er mit einem verschmitzten Grinsen im Gesicht Richtung Hörer, den ich ihm hinstrecke, zurück. Ich hörte meinen Vater aufstöhnen und konnte mir ein Lachen nicht verkneifen.

«Vergesst, was ich gesagt habe. Ich spüre jetzt schon, wie mir die grauen Haare aus dem Kopf schießen.»

«Pass einfach auf, dass du nicht endest wie Onkel Karl.»

Jetzt lachte auch mein Vater. Wenn eines ihn aufheitern konnte, dann waren es Witze über Karls Glatzkopf.

Ein Tuten aus dem Hörer erinnerte mich daran, dass die Zeit zum Telefonieren bald abgelaufen war. Und ich wusste, dass das Gespräch einfach unterbrochen werden würde, egal, welchen wichtigen Satz man gerade noch auf der Zunge liegen hatte. Maschinen wie dieses Telefon hier nahmen darauf keine Rücksicht.

«Alles wird gut, Paps. Ich liebe dich auch.»

«Eine Sache noch, Kira. Warum wurde Serafin in Gewahrsam genommen? Ich meine, ich kenne sie und kann mir vorstellen, dass sie sich mal wieder mit dem Gesetz angelegt hat. Aber nur aus Neugier – was hat sie angestellt?»

Das hätte ich beinahe vergessen. Mein Vater kannte die Geschichte vom Grünzeug, das Serafin im Kofferraum mitgeführt hatte, noch gar nicht. Verriet ich sie in irgendeiner Weise, wenn ich Oskar erzählte, was passiert war? Würde sie sich schlecht fühlen dabei? Nein, würde sie nicht. Serafin scherte sich nicht darum, was andere Leute über sie dachten, und das war es, was ich an ihr bewunderte. Außerdem hat sie ja keinen Mord begangen, sondern lediglich versehentlich vergessen, die Hanfpflanzen aus ihrem Kofferraum zu entfernen.

«Gras», antworte ich nur, weil mein Vater sich bestimmt denken konnte, was es damit auf sich hatte.

«Hat sie vergessen, aus dem Kofferraum zu nehmen, bevor wir aufgebrochen sind.»

Ein belustigtes Schnauben drang aus dem Hörer hervor.

«Ich tue mir den Gefallen und enthalte mich jegliches Kommentars dazu. Hühnchen rupfen kann man immer noch, wenn ihr alle wieder heil zu Hause seid.»

Der Gedanke, dass mein Vater einer erwachsenen Tierärztin eine Standpauke halten wird, erschien mir ebenso absurd wie glaubwürdig. Serafin war wie ein kleines Kind, dem man erst noch Manieren beibringen sollte. Sie scherte sich nicht um menschgemachte Standards und Systeme. Und würde es auch nie tun. Auch wenn das Hühnchen tatsächlich gerupft würde. Genauso sollte sie immer bleiben.

Der Hörer vibrierte in meiner Hand. Das signalisiert mir, dass das Gespräch in wenigen Sekunden beendet werden würde.

«Mach's gut Paps.»

«Machts besser ihr beide. Und Jonas – vergiss nicht, was du mir versprochen hast. Pass auf meine Tochter auf.»

Ich sah Jonas an, zum Teil gerührt davon, dass ich weiß, dass er mich mit seinem Leben beschützen würde, zum anderen Teil rebellisch gegenüber dem Gedanken, dass die starken Männer die schwachen Frauen beschützen würden. Wir lebten schließlich nicht mehr im achtzehnten Jahrhundert.

Jonas schien das Gleiche zu denken.

«Oskar, ich würde ja liebend gerne auf Kira aufpassen, aber ich befürchte, dass sie eher ein Auge auf mich wird haben müssen als umgekehrt.»

Mein Vater antwortete nicht darauf. Erst wunderte ich mich, warum, dann realisierte ich, dass das Gespräch soeben unterbrochen wurde.

«Dann sind wir auf uns allein gestellt», sagte ich, und schaute Jonas an. Er sah mich auch an, schweigend. Der Moment war so seltsam, dass ich froh war, als er sich umdrehte, um auf der Anzeigetafel, die an der Decke des gläsernen Bahnhofdaches befestigt war, nach dem nächsten Zug zu suchen, den wir nehmen mussten.

Reims – unsere nächste Station.

«Abfahrt 17:45 auf Gleis 7.»

Ich hatte es gesehen, ehe Jonas es mir vorgelesen hatte. Vermutlich starrte ich nur wie gebannt auf die Anzeigetafel, weil es mich beruhigte, es mit eigenen Augen gesehen zu haben. Die Kontrolle zu haben. Und Jonas las es vor, weil er nicht einfach nur untätig dastehen wollte, sondern versuchte, sein Versprechen gegenüber meinem Vater gerecht zu werden. Oder auch, weil auch er es als seltsam empfunden hatte, wie wir uns beide vor ein paar Augenblicken angestarrt hatten.

Wir machten uns auf den Weg zum Gleis, denn, herrje – der Zug fuhr schon in drei Minuten ab! Wir hinkten dem Zeitplan ohnehin schon gewaltig hinterher. Außerdem – würde mein Vater auf die Idee kommen, uns nochmal anzurufen, Gebühren auf dem Handy hin oder her, würde er definitiv durchdrehen, müssten wir ihm sagen, dass wir jetzt auch noch den Zug verpasst hätten.

Mit schnellen Schritten beförderten wir uns durch den Bahnhof, in dem es um diese Uhrzeit im Feierabendverkehr von Leuten nur so wimmelte. Ich fühlte mich seltsam. Als hätte man mir eine große Last auf die Schulten geladen – die Last, ganz allein für mich sorgen zu müssen.

Die Lage im Griff zu haben. Zu Planen. Strategisch zu organisieren.

Dennoch fühlte ich mich irgendwie erleichtert. Befreit. Weil ich nicht mehr an etwas oder jemanden gebunden war, sondern nun auf eigenen Beinen ein Abenteuer erleben konnte, auch wenn ich momentan vielleicht auf einem Bein den Abenteuern hinterherhinkte.

Ich nahm an, dass es sich so anfühlen musste, wenn man erwachsen war. Freiheit und Vorschriften in einem einzigen vereint.

Wir erreichten das Gleis, wo unser Zug bereits wartete. Eine Minute blieb uns noch Zeit, bis er abfahren würde. Wenige Sekunden, bis sich die Türen schließen würden.

Wir sprangen mit einem Satz in ein Abteil hinein, wo nur noch Stehplätze zur Verfügung standen, und als hätte der Zug nur auf uns gewartet, schlossen sich die Türen, ehe wir uns drinnen befanden und die Reise ging los.

-Kapitel 8-

Schon wieder gestrandet

Nach drei Stationen, an denen der Zug gehalten hatte, waren ungefähr die Hälfte der Leute ausgestiegen und es war ein Platz mit vier Sitzen freigeworden, den Jonas und ich uns ergattern konnten. Genug Raum, um auch unsere Jacken und Rucksäcke auf den Sitzen zu deponieren. Wären noch Leute da gewesen, die einen Platz gesucht hätten, hätten wir natürlich die Plätze frei gelassen. Aber da war niemand mehr und somit hatte ich dem Drang nicht widerstehen können, mich hinzusetzen und in den Sitz sinken zu lassen.

Die Müdigkeit lag mir bereits schwer in den Knochen. Viel bewegt hatte ich mich heute zwar nicht, ein langer Tag war es dennoch gewesen. Jonas schien es ähnlich zu ergehen. Er saß direkt gegenüber von mir, die Augen geschlossen und den Kopf gegen die Fensterscheibe gelehnt, was unmöglich gemütlich sein konnte. Ich sah, wie seine Wange bei jeder noch so kleinen Erschütterung durch eine Unebenheit der Gleise leicht erzitterte und seine blonden Locken, die ihm tief in die Stirn fielen, auf und ab hüpften. Aber wir waren ja auch nicht für Luxus hergekommen.

Ich betrachtete sein Profil genauer. Obwohl er mir mittlerweile schon so vertraut war, fand ich immer wieder neue Details an ihm, die mich in ihren Bann zogen. Er hatte eine vielleicht etwas zu lange Nase, einen schlaksigen, hochgewachsenen Körper, ein schmales Gesicht und alles in allem ein etwas streberhaftes Aussehen.

Aber seit er seine Brille nicht mehr trug, konnte man da auf seiner Nase winzige Sommersprossen erkenne, die er aus dem Sommer mitgebracht hatte, zusammen mit einer gesunden Bräune, die seinen ganzen Körper überzog, was man bei der Haut am Ausschnitt seines T-Shirts erkennen konnte. Seltsam, dabei hatte ich ihn eigentlich nie oben ohne in der Sonne liegen sehen…

Es waren diese winzigen Details, die mir an ihm so gefielen und wenn ich mir den Jungen vor mir im Ganzen ansah, dann musste ich zugeben, dass er schon recht attraktiv war.

Seine Nase störte mich nicht – im Gegenteil – sie machte ihn aus. Die Haare müssten mal wieder geschnitten werden – oder auch nicht. Denn sie gaben ihm dieses Verwegene Aussehen, dass absolut mit der gebräunten Haut, den Sommersprossen und der Abzeichnung seines schmalen, aber kräftigen Oberkörpers durch das T-Shirt zusammenspielte.

Es waren nach wie vor seine smaragdgrünen Augen, die mir am besten an ihm gefielen. Genau die Augen, die sich völlig unerwartet öffneten und deren intensive Farbe sich in meine hineinbohrte.

Erst jetzt fiel mir auf, wie ich ihn ansah. Wie ich starrte. Schon wieder. Warum musste ich ihn immer anstarren? Ich sah ihn doch sowieso schon jeden Tag. Was fiel mir ein, ihn anzusehen wie eine Honigomelette?

Schnell sah ich weg. Offenbar nicht schnell genug. Jonas hatte meinen Blick bemerkt und sah nun ebenfalls schnell aus dem Fenster, als würde dort draußen ein Einhorn und eine Honigomelette zusammen über die in der Abendsonne goldenen Felder galoppieren. Ein Lächeln umspielte seine Lippen. Mist. Jetzt musste ich mich irgendwie aus der Situation retten.

«Denkst du, Serafin muss ins Gefängnis?», fragte ich, weil es das Erste war, was mir einfiel, und als Frage durchaus seine Berechtigung hatte. Es gab kaum etwas, das Jonas nicht wusste.

Konsequenzen hatte Serafins Schmuggelware bestimmt. Nicht zum ersten Mal heute fragte ich mich, welche. Bis jetzt hatte ich mich nicht getraut, die Frage auszusprechen. Aber jetzt erschien mir kein Gesprächsthema zu heikel, um von vorhin abzulenken.

Jonas Augen funkelten, als wäre er ebenso froh über den Themenwechsel, oder aber, er hing in Gedanken noch daran, wie ich ihn angestarrt hatte. Schließlich räusperte er sich.

«Nein, ins Gefängnis wird sie nicht kommen. Dafür war die Menge zu gering. Außerdem ist es legal, bis zu drei Hanfpflanzen anzubauen. Nur über die Grenze darf man solches Zeug nicht bringen. Eine Geldstrafe wird sie schon bezahlen müssen.»

Ich atmete erleichtert aus. Es gab Situationen, da würde ich mir am liebsten die Ohren zuhalten, wenn Jonas wieder den Alleswisser heraushängte. Aber nicht heute. Nicht, wenn er etwas wusste, dass mich dermaßen beruhigen konnte.

«Woher weißt du solches Zeug eigentlich?»

Jonas zuckte mit den Schultern. «Ich wollte eigentlich den Weg zum Rechtsanwalt einschlagen und habe mich zu Hause ein wenig damit beschäftigt. Ein Jurastudium war mir dann aber doch etwas zu trocken», sagte er betont beiläufig, als wäre es kein großes Ding, dass er in etwa so viel wissen musste wie Einstein.

«Ach so. Zuerst wolltest du Rechtsanwalt werden, und als dir aufgefallen ist, dass das nichts für dich ist, Imker. Jetzt arbeitest du in einer öden Fressbude in der Stadt als Restaurantangestellter. Ist ja auch alles sehr naheliegend», tat ich so, als würde ich mich über Jonas lustig machen. In Wahrheit bewunderte ich ihn. Für alles, was er war. Was er konnte. Was er in seinem Leben bereits begonnen hatte.

Ganz egal, dass auch er noch nicht fündig geworden war. Seine Schatzsuche hatte schon viel früher begonnen als meine und dementsprechend würde er seinen Piratenschatz bald finden.

Manchmal bereute ich all die Jahre, die ich mit meinem Vater mehr oder weniger abgeschottet vom Rest der Welt auf der Imkerei verbracht hatte. Für mich hatte es nie etwas anderes gegeben als Bienen, Honig, Tulpen, einen liebevollen Vater, eine in alle Winde zerstreute Familie und Trauer um eine verstorbene Mutter. Was wäre gewesen, wenn ich mich früher von alledem gelöst hätte? Wenn ich mein Herz früher in die Hand genommen, in mich hineingefühlt und herausgefunden hätte, was ich im Leben wirklich wollte? Wäre ich dann genauso weit wie Jonas gekommen?

Ich erlaubte es mir und sah ihn noch einmal an. Er sah aus dem Fenster. Steile Falten hatten sich auf seiner Stirn gebildet, als ob er wieder mal gründlich über etwas nachdachte. Ich fragte mich nicht, worüber, sondern grübelte selbst.

Mir wurde bewusst, dass Jonas es war, dem ich es verdankte, dass meine Zukunft eine andere Richtung eingeschlagen hatte. Und ich war ihm dafür sehr dankbar, denn es war eine bessere Richtung.

Es vergingen nur wenige Augenblicke, bis mir Jonas seinen Blick wieder zuwandte, als wäre er fertig mit Nachdenken.

«Darf ich dich etwas fragen?», fragte er, und mir fiel auf, dass das ja auch schon eine Frage war, die er gestellt hatte, ohne eine Erlaubnis von mir zu bekommen.

Ich nickte sehr instinktiv, obwohl ich vielleicht erst darüber hätte nachdenken sollen, ob ich wirklich beantworten wollte oder konnte, was er mich fragen würde. Seinem Blick zufolge musste es etwas Ernsteres sein. Das war es vermutlich, was uns voneinander unterscheidet. Er dachte nach, bevor er etwas sagte. Und er wusste, was es hieß ernst zu sein. Wirklich ernst.

«Warum ist es dir so wichtig, das Haus deiner Mutter aufzusuchen? Ich meine, so wie ich dich kenne wird es wohl kaum wegen der Dokumente allein sein.»

Treffer. Mitten ins Schwarze.

Die Frage, die ich beantworten wollte, aber es nicht konnte. Jedenfalls fand ich nicht die richtigen Worte dazu, um zu beschreiben, wie sich der Drang in mir anfühlte, der meine Schritte, ohne dass ich es ändern könnte, in Richtung meines Zielorts zog.

«Nein, da hast du recht. Es geht mir eigentlich nicht um die Dokumente und das, was ich damit gewinnen könnte. Obwohl – doch. Aber nicht wegen irgendeines Wertes, den sie haben.

Weißt du, was meine Mutter begonnen hat, hat sie nie zu Ende gebracht. Und es war meine Schuld – meine und die meines Vaters – dass sie Frankreich verlassen musste. Ich denke… ich denke, ich bin es ihr schuldig, ihr Lebenswerk in die Welt zu bringen. Auch… auch wenn wir es nie gemeinsam… gemeinsam haben fertigmachen können. Wie sie es sich so gewünscht hat.»

Ich spürte, wie meine Stimme brach. Meine Stimme, die sonst immer schlagfertige Antworten bereit hatte.

Scheiß Tränen! Ich hatte genug geweint in den letzten Jahren.

Jonas schwieg, sah mich nur an.

Dachte nach. Natürlich.

«Ich denke, was wir hier tun, wird dir helfen, mit der Vergangenheit abzuschließen», meinte er dann.

Ich stutzte. So hatte ich noch nie darüber nachgedacht. Aber das konnte stimmen. Wie konnte Jonas mich nur besser kennen als ich mich selbst? Vermutlich, weil er mich fühlen konnte. Weil er mein Schicksal in gewisser Weise teilte. Oder auch nur, weil ich gelesen werden konnte wie ein offenes Buch. Dann wurde es höchste Zeit, vielleicht mal die Seiten zuzuschlagen.

«Dann meinst du, es war eine gute Idee, die Reise zu machen?»

«Das kannst nur du wissen.»

«Nein, jetzt mal ehrlich. Hättest du an meiner Stelle auch gleich den Koffer gepackt, dich von der Arbeit abgemeldet und wärst losgefahren? Ins Blaue? Ohne wirklich ein Ziel zu haben?»

Jetzt war es vielleicht ausnahmsweise mal ich, die eine intelligente Frage gestellt hatte. Jonas wirkte sichtlich planlos.

«Ich weiß es nicht. Aber ich denke, dass auch ich die Sache nicht einfach hätte ruhen lassen können. Vielleicht hätte ich etwas gründlicher geplant, ehe ich losgereist wäre», erklärte er mir mit einem breiten Grinsen im Gesicht, das in mir ein Schuldgefühl hochkommen liess.

«Tut mir leid, dass ich dich da so mitreingezogen habe. Und dass jetzt der kleinste Ansatz meines Plans in Luft aufgelöst wurde und wir quasi mit Nichts und wieder Nichts dastehen. Das ist alles meine Schuld.»

Jonas schüttelte vehement den Kopf. Dann nahm er meine Hand in seine. Drückte sie. Eine Geste, die zu viel war für Freundschaft, aber zu wenig sanft, als dass es mehr hätte sein können. Er drückte meine Finger zusammen, als wollte er sie zerquetschen.

«Kira, egal wohin und mit wie viel Planung du irgendwo hinreist, wo du nicht allein hingehen möchtest, ich wäre dir gefolgt.»

Wow. Damit hatte ich nicht gerechnet. Damit, dass er unser Gespräch gleich in diese Richtung lenken würde.

Eine leise Stimme voller Hoffnung flüsterte mir, dass es vielleicht jetzt die richtige Zeit war, über uns zu sprechen. Über unsere Gefühle.

Ich wollte schon den Mund aufmachen, da kam Jonas mir zuvor.

«Das Leben ist zu kurz um ein Abenteuer wie dieses zu verpassen. Egal ob das hier erfolgreich sein wird, oder in einer Katastrophe endet, am Schluss wirst du daraus eine Lektion für dein Leben lernen. Ausserdem hätte mir dein Vater mir vermutlich den Arsch versohlt, wenn ich sein kleines Töchterchen allein in die gefährliche grosse Welt gelassen hätte.» Und da war der Moment schon vorbei. Jetzt zu sagen, was ich vorgehabt hatte zu sagen, wäre völlig fehl am Platz.

«Haha. Sehr witzig. Mein Vater will also unbedingt einen Affen an meiner Seite wissen. Wie unverantwortlich von ihm, mir nicht eine Leine mitgegeben zu haben», rettete ich die Situation, indem ich den Anflug von Enttäuschung, der sich in meinem Innern breitmachte, überspielte.

«Würdest du mich anleinen, würde ich die Leine durchknabbern», sagte Jonas, ohne dabei zu lachen. Der hatte vielleicht Nerven.

«Könntest du nicht.»

«Oh doch, ich habe scharfe Zähne.»

Als Beweis dafür zeigte er mir seine strahlend weißen Beißer. Wie alles an ihm, gefielen sie mir.

«Ich hatte mal ein Kaninchen – eine englische Schecke – mit dem ich spazieren gehen wollte, als ich etwa sieben Jahre alt gewesen bin. Ich habe es mit einer Kordel aus der Wolle, mit der meine Mutter immer gestrickt hat, um den Hals angeleint und es in den Rasen gesetzt. Du kannst dir denken, dass wir keine zwei Meter gelaufen sind, dass das Kaninchen seinen Kopf schon umgedreht hatte und die Kordel mit einer schnellen Bewegung durchgenagt hatte», lachte ich, weil es eine wirklich lustige Geschichte war.

«Was dann? Konntet ihr das Kaninchen wieder einfangen?»

«Ja, aber es hat über zwei Stunden gedauert.»

«Mit einem Gewehr hättet ihr keine Minute gebraucht.»

«Das erklärt, warum du keine Haustiere hast!»

Obwohl ich immer noch etwas enttäuscht war, nicht mehr über das sprechen zu können, was mir schon lange auf dem Herzen lag, lachten wir vor uns hin und ich fühlte mich wohl dabei. Denn wir könnten durchaus in einer schlimmeren Situation stecken als hier drinnen im beheizten Zugabteil, während wir durch das große Glasfenster nach draußen auf die weiten, goldenen Felder blickten und die Sonne am Horizont untertauchte. Eine feurige Kugel, die als Halbmond noch über den flachen Hügel am Horizont thronte wie bei *der König der Löwen*. Das hatte etwas, das mich glücklich machte.

Und ganz ehrlich gesagt, wäre ich auch viel lieber die ganze Nacht am Bahnhof oder auf den Plastikstühlen des Zollhauses sitzen geblieben, als den ganzen Tag hinter der Fritteuse oder der Theke stehen zu müssen. Im Vergleich dazu ging es mir jetzt blendend. Wieso also Zeit damit verschwenden, sich über irgendetwas zu sorgen? Es würde eh alles so kommen, wie es kommen musste.

Schade nur, dass schöne Momente es so an sich hatten, von kurzer Dauer zu sein.

Es begann mit einem harmlosen Symbol, ein Lautsprecher auf dem Display, der die nächsten Haltestationen anzeigte, der aufleuchtete. Ich hätte es nicht weiter beachtet, wäre da nicht als nächstes die Durchsage gekommen, die mit einer Melodie, die mich an Seifenblasen erinnerte, angekündigt wurde.

Obwohl ich kein Französisch sprach, brauchte niemand mir zu erklären, dass ein solches Geräusch in Zügen nur selten etwas Gutes zu bedeuten hatte.

Platzende Seifenblasen für platzende Hoffnungen.

«*Cheres voyageurs, nous nous excusons pour la perturbation causée par une grève à Reims. Il n'est actuellement pas possible de quitter la gare avec le trafic ferroviaire. Nous demandons à tous les voyageurs de descendre et d'avoir de la patience. Merci de votre compréhension.*»

Ich wusste, was ein *grève* war. Gerade so gut hatte ich in der Schule doch aufgepasst. Und ich wusste, was das im Zusammenhang mit unserer Reise bedeutete.

«Was bedeutet das?», fragte ich dennoch aus der naiven Hoffnung heraus, mich verhört zu haben.

Dass Jonas mir antworten würde, damit hatte ich eigentlich nicht gerechnet.

«Die Lockführer in Reims streiken. Es führt kein Weg über den Gleisverkehr aus der Stadt hinaus. Jedenfalls nicht in den nächsten Stunden.»

Also doch nicht verhört.

Die Erkenntnis sackte mir so tief in die Knochen, dass ich gar nicht erst auf die Idee kam nachzufragen, wieso zum Teufel Jonas jetzt auch noch Französisch verstand.

Das Seifenblasengeräusch erklang wieder und dieses Mal waren es wirklich alle meine Hoffnungen, die platzten.

Wir erreichten in ein paar Minuten Reims, aber dort würden wir feststecken.

Schon wieder.

-Kapitel 9-

Est-ce que vous avez besoin une Mitfahrgelegenheit ?

Dass Jonas auch noch fließend Französisch sprach und mir noch nie davon erzählt hatte, war nur die kleinste Überraschung, die mich am Bahnhof in Reims erwartete.

Es waren die Massen an gestrandeten Reisenden und Arbeitenden, die nach Hause zu ihren Familien wollten, die die Eingangshalle bis zum Bersten ausfüllten, all die Stimmen – die französischen Stimmen – die in den Ohren klangen, was mich langsam durchdrehen ließ.

Die Gewissheit, nicht einfach auf den nächsten Zug warten zu können und dem ganzen Trubel zu entkommen, machte es mir nicht gerade einfacher. Hier die Nerven zu bewahren, erforderte mich alle Kraft, die mir am heutigen Tag noch übriggeblieben war.

Während Jonas bei der Auskunft stand und sich halb brüllend, halb gestikulierend mit einer Dame unterhielt, – auf französisch! – wartete ich ein paar Meter hinter ihm im Gewühl und konzertierte mich darauf, ihn nicht aus den Augen zu verlieren.

Immer wieder wurde ich angerempelt, getreten, gestoßen und es hätte nicht viel gebraucht, um mich vom Strom der Menge hinwegtragen zu lassen wie ein welkes Blatt einem Fluss.

Es half, sich vorzustellen, mit den Füßen am Boden festgeklebt zu sein. Jonas – mein Fels in der Brandung. Ein Seil zwischen uns, das uns aneinander festband, damit wir uns nicht verlieren konnten.

Irgendwann schien Jonas das Gespräch als sinnlos zu bewerten, wandte sich ab und bahnte sich einen Weg zu mir zurück.

«Sie können uns nicht helfen. Die Frau eben meinte, dass die Zugausfälle sicher bis morgen andauern und dass sie allen Reisenden empfehlen würde, ein Taxi zu nehmen oder sich in einem Hotel niederzulassen.»

«Aber wir haben kein Geld für so etwas!»

«Ich weiß, ich weiß! Dasselbe habe ich ihr auch gesagt. Aber sie ist eben nur die Dame von der Auskunft und nicht die Hilfe-für-gestrandete-Reisende-Dame», erklärte mir Jonas mit lauter Stimme, um nicht übertönt zu werden. Dass er ebenso planlos war wie ich, machte mich nervös.

Was sollten wir denn jetzt tun? Motels gab es in der Stadt keine, die billig genug für uns waren. Hier am Bahnhof abzuwarten, erschien mir auch nicht als die beste Lösung.

Ich hatte meinem Vater versprochen, dass wir nicht auf der Straße schlafen würden und dass wir uns nicht mit fremden Leuten abgaben. Momentan sah es so aus, als würden wir entweder das eine oder das andere Versprechen brechen müssen, um bis zum Morgen durchzukommen.

Und, ach herrje – es war schon stockfinster draußen und das letzte Mal, dass ich heute etwas gegessen hatte, war ein Semmelbrötchen am frühen Mittag gewesen.

Ich war also müde, hungrig, entnervt… zusammengefasst: absolut fertig. Keine gute Voraussetzung für eine Situation, in der man einen klaren Kopf bewahren musste. Aber wozu auch? Es gab schließlich nichts, dass wir tun könnten, um unsere Lage zu ändern.

Jonas schien im Gegensatz zu mir noch nicht aufgegeben zu haben. Er nahm mich an der Hand und zog mich mit sich durch die Menschenmenge, wie damals, als er gemeinsam mit mir in die Stadt gefahren war, um Tante Serafin aufzusuchen. Mit dem einzigen Unterschied, dass ich damals nicht gewusst hatte, was es bedeutete, wenn viele – sehr viele – Menschen auf einem winzigen Fleck zusammenkamen. Auch, wenn ich nicht gut in Physik war, wusste ich, dass es Dichte war, die dann entstand.

Geschäftiges Feierabendtreiben war dagegen gar nichts. Dementsprechend schlecht kamen wir voran.

Ich wusste nicht, was Jonas ansteuerte, aber was ich wusste, war, dass es außerhalb des Bahnhofs sein musste und uns dort auch nichts begegnen würde, dass uns helfen könnte. Im Gegenteil. Die Stadt da draußen sah mir nach einem einzigen Labyrinth aus. Besser, wir blieben hier und suchten nach anderen Möglichkeiten, als uns in den Gassen der Stadt zu verirren.

Ich stemmte meine Füße in den Boden und hielt an.

«Jonas, das bringt nichts, wir müssen…»

Weil ich so ruckartig stehengeblieben war, blockierte ich den ganzen Verkehr und ein Mann krachte in mich hinein. Offenbar wurde er durch die nachrückende Menge von hinten gedrückt und wir rissen uns gegenseitig um. Jonas musste meine Hand loslassen.

Ich stieß schmerzhaft mit meinem Hinterteil auf dem Boden auf und spürte das Gewicht des Mannes ein paar Augenblicke später auf mir und wie es mich zu Boden drückte. Auf einen Boden, der in den letzten paar Stunden von über tausend Schuhpaaren betreten wurde.

«*Je suis désolé, c'êtait ma faute…*», sagte er mir, während er sich so schnell wie möglich von mir runterrollte und mir die Hand reichte, damit ich ebenfalls aufstehen konnte.

Zu überrumpelt von der Situation ergriff ich sie und ließ mich daran hochziehen.

Als ich meinem Gegenüber zum ersten Mal richtig ins Gesicht sehen konnte, traf es mich wie der Blitz. Und offenbar erging das nicht nur mir so.

Die dunkeln Augen des Mannes weiteten sich. Er griff sich in den dichten Bart, runzelte die Stirn und rückte seine Brille zurecht, als ob er mich dadurch besser erkennen konnte.

«Johanna?», keuchte er ungläubig, seine Stimme so akzentfrei, dass ich mir ganz sicher war, dass er eigentlich dieselbe Sprache sprach wie ich.

«Ähm – nein, ich bin nicht Johanna – mein… mein Name ist Kira.»

Der Ausdruck, der bis zu diesem Augenblick in seinem Gesicht gestanden hatte, verschwand augenblicklich und wich einer undurchdringbaren Miene. Er trat einen Schritt von mir zurück und rückte seine Lederjacke zurecht.

«Verzeihen Sie. Sie haben mich nur an jemanden erinnert. Ich wollte Sie nicht belästigen.»

«Das haben Sie nicht. Tut – tut mir auch leid…»

Ehe ich noch etwas hätte hinzufügen können, wandte sich der Mann von mir ab und verschwand in der Menge.

Einfach so.

Als hätte es diese Begegnung nie gegeben. Nur in meinem Kopf, da schwebte er noch herum.

Etwas an seinem Anblick hatte mich stutzig gemacht. Ich glaubte, ihn von irgendwoher zu kennen. Und wie er mich angesprochen hatte, mit dem Namen meiner Mutter… Das konnte kein Zufall sein.

Auf einmal bewegten sich meine Füße wie von selbst wieder in die Richtung zurück, aus der wir gekommen waren. Jonas, der meine Hand hatte loslassen müssen, blieb keine andere Wahl, als mir im Getümmel hinterherzulaufen.

«Kira! Kira – warte. Wo willst du hin?!»

«Ich muss nur schnell was nachprüfen, dauert nicht lange», antwortete ich kurz und knapp über meine Schulter hinweg, weil die Situation und der Lärmpegel um mich herum keine weiteren Erklärungen zuließen.

Jonas vertraute mir und folgte. Ohne nachzufragen. Blind. Ich war mir nicht sicher, ob das gut oder schlecht war.

Während ich mich mit Ellbogen und Schultern durch die Leute kämpfte, suchten meine Augen die Umgebung nach dem unauffälligen, dunkelhaarigen Mann ab. Gar keine so leichte Aufgabe, wenn der Hinterkopf jedes zweiten vor dir die Farbe von dunklem Mahagoni hatte.

Lederjacken waren auch nicht gerade selten.

Ich wünschte, ich wüsste besser, nach wem ich Ausschau hielt. Oder wieso.

Aber alles, was mir in Gedanken vorschwebte, war, dass ich diesen Mann noch einmal sehen musste. Sein Gesicht. Weil es das war, das… das ich erkannt hatte. Von einem Bild, dessen Anblick ich nicht vergessen könnte, weil es mit so vielen schmerzhaften und auch tröstenden Gefühlen verbunden war: Die Aufnahme von Mama und ihren Studentenkameraden auf der Party.

Mein Herz tat einen Sprung, ehe es wie wild zu schlagen anfing, als wollte es mich in die eine Richtung lenken, in der ich den Mann gerade wiedergefunden hatte. Da bei der Bank unter der großen Anzeigetafel.

Er hatte sein Handy gezückt und war darauf fokussiert. Offenbar schrieb er gerade jemandem eine Nachricht. Steckte auch er hier fest?

Ich ging zu ihm hin, nutzte die Gelegenheit, dass er mich nicht kommen sah, zu meinen Gunsten aus.

Jedoch, was würde er tun, würde er mich kommen sehen? Weglaufen?

Nein. Bestimmt hatte er mein Gesicht und unser peinliches Rendez-vous längst wieder vergessen.

Etwas in mir sagte mir aber, dass ich damit vielleicht doch falsch lag. Sein Blick hatte es mir gesagt. Der Ausdruck, der in seinem Gesicht gelegen hatte, als er mich angestarrt, und beinahe entsetzt den Namen meiner Mutter geflüstert hatte. So reagierte man nicht, wenn man jemandem begegnete, den man für eine alte Bekannte hielt. Vielmehr, wenn man einen Geist vor sich stehen hatte.

Je länger ich darüber nachdachte, umso sicherer war ich mir, dass dieser Mann da vorne ein Studienfreund meiner Mutter gewesen war. *Der* Studienfreund, mit dem sie jahrelang eine WG geteilt hatte und nun auf all den Erinnerungsfotos unvergesslich geworden war für Johanna.

Das war er. Ich war mir nicht sicher – wie sollte ich mir auch sicher sein, nichts war zu hundert Prozent sicher – aber er musste es sein.

Weil ich fest daran glaubte – und weil *no-risk-no-fun* – gab ich mir den letzten Ruck, drängelte ich mich zu dem Mann durch und klopfte ihm auf die Schulter. Er drehte langsam den Kopf zu mir herum, offenbar noch ganz in seine Handy-Angelegenheit vertieft, da fuhr er zusammen und hätte das Ding beinahe fallen gelassen. Er hatte mich erkannt. Ein weiteres Indiz für meine Theorie.

Ich nahm all meinen Mut zusammen.

«Mein Name ist Kira. Sie haben mir vorhin mit Johanna angesprochen. Nun ja, ich bin Johanna Blumenbergs Tochter. Ich denke, sie kannten meine Mutter?»

Der Mann schien beinahe aus allen Wolken zu fallen. Mit so einer heftigen Reaktion hatte ich nicht gerechnet.

Er klappte den Mund auf, wieder zu und es fiel mir schwer, dabei nicht an einen Koi-Fisch zu denken. Schließlich fand er seine Beherrschung wieder.

«Ich – ähm – ja, ich kannte deine – Ihre – Mutter. Sie war eine Freundin von mir.»

Er machte eine Pause. Offenbar viel es ihm schwer, auszusprechen, was ihm sonst noch auf dem Herzen lag. Ich konnte ihn gut verstehen.

«Wobei, Freundin ist eigentlich untertrieben. Sie war das Wichtigste für mich in meinen jungen Jahren.

Sie und Véra. Wir haben zusammen hier in Frankreich in einem Studentenhaus gelebt.»

Ich nickte.

«Das weiß ich. Ich habe die Fotos von euch gefunden. Besonders eines, auf dem ihr alle drei gemeinsam auf einer Party wart, hat mich sehr nachdenklich gemacht.»

Ein Lächeln begann sich auf dem Gesicht des Mannes zu zeigen.

«Das war ein schöner Abend. Johanna war eine bemerkenswert talentierte junge Frau. Viel mehr als ich es je war. Ich hätte es nicht durch all diese Semester geschafft, wenn sie nicht da gewesen wäre, um mir immer und immer wieder den Arsch zu retten.»

So einnehmend, wie das Leuchten in seinen Augen war, während er mir all diese Dinge erzählte, war die Finsternis, die plötzlich in seine Augen trat. So steil wie seine Lachgrübchen, die Falten, die auf seiner Stirn entstanden.

«Es hätte nicht sie erwischen sollen. Jeden. Mich. Aber nicht sie», quetschte er leise hervor. Ich musste schlucken.

Er wusste also über den Unfall Bescheid. Und vermutlich wusste er viel mehr über meine Mutter, als ich es je getan hatte. So viele Dinge, die ich unbedingt in Erfahrung bringen musste. Die Frage, ob ich das wirklich wollte, lag jedoch gleichzeitig wie ein schweres Gewicht auf mir.

Auch wenn wir nun eine Weile lang stillschweigend dastanden und die steinerneren Bodenplatten bewunderten, war ich mir sicher, dass es kein Fehler gewesen war, ihn anzuquatschen. Dass ausgerechnet er es gewesen war, der mich angerempelt hatte, deutete ich als einen wohlwollenden Wink des Schicksals. Wohlwollend, oder aber auch sehr, sehr hinterhältig. Wer wusste schon, ob wir hier keinen Serienmörder vor uns stehen hatten? Einzig und allein meine Intuition sagte mir, dass ich dem bärtigen Mann mit den Teddybär-Augen wie mein Vater, der in meinen Augen alles andere als wie ein Serienkiller aussah, vertrauen konnte. Das musste reichen.

Es war ungefähr eine halbe Minute vergangen, die sich ewig in die Länge gezogen hatte, da hob der Mann seinen Kopf wieder und sah uns an. Zuerst Jonas, der hinter mir stand, anschließend mich. Dann streckte er uns die Hand zu.

«Mein Name ist William.»

«Kira, wie schon gesagt.»

«Jonas.»

«Freut mich, euch beide kennenzulernen, auch wenn es bessere Umstände und Umgebungen dafür geben könnte», meine William und deutete mit einer Geste auf die Leute, die ungestört ihres Weges gingen und uns dabei wie ein lästiges Hindernis umrundeten.

Wir schüttelten uns gegenseitig die Hände. Seine waren rau, etwas grob und er besaß einen festen Händedruck. Ich nahm an, dass er in einem Beruf arbeitete, bei dem er viel mit den Händen zu tun hatte. Ob er das Studium abgebrochen hatte, als meine Mutter gegangen war?

«Warum seid ihr hergekommen? Ich meine, soviel ich weiss, ist Johanna, als sie schwanger war, mit dir und deinem Vater zurück nach Holland gezogen. Was verschlägt euch nach Frankreich?»

Da hatten wir sie wieder; die eine Frage. Die, die sich nicht beantworten ließ. Jedenfalls nicht in ein paar Sekunden. Ich brauchte mindestens ein paar Stunden, und noch ein paar weitere dazu, um mir die Antwort nochmal ganz genau zu überlegen. Aber so viel Zeit hatten wir nicht. Zudem war es keine Geschichte, die man jemandem einfach mal so mir nichts – dir nichts an einem überfüllten, lärmenden Bahnhof erzählte. Also entschloss ich mich dazu, gleich zum Punkt zu kommen.

«Wir suchen das Haus auf dem Land, in der ihr die WG hattet. Dort, wo meine Mutter ihre Arbeit gelassen hat. Sie hat sie nie zu Ende schreiben und veröffentlichen können. Ich möchte sie holen.»

«Und ihre reist allein? Mit dem Zug und zwei Rucksäcken?»

Ich wollte schon protestieren, dass wir keine kleinen Kinder mehr waren, als Jonas für mich antwortete.

«Na ja, mit dem Zug reisen wir wohl heute nicht mehr. Und in unseren Rucksäcken ist nicht viel drin, geschweige denn etwas Essbares. Wir mussten das meiste bei Kiras Tante im Bus lassen. Der immer noch an der Grenze steht.»

William sah uns schräg an.

«Lange Geschichte», antworteten Jonas und ich im Chor und somit war alles gesagt.

William rang jedoch sichtlich mit sich. Ich fragte mich, über was er nachdachte. Bis er seine Gedanken aussprach.

«Ich denke, ich kann euch helfen.»

«Mit was? Mit etwas Essbarem oder einem Ersatz-Transportmittel?», fragte Jonas und seine Art, Witze zu erzählen und dabei todernst zu bleiben, brachte nicht nur mich, sondern dieses Mal auch William zum Lachen.

«Mit beidem.»

-Kapitel 10-

In guten alten Zeiten

Ich hatte meinem Vater versprochen, nicht bei fremden Leuten ins Auto zu steigen.

Das Versprechen brach ich gerade. Obwohl – William war nicht wirklich ein Fremder. Er war eher eine Art enger Vertrauter meiner Mutter, ihr also ganz und gar nicht fremd. Also auch uns nicht. Folgte man dem Sprichwort: *Deine Freuden sind auch meine Freunde* – hatte ich also nichts Falsches getan.

Ignorierten wir einfach die Tatsache, dass ich William erst seit zehn Minuten kannte und er durchaus auch irgendein Krimineller sein könnte, der mein Vertrauen geweckt hatte, indem er zufälligerweise über mich gestolpert war und den Namen meiner Mutter erraten hatte.

Ich vertraute ihm. Und das nicht nur wegen seiner gutmütigen Teddybär-Augen. Ich vertraute ihm als Person. Warum? Mein Bauch sagte es mir. Und wenn ich eines wusste, dann, dass ich mich auf meinen Bauch verlassen konnte. Auch, wenn er in diesem Fall gesagt hatte, dass ich William vertrauen sollte, weil er von Essen gesprochen hatte. Na ja,…

Ändern konnten wir es jetzt nicht mehr, dass Jonas und ich auf der Rückbank von Williams Pick-Up saßen und er uns aus der Stadt hinaus Richtung Ziel chauffierte. Das ebenso zufällig auf dem Weg zu seinem Ziel lag. Paris.

Sein Wohnort, wo er zusammen mit seiner Frau und einem adoptierten Sohn, der zwei Jahre älter war als ich, lebte, seit die WG aufgelöst wurde.

Ursprünglich stammte William auch aus Holland, hatte sich aber dazu entschlossen, wie meine Mutter ein Auslandstudium zu machen und gleichzeitig eine neue Sprache zu lernen. Was ihm nicht gerade sehr einfach gefallen war, hatte William uns erzählt. Wäre meine Mutter nicht da gewesen, hätte er nicht einmal das erste Semester bestanden. Das Schicksal hatte es so gewollt, dass ihm meine holländische Mutter über den Weg gelaufen war, die, anders als er, bereits fließend Französisch gesprochen hatte.

«Jahresabschluss», erklärte mir William sofort, als ich ihm das Foto von der Party zeigte, dass in meinem Portemonnaie gesteckt hatte, damit es für mich immer in greifbarer Nähe war, offenbar noch alles so präsent, als wären seither keine sechzehn Jahre vergangen.

«Jedes Jahr vor den Sommerferien gab es eine riesige Party für alle Studenten der Uni. Véra, Johanna und ich gingen da immer hin. Die meisten taten das. Musste man fast. Und es hat sich immer gelohnt. Es war die einzige Zeit im Jahr, die Johanna nicht hinter den Studienaufträgen saß und wie verbissen an allen möglichen freiwilligen Seminaren teilnahm. Also war das Abschlussfest für uns alle drei der schönste Abend im Jahr. Ein Abend, an dem man kein mustergültiger Student sein musste, sondern einfach sich selbst.»

Während er den Wagen lenkte, nahm er mir das Foto sachte aus der Hand und musterte es mit zusammengekniffenen Augen und das, obwohl wir auf der Autobahn unterwegs waren. Ich saß auf dem Rücksitz mit ebenso zusammengepressten Lippen, da der Wagen durch den abgelenkten Fahrer schon deutlich ins Schwanken gekommen war.

So spektakulär die Geschichte unseres Ausflugs auch wäre, die ich erzählen könnte, wenn wir wieder zu Hause wären, aber wir kamen nicht von der Straße ab.

William reichte mir das Foto wieder zurück, ehe entweder Jonas oder mir rausgerutscht wäre, dass er seine Augen gefälligst wieder auf die Straße richten sollte.

Und da sprachen die Leute immer von jugendlichem Leichtsinn.

«Ich habe noch gut in Erinnerung, dass deine Mutter ein strahlender Sonnenschein gewesen war. Aber ich hatte vergessen, wie wundervoll und schön sie wirklich gewesen ist.»

Ihm entfuhr ein kurzes, belustigtes Schnauben.

«Wohingegen ich meinem Stubenhocker-Bauch noch ein paar Kilos zugelegt habe und meine Brille mittlerweile auf Seniorenkorrektur eingestellt ist.»

«Hauptsache sympathisch», rutschte es mir heraus. William schnaubte erneut.

«Weißt du Kira, ich habe deine Mutter geliebt. Also wirklich geliebt. Nur hatte ich nie den Mut dazu, es ihr persönlich zu sagen.

Ich denke, sie hat bis zu ihrem Tod nichts davon gewusst. Schon als ich sie im Studium kennengelernt habe, habe ich für sie geschwärmt und das hat angedauert, bis sie deinen Vater kennengelernt hatte. Dieser Glückspilz. Ein einfacher Gärtner, aber charmant und gutmütig.

Ein Jahr hat es gedauert, dann hieß es, dass sie ein Kind erwartete und mit diesem Mann nach Holland zurückkehren würde», erklärte mir William, ohne den Blick nochmal von der Straße abzuwenden. Seine Hände steif um das Lenkrad geschlossen. In seiner Stimme lag Schwermut.

Ich hatte ihm schweigend zugehört. Unentschlossen, was ich daraufhin antworten sollte. Aber da siegte die Neugier.

«Wie war sie so, meine Mutter? Was haben Sie an ihr so besonders gemocht?»

«Sag ruhig William zu mir, Kira. Wir sind schließlich fast so etwas wie alte Bekannte.»

«Ok, William. Erzähl mir etwas mehr von meiner Mutter.»

«Sie war eine bildhübsche Frau, wenn ich das so sagen darf. Sie war unglaublich. Wild und voller Leben. Wenn sie irgendwo aufgetaucht ist, dann hatte sie die Leute nur mit ihrem strahlenden Lächeln ansehen müssen, und schon hatte sich alle Aufmerksamkeit auf sie gerichtet. Du siehst ihr sehr ähnlich, Kira, weißt du das? Würdest du die Haare lang tragen, dann hätte ich am Bahnhof felsenfest daran geglaubt, die leibhaftige Johanna vor mir stehen zu haben.»

Ich spürte, wie ich errötete. Dass ich in diesem Moment bemerkte, wie William mir über den Rückspiegel, der genau auf mich gerichtet war, zuzwinkerte, machte es auch nicht besser. Wie lange beobachtete er mich schon?

Trotz der Verlegenheit, in die William mich gebraucht hatte, verspürte ich dennoch eine gewisse Ruhe, die sich in mir ausbreitete. Dass ich meiner Mutter ähnlich war, war ein Kompliment, das mir sehr viel bedeutete. Vor allem, weil ich selbst nicht daran geglaubt hatte, es mir aber sehnlichst wünschte.

«Johanna war wunderschön, aber das war zweitrangig, denn sie besaß noch viel mehr innere Schönheit, wenn du weißt, was ich meine. Wenn es jemandem schlecht ging, war sie immer zu Stelle und hat geholfen. So gut sie konnte.

Aber sie hatte auch ihre Macken. Gute Macken, würde ich behaupten.

Sie war ungeduldig. Wahnsinnig ungeduldig. Und aufbrausend. Ihr Temperament kam ihr in vielen Situationen gelegen, aber es gab Momente, da stieß sie damit gegen eine Wand.»

«Das kommt mir doch irgendwie bekannt vor», intervenierte Jonas.

Ich versuchte, ihn wütend anzuschauen. Es ging aber nicht. Denn er hatte recht. Ich war meiner Mutter vielleicht in mehreren Facetten ähnlich als nur dem Aussehen. Und das auch sie nicht perfekt war, und dann auch noch die gleichen Fehler besessen hatte wie ich, stimmte mich irgendwie zufrieden. Nicht wütend.

William schien nicht zu verstehen, worauf Jonas angespielt hatte, und schwieg. Wir sagten alle nichts mehr, weil es einfach seltsam wäre, noch mehr in die Tiefe zu gehen als wir es ohnehin schon getan hatten. Ich würde nicht behaupten, dass wir zu weit gegangen waren.

Trotzdem. Es gehörte sich nicht und war ebenso mit einem gewissen Risiko verbunden, einem Fremden seine ganze Lebensgeschichte zu erzählen.

Also starrte ich nach draußen in die Dunkelheit, als erhoffte ich mir zu erkennen, wo wir waren. Wir hatten die Stadt vor etwa einer Viertelstunde verlassen und befanden uns irgendwo auf dem Land. Und mit irgendwo meine ich wirklich irgendwo. Ich hatte keinen blaßen Schimmer.

Ich hätte gerne die Landschaft betrachtet, die jetzt im Herbst vor bunten Farben nur so strotzen müsste.

Die Dunkelheit sorgte dafür, dass die Fensterscheibe nur mein eigenes Spiegelbild zurückwarf. Ein junges Mädchen mit kurzen herbstblattroten Haaren.

Aber es stimmte, sie hatte ein schönes, rundes Gesicht mit einer perfekt geschwungenen Nase. Hübsche Sommersprossen tanzten darauf herum. Die nussbraunen Augen waren heute Abend von dunklen Ringen unterzeichnet. Ihre Haut blass.

Sie war müde und ausgelaugt.

Ein lautes Grummeln durchschnitt die Stille.

«Ähm, ich möchte ja nicht unhöflich sein, aber was ist eigentlich mit dem zweiten Teil des Versprechens?»

Etwas zum Essen, das hatte William uns auch noch versprochen. Und da verstand ich, dass das Grummeln Jonas' Magen gewesen sein musste.

Ich hätte ihn auf seine Unverschämtheit, einfach einen fremden – oder zumindest halbfremden – Mann, dem wir ohnehin schon übermäßig viel zu verdanken hatten, nach Essen zu bitten, aufmerksam gemacht, wäre da nicht das Loch, das sich auch in meinen Bauch gehöhlt hatte.

William öffnete sofort das Handschuhfach und zauberte daraus ein paar Sandwiches hervor, als gäbe es nichts Selbstverständlicheres auf der Welt, als dass man jeden Tag gestrandete Reisende aufgabelte und für sie jederzeit eine Fünf-Sterne Verpflegung bereit hatte.

«Tut mir leid, das hätte ich fast vergessen! Ihr müsst mittlerweile wirklich am Verhungern sein.»

Und wie wir das waren. So sehr, dass es mich schon gewaltig Überwindung kostete, William das einzige vegetarische Käsesandwich nicht einfach aus der Hand zu reißen.

Ich riss mich zusammen. Überließ Jonas die erste Wahl und dieser war so lieb, mir die fleischlose Variante zu überlassen. Anschließend nahm ich das Käsesandwich – offenbar sogar selbstgemacht mit frischem Baguette – quälte mich nicht mehr länger und biss hinein.

«Vielen Dank, William. Ich weiss ja wirklich nicht, wie wir uns für all das hier revanchieren können», nuschelte Jonas mit vollem Mund.

«Nichts zu danken. Angehörige meiner ehemaligen Freundin sind auch meine Freunde», antwortete William und – hey, das war doch mein Spruch!

«Hast du geahnt, dass du heute noch zwei hungrige Jugendliche aufs Land chauffieren musst, dass du vorbildlich schon einmal etwas zum Essen eingepackt hast?», fragte ich, weil ich die Zauberei hinter dem Sandwiches-im-Handschuhfach-Trick verstehen wollte.

«Nein. Wie könnte ich auch mit so etwas rechnen? Ich wollte mich eigentlich mit meinem Stiefsohn Alain in Reims treffen und mit ihm zusammen im Park picknicken. Wir haben so wenig Zeit füreinander.

Ich habe am Bahnhof auf ihn gewartete. Aber er arbeitet in Paris und ihr wisst ja, dass es heute unmöglich ist, mit dem Schienenverkehr in die Stadt oder aus ihr herauszukommen.»

«Zum Glück warst du mit dem Auto dort.»

«Ja, das stimmt. Heute ist ein Tag mit vielen glücklichen Zufällen.»

William nahm die Ausfahrt der Autobahn und es dauerte nicht mehr lange, da befanden wir uns auf einer Landstraße in Richtung unseres Ziels, die nicht nur mich ein wenig an mein eigenes Zuhause denken ließ.

«Hier zu sein, weckt schöne Erinnerungen», erklärte William.

«Warum hast du das Haus denn verlassen? Du hättest doch bleiben können.»

«Weil es nicht mehr dasselbe war, nachdem deine Mutter gegangen war. Und weil ich das Studium abgebrochen habe – wie sie – und mir in Paris einen Job gesucht habe.»

Ich spürte, hier auf ein Thema vorzustoßen, bei welchem es ihn schmerzte, darüber zu sprechen. Deshalb stellte ich keine weiteren Fragen.

Durch die Finsternis konnte ich immer noch nicht erkennen, wo wir waren. Aber wir fuhren deutlich langsamer.

William bremste nochmal etwas ab und bog in eine Straße ein, die vom Hauptweg abführte. Ich war nicht darauf vorbereitet gewesen, dass wir ganz plötzlich anhielten. Ich hatte unser Ziel nicht kommen sehen.

«Wir sind da.»

Mir war etwas unwohl zumute, als wir uns auf die Eingangsmatte stellten, uns noch einmal ansahen und dann die Klingel drückten.

Eine Lampe sprang mit einem Klicken über unseren Köpfen an und warf ihr Licht auf uns nieder wie Scheinwerfer. Das Schrillen im Inneren des Hauses war so laut, dass es bis nach draußen zu hören war.

Wer da drin bis jetzt friedlich geschlafen hatte, musste jetzt aufrecht im Bett sitzen. Es war schließlich schon elf Uhr.

Verblüffend schnell ging es, bis uns die Tür aufgemacht wurde. Offenbar ging man in Frankreich nicht so früh schlafen wie ich immer, wenn ich zu Hause war und keine Spätschicht schieben musste.

«*Bonsoir, qu-est-ce que je peux faire pour vous?*»

Eine zierliche, blonde Frau hatte uns die Tür geöffnet und sah uns aus großen, mandelförmigen Augen an. Ich erkannte die feinen Gesichtszüge wieder und wusste sofort, dass wir am richtigen Ort gelandet waren.

Das hier war Véra, die Studienkollegin meiner Mutter. Auch sie hatte ich auf dem Foto gesehen. Und wie mir William versichert hatte, wohnte sie immer noch hier im Haus, das einst den WG-Einwohnern gehört hatte.

Anders als William erkannte die Frau mich jedoch nicht und so war ich heilfroh, ihn hinter mir stehen zu haben. Denn – wie um alles in der Welt sollte man jemanden erklären, dass man durchs halbe Land gereist war, um ein Haus zu suchen, wo einst die Mutter gewohnt hatte und darin eine Unterkunft für die Nacht benötigte?

«Hallo Véra, ich bringe dir hier ein paar Reisende, deren Geschichte du dir unbedingt anhören solltest», übernahm William für mich und trat hinter uns hervor. Als Véra ihn erkannte, entspannten sich ihre Züge merklich.

«William! Was für eine Überraschung, dich heute Abend vor meiner Haustür stehen zu haben. Und dann noch mit ein paar fremden jungen Leuten… da bin ich ja mal gespannt, was du mir zu erzählen hast», sagte die Frau, ihre Sprache dabei einwandfrei, aber mit französischem Akzent.

Anders als William und meine Mutter musste sie hier in Frankreich aufgewachsen sein.

Sie stemmte die Hände in die Hüfte und wartete auf die Erklärung. Die wir ihr durchaus schuldig waren.

«Erkennst du dieses Mädchen vor dir?», fragte William sie, offenbar fest davon überzeugt, dass auch Véra meine Mutter in mir sehen könnte. Diese kniff die Augen zusammen, musterte mich kritisch – von unten bis oben – und atmete schliesslich scharf die Luft ein.

«*Mon dieu!* Das gibt es doch nicht! Du bist nicht Johanna, aber…. aber ihre Tochter?»

Ich spüre, wie mich William an der Schulter berührte und leicht schüttelte.

«Ich sagte doch, dass du ihr ähnlich siehst.»

Da lag eindeutig Triumpf in seiner Stimme.

«Die beiden sind hier, weil sie die Arbeit von Johanna suchen. Die über die Wildbienen.»

«Ach – ich weiß, was du meinst. Aber wenn du erwartet hättest, ich könnte sie euch mitten in der Nacht überreichen, dann muss ich dich leider enttäuschen. Wir haben noch massenweise WG-Kram unten im Keller und ich habe seit eurem Auszug nichts davon angefasst. Die Arbeit muss auch noch irgendwo in den Bergen vergraben sein und ich kann dir nicht sagen, wo…»

«Das habe ich auch nicht erwartet, das kann warten bis morgen.»

Jetzt hatte William die Bombe wortwörtlich platzen lassen. Um bis morgen warten zu können, brauchten wir eine Unterkunft für die Nacht. Ob Véra uns bleiben ließ?

«Ihr beide seht müde aus. Ich nehme an, ein warmes Bett würde euch guttun», sagte Véra sofort, ohne auch nur mit der Wimper zu zucken.

Offenbar waren wir an eine sehr gutherzige Person geraten. Und sie hatte vollkommen recht. Es bedurfte im Moment nicht viel mehr als einem warmen Bett, in dem ich die letzten Stunden bis zum Morgen wie ein Baby durchschlafen würde.

Bis jetzt war mir gar nicht klar gewesen, wie kalt mir vom Herumstehen hier draußen geworden war.

Ein kalter Wind zog mir um die Ohren, die nicht mal von langen Haaren geschützt wurden. Geschweige denn einer warmen Mütze.

«Wenn wir bei euch übernachten dürften, wären wir sehr glücklich darüber», antwortete Jonas an meiner Stelle. Véra musterte uns nochmal und seufzte.

«Wie könnte ich da nein sagen? Dass ihr mir nur nicht vor den Augen erfriert!»

«Véra ist Ärztin, ich dachte mir, dass sie es nicht übers Herz bringen könnte, gestrandete Reisende in der ungesunden Kälte übernachten zu lassen», erklärte William und zwinkerte uns zu, wofür er einen freundschaftlichen Klaps von Véra auf die Schulter bekam.

«Da hat er vielleicht nicht ganz unrecht. Und ehe ich euch jetzt erzähle, welch furchterregende Dinge mit einem Menschen passieren, wenn er zu lange der Kälte ausgesetzt gewesen ist – rein mit euch!»

Das ließen Jonas und ich uns nicht zweimal sagen. Ehe wir über die Schwelle ins herrlich warme Haus hineintraten, hielt mich William zurück.

«Ich gebe euch meine Nummer. Ich bin mir sicher, ihr seid bei Véra und ihrer Familie gut aufgehoben, aber nur für den Fall, dass ihr etwas von mir braucht», sagte er und zwinkerte Véra zu. Die beiden waren offenbar nach all den Jahren gute Freunde geblieben. Wie wäre das wohl gewesen, wenn Johanna bei ihnen geblieben wäre? Würde sie noch leben? Wäre sie glücklich?

Ich durfte mir gar nicht erst erlauben, solche Dinge zu denken. Stattdessen nahm ich den Zettel, den William mir entgegenstreckte und las probehalber die Nummer, die darauf gekritzelt war, für mich durch.

«Vielen Dank, William. Für alles.»

«Wirklich sehr gerne geschehen.»

Dann sah er uns alle der Reihe nach an. Dass er einen Schritt von uns zurücktrat, zeigte mir, dass auch er nun gerne in ein warmes Bett schlüpfen würde.

«Ich denke, zu Hause vermisst mich eine besorgte Frau und ein enttäuschter Sohn. Ich werde mich dann auch mal auf den Heimweg machen. Es ist zum Glück nicht sehr weit bis nach Paris.»

«Mach's gut, William.»

William winkte uns zu, drehte sich um und marschierte zu seinem Pick-Up zurück. Innerhalb weniger Sekunden hatte er den Motor gestartet, wendete auf dem Platz und brauste durch die Einfahrt davon.

Liess uns hier zurück. In guten Händen.

Ich fragte mich dennoch, ob wir ihn irgendwann wiedersehen würden. Ich würde es mir wünschen.

«So, jetzt kommt aber rein. Wenn ihr beide zu Eisfiguren erstarrt seid, dann kann ich auch nichts mehr für euch tun.»

Véra bedachte uns mit energischen Handbewegungen, von der Tür wegzutreten und sie schloss diese hinter uns zu.

«Wir haben ein Gästezimmer, das jedoch nur für eine Person eingerichtet ist. Ich denke, das stört euch nicht, oder?»

«Nein, überhaupt nicht», antwortete ich sofort, weil ich mir sicher war, sogar auf dem Fußboden einschlafen zu können. Hätte ich da schon gewusst, dass Véra gemeint hatte, dass Jonas und ich uns ein Bett teilen mussten, dass nicht einmal *Queen-Size* hatte, hätte ich vielleicht tatsächlich auf den Fußboden bestanden. Aber es wäre unhöflich, ihr ohnehin schon viel zu großzügiges Angebot so wählerisch abzulehnen.

Véra wünschte uns eine gute Nacht und versprach, dass wir morgen alles Wichtige klären würden, dann ging sie und ließ uns allein.

Wäre ich nicht so unfassbar müde gewesen, hätte ich noch lange mit mir gerungen, mir vor Jonas den Pullover über den Kopf zu ziehen und in nichts weiter als Unterwäsche und einem Unterhemd mit ihm unter die Decke zu schlüpfen. Immerhin – jeder hatte seine eigene.

«Zum Glück bist du so klein, sonst würde das hier ganz schön eng», scherzte Jonas, sein Atem dicht an meinem Ohr.

«Haha», antwortete und macht mich extra ein bisschen breiter bis meine Haut seine berührte – denn, irgendwie verlor ich gerade alle meine Hemmungen.

«Gute Nacht», hörte ich mich selbst nuscheln.

Es dauerte keine weitere Minute, da war ich schon in einem traumlosen Schlaf versunken.

-Kapitel 11-

Nur das Beste mit Honig obendrauf

Ich wurde vom Sonnenlicht geweckt, dass mir direkt ins Gesicht schien.

Als ich die Augen öffnete und erkannte, woher es kam, sah ich vor mir ein großes Fenster. Der dicke Vorhang davor war nicht ganz zugezogen, wodurch die aufgehende Morgensonne ihre goldenen Strahlen direkt auf meine Augen zielte.

Ich musste mir erst ins Gedächtnis rufen, wo ich war. Es dauerte ein paar Sekunden, ehe ich begriff, dass das hier nicht mein Zuhause und auch nicht mein Zimmer in der Stadt war, sondern ein Gästezimmer in einem fremden Haus, wo wir gestern Abend zugehalten hatten. Die Erinnerungen kamen so schlagartig in mir hoch, als hätte man einen Schalter umgelegt.

Genauso schlagartig wurde mir auch bewusst, wer mit mir hierhergereist war und wessen Arm es demnach sein musste, der schon seit geraumer Zeit auf meinem Bauch verweilte. Mit schlagendem Herzen drehte ich meinen Kopf und blickte Jonas, dessen Augen noch immer geschlossen waren, direkt ins Gesicht. Aha – ein Seitenschläfer also. Oder ein Roller, denn er musste sich im Verlauf der Nacht mehrfach in meine Richtung gekippt haben, dass er nun ziemlich mittig des Bettes lag. Was für mich nicht gerade mehr viel Platz übrig ließ. Ein Wunder, lag ich nicht schon längt am Boden.

Mein Versuch, mich unbemerkt unter der Bettdecke herauszuschälen und angezogen zu sein, ehe Jonas aufwachte, schlug gewaltig fehl.

«Guten Morgen, Kiki.»

Und da stand ich nun in nichts weiter als der Unterwäsche und dem engen Unterhemd. Während ich mich verlegen nach meinen Kleidern bückte, die ich letzten Abend achtlos auf den Boden geworfen hatte, sah Jonas mich nur an. Mit einem breiten Lächeln im Gesicht. Hätte ich es nicht besser gewusst, würde ich behaupten, er genoss meinen Anblick.

«Was guckst du so?», konterte ich, nun ebenfalls grinsend.

Mich zu schämen – vor Jonas – meinem momentan allerbesten Buddy – war mir dann doch zu blöd.

«Nichts, das ist nur mein morgentlicher Schlafzimmerblick», erwiderte er und streckte sich, den Anstand offenbar wiedergefunden und in eine andere Richtung blickend, als ich mir den Pulli überzog.

«Dann möchte ich nicht wissen, wie das bei dir aussieht, wenn wir wie normalerweise um sieben in der Küche stehen müssen. Es ist nämlich schon halb zehn.»

«Das ist was anderes.»

Ja, da hatte er eigentlich recht. Normalerweise war man am Vortag nicht um die halbe Welt gereist und dabei an mehreren Orten steckengeblieben.

«Meinst du, wir sind die ersten im Haus, die wach sind?»

«Schwer zu sagen. Die Franzosen haben momentan Herbstferien und ich weiß nicht, wie das mit ihren Schlafgewohnheiten aussieht.»

«Es ist Donnerstag. Mitten in der Woche. Ich denke nicht, dass die noch lange schlafen werden, wenn sie nicht vor kurzem schon aufgestanden sind.»

Das klang plausibel.

«Hast du was dagegen, wenn ich dich mit deinem Schlafzimmerblick allein lasse und mich mal nach unseren Gastgebern umsehe?», schlug ich vor, weil ich eigentlich nicht vorhatte, dabeizustehen, wenn sich Jonas aus der Bettdecke schälte. Oben ohne – wie ich gestern aus dem Augenwinkel wahrgenommen hatte, als wir ins Bett gegangen waren.

«Tu das, vielleicht hast du Glück und ergatterst auch noch etwas Essbares.»

Ich schüttelte amüsiert den Kopf, ehe ich das Zimmer verließ. Jonas war so gut wie immer hungrig. Ich würde mich schon mit einem Kaffee zufriedengeben.

Da es jedoch schon genug verlangt war, hier übernachten zu dürfen und eventuell noch ein paar Tage bleiben zu können, nahm ich nicht an, dass man uns noch gratis Essen servieren würde. Wir würden uns schon selbst was kaufen.

Als ich in den Flur trat, dessen eines Ende bei der Haustür angrenzte, und die Tür hinter mir schloß, hörte ich die Stimmen von mehreren Personen. Vermutlich aus der Küche.

Dass ich nicht nur falsch gelegen hatte, dass in dieser Familie niemand ein Frühaufsteher war, sondern auch damit, dass uns kein Essen offeriert werden würde, wurde mir bewusst, als ich im offenen Wohnbereich ankam. Mich begrüßte ein reich gedeckter Tisch. Was immer man sich auch für ein reichhaltiges Frühstück auf französische Art wünschte, man fand es auf dem eleganten Mahagonitisch.

Croissants, dunkle Kernbrötchen, Butter, Akazien- und Blütenhonig, allerlei Konfitüre, frisch aufgeschnittene Früchte, Blauschimmelkäse und sogar Madeleines… Madeleines! Zum Frühstück.

Ich roch den herrlichen Duft von frisch gemahlenem Kaffee und folgte mit den Augen der Richtung, aus der die Duftspur kam. Aus der angrenzenden Küche.

Ich sah Véra, einen Mann – bestimmt der Vater – und zwei Mädchen, etwas älter als ich selbst. Schon als ich sie von hinten sah, kam mir der Verdacht, dass die beiden Zwillinge waren.

Véra stand vor dem Herd und bereitete offensichtlich eine weitere Spezialität zu, also ob das, was auf dem Tisch stand, noch nicht längst genug war. Etwas, das in einer Pfanne vor sich hin köchelte und schon von weitem herrlich nach Honig roch.

«Guten Morgen, hast du gut geschlafen?», fragte mich eines der Mädchen, als sie mich am Tisch stehen sah, ein Lächeln im Gesicht.

Sie sprach in derselben, korrekten Sprache wie ihre Mutter, vielleicht sogar noch etwas akzentfreier, dennoch konnte ich den melodischen Klang, der auf ihre französische Herkunft hindeutete, hören.

Sie war hochgewachsen und schlank. Wilde, dunkle Locken, umrahmten ihr mandelförmiges Gesicht mit den dunklen Augen, wozu die grossen, goldenen Ohrringe mehr als perfekt passten. Ihr Auftreten war selbstbewusst und stolz, aber nicht abstossend, was vielleicht auch daher rührte, dass ihre Augen von dunklem Kajal umrahmt waren. Das ließ sie noch älter wirken, als sie vermutlich war.

«Ja, habe ich. Vielen Dank durften wir bei euch übernachten», antwortete ich verlegen und gleichzeitig wurde mir bewusst, dass es nichts gab, dass ich momentan tun konnte, um mich für alles zu bedanken, was für mich getan wurde. Was hier vor mir auf dem Tisch stand, zeigte mir nur, dass es bald nur noch viel schwerer werden würde, sich zu revanchieren.

«Ist dein Freund schon wach? Es würde uns sehr freuen, wenn er uns beim Frühstücken Gesellschaft leisten würde», fragte Véra.

«Oh ja, er war bereits wach, als ich das Zimmer verlassen hatte. Ich denke, er wird bald hier aufkreuzen», antwortete ich, dem Drang widerstehend beizufügen, dass Jonas nicht mein Freund war. Vielleicht hatte Véra nur das falsche Wort gebraucht.

«Noch ein weiteres Maul zu stopfen, toll», warf die andere dazwischen, ohne mich auch nur anzusehen. Bisher hatte sie stumm mit dem Rücken zu mir gedreht dagestanden und in einem Dokument herumgeblättert. Ihre Worte irritierten mich.

«Wir sind nicht im Mittelalter, Florence. Wir haben ausreichend zu Essen und besitzen die Freundlichkeit, Gäste an einem wohlgedeckten Tisch willkommen zu heißen», tadelte Véra die junge Frau, die sich immer noch nicht zu mir umgedreht hatte.

«Weißt du überhaupt, was das ist? Freundlichkeit?»

Lächelnd versuchte ihre Schwester, ihr die Hand auf die Schulter zu legen, wurde jedoch fauchend zurückgewiesen.

«*Laisse-moi, Morgane!*»

Um ihre Schwester – Morgane – von sich wegzustoßen, hatte sie – Florence – sich zu mir umgewandt und ich konnte ihr Gesicht sehen. Sie glich ihrer Schwester äußerlich sehr und ich hätte die beiden Mädchen bestimmt verwechselt, wäre da nicht der harte, abweisende Zug im Gesicht der einen, der mir eindeutig sagte, wer mich hier willkommen hieß – und wer nicht.

«Du musst meine Schwester entschuldigen. Sie ist momentan etwas gestresst wegen ihrer Maturaarbeit, an der sie seit Monaten so verbissen arbeitet und sich dabei überhaupt keine Pause gönnt.»

Auch wenn ich es vor ein paar Sekunden kaum noch für möglich gehalten hätte, verdunkelte sich etwas in Florences Blick noch zusätzlich bei den Worten ihrer Schwester.

«Was ich gerade tue, geht diese Fremden hier nichts an», zischte Florence, ohne dabei *die Fremde* in der Küche auch nur eines Blickes zu würdigen.

Ich erwartete, dass Morgane etwas darauf erwidern würde, aber sie hielt den Mund. Offenbar legte man sich mit Florence besser nicht an. Lektion gelernt.

Es dauerte, wie ich es prophezeit hatte, tatsächlich nicht mehr lange, da stand Jonas schon (komplett angezogen natürlich) im Wohnzimmer und ich war endlich nicht mehr die Einzige, die verloren am Tisch stand, während alles für uns vorbereitet wurde, ohne dass wir auch nur einen Finger rühren musste.

«Was riecht denn hier so gut?»

Der schwere, einladende Duft, der von was auch immer da in der Pfanne vor Véra kochte, hatte sich mittlerweile im ganzen Haus ausgebreitet.

«Das ist Porridge. Nach dem Geheimrezept unserer Familie. Porridge mit Nüssen, Mohn und natürlich ganz viel Honig. Ein Muss für jedes Frühstück, speziell wenn wir Gäste haben.»

«Klingt unheimlich lecker.»

«Ist es auch. Und ihr bekommt gleich die Gelegenheit, davon zu kosten», erklärte Morgane.

Damit war es also bestätigt. Alles, was ich hier sah, war auch für uns gedacht.

Jonas und ich setzten uns an den Tisch. Ich, die immer noch deutlich unsicher war, und Jonas, der sich in der Runde ebenfalls irgendwie unwohl zu fühlen schien. Wenigstens langte er ordentlich zu. Er belegte sich gleich drei Brötchen mit verschiedenen Käsesorten und als dann schliesslich Véra mit dem Topf kam, sagte er nicht nein.

«Willst du auch ein bisschen, Kira?»

«Sehr gerne, wenn es genug hat.»

Véra sah zufrieden aus, dass ich nicht ablehnte, was mir ein besseres Gefühl dabei bescherte, mich an einem gratis Frühstück bedienen zu dürfen. Offenbar war Besuch hier sehr willkommen.

Als die zierliche, blonde Frau mir großzügig eine Portion der breiigen, aber herrlich nach Honig und Vanille duftenden Masse in eine Schale abfüllte, zögerte ich nicht und probierte. Und wurde nicht enttäuscht.

«Das schmeckt ausgezeichnet, Véra! Ich darf sicher nach dem Rezept fragen?»

Véra lachte amüsiert auf meine Reaktion hin.

«Na klar, ich werde es dir aufschreiben. Ist kinderleicht.»

So kinderleicht, dass ich es sogar meinem Vater würde beibringen können, bei dem die vielen Versuche, Omeletten in der Pfanne zu wenden, immer damit endeten, dass unsere Decke mit runden Teigklecksen übersäht war. Wie viele Male hatte ich nicht schon auf einen Stuhl stehen müssen, um Winkel und Ecken zu putzen, die bei normalen Menschen niemals geputzt werden mussten.

Oskar war ein miserabler Koch. Ein einfaches Rezept, bei dem man alle Zutaten nur in einen Topf zu werfen brauchte und den Herd anschmiss, wäre genau das richtige für ihn.

Während wir assen, sagte niemand mehr etwas, was mir die Gelegenheit dazu gab, mich heimlich etwas umzusehen, wo ich überhaupt gelandet war.

Was ich gestern in der Dunkelheit der Nacht und sicher nicht zuletzt auch wegen meiner Müdigkeit nicht mehr hatte erkennen können, zeichnete sich nun mit dem durch die großen Fenster im Wohnzimmer einstrahlenden Sonnenlicht deutlich vor meinen Augen ab: Ein großer, offenere Raum. Wände aus Backstein, aus dem offenbar das ganze Fundament und auch die Außenwände des Hauses bestanden. Sie gaben dem Zuhause einen familiären, ländlichen Look, der mir sehr gefiel.

Wenn man nach draußen blickte, war das Erste, was einem ins Auge sprang, eine Lavendelwiese, die sich als violetter Teppich von der Landschaft abzeichnete.

Das Wohnzimmer war sauber und ordentlich, jedoch alles andere als karg. Moderne, dunkle Möbel zierten zum Ausgleich gegen die Backsteinwände den Raum. Ein großes Sofa lud ein, es sich darauf gemütlich zu machen und vielleicht würde ich dazu ja tatsächlich noch Gelegenheit bekommen.

Genauso einladend erschien es mir aber, mich auf das Kunstfell vor den Kamin im Wohnzimmer zu setzen, auf dem kunstvolle Objekte aus Metall platziert waren, eines davon offensichtlich ein Weinflaschenhalter in Form eines Motorrads.

Abstrakt. Aber irgendwie cool.

Überall standen Pflanzen herum, was mir am besten gefiel. Mein Zimmer in den Niederlanden war auch voll mit Pflanzen, nur waren diese längst nicht so gut erhalten geblieben wie jegliches Grün, das es hier zu finden gab.

Alles in allem machte das im Retro-Stil eingerichtete Haus einen sehr guten, gemütlichen Eindruck auf mich.

Ja, ich fühlte mich ja schon fast zu Hause. So zu Hause, wie es meine Mutter hier einst gewesen war.

Der Gedanke schoss mir ganz plötzlich in den Kopf und sofort schämte ich mich dafür. Dafür, dass ich gedacht hatte, hier einfach so reinplatzen zu können, in diese scheinbar perfekte Familie, und es als völlig logisch betrachten zu können, hier dermaßen willkommen zu sein.

Das Einzige, dass mich auf dem Boden hielt, was meine Wohligkeit anbelangte, war der misstrauische Blick, den mir Florence, die mich vorhin in der Küche indirekt, aber unverkennbar angefeindet hatte, diagonal über den Tisch zuwarf. Sie saß am weitesten von mir entfernt. Absichtlich?

Auf einmal war es mir unangenehm, dass niemand sprach. Weil ich mir vorstellen konnte, dass es an Jonas und mir lag. Weil ich wirklich annahm, dass sonst eine sehr angenehme, gesprächige Stimmung am Tisch herrschte und wir diese unterdrückten. Ich wusste, dass, würde ich zu sprechen beginnen, würde es die Familie auch tun.

«Mir fällt gerade auf, dass ich mich noch gar nicht wirklich bei euch vorgestellt habe. Mein Name ist Kira. Kira Blumenberg.»

«Und ich bin Jonas», murmelte Jonas mit vollgeladenem Mund, woraufhin ich ihn normalerweise auf Tischmanieren hingewiesen hätte, aber nun einfach nur froh war, dass er auch etwas sagte und mich nicht im Stich ließ.

«Du hast es vermutlich schon mitbekommen, aber ich bin Morgane. Das hier sind Véra und Louis.»

Morgane zeigt mir einem breiten Lächeln auf ihre Eltern. «Meine grummelige Zwillingschwester hier heißt Florence. Bitte entschuldige sie, sie ist momentan wie gesagt etwas unter Druck gesetzt wegen ihrer Arbeit, die sie noch vor dem Winter abgeben muss.»

Der Verdacht, dass die beiden jungen Frauen Zwillinge waren, auch wenn der bei mir nur auf die äußerliche Sicht beschränkt aufgekommen war, hatte sich mir gerade bestätigt.

«Ich bin gar nicht grummelig», kontert Florence, die ihre Nase tatsächlich immer noch im Computer versenkt hatte, was offenbar etwas mit der genannten Matura Arbeit zu tun hatte.

«Natürlich nicht, du bist ja immer bestens gelaunt.»

Daraufhin verdrehte Florence nur die Augen und warf sich eine ihrer langen, dunkeln Locken hinter die Schulter.

Ich wusste nicht, was ich von ihr halten sollte. Irgendetwas an ihr kam mir seltsam vor, und es war nicht unbedingt ihre unfreundliche Art, mit der sie mir begegnete. Ich fragte mich, warum sie so war. Zu mir. Obwohl ich ihr bisher nichts getan hatte.

«Ist der Honig eigentlich von euch?», unterbrach Jonas meinen immer schneller wirbelnden Gedankenstrom und ich war unheimlich froh darüber. Zu viel nachzudenken tat mir nicht gut.

«Nein, leider nicht. Früher haben wir selbst Honig gemacht. Damals als Johanna, William und ich noch alle gemeinsam hier gelebt hatten. Die beiden haben das immer gemacht, ich bin nicht gemacht dafür. Lieber habe ich mich in den Texten für die Arbeiten im Studium verloren, als mich stechen zu lassen. Was offensichtlich auf meine Tochter abgefärbt hat», fügte Véra mit Seitenblick auf Florence hinzu.

«Jetzt sind die Bienenkästen, die wir immer noch draußen im Garten stehen haben, leer. Aber du kannst sie dir gerne ansehen, wenn du willst.»

«Ja, das würde ich sehr gerne», antwortete ich, weil ich mir alles, was auch nur im Entferntesten mit meiner Mutter zu tun hatte, ansehen musste. Auch wenn ich mir nicht vorstellen konnte, dass sie die Dokumente in einem der Rahmen unter den Waben versteckt haben könnte.

«Du bist eigentlich hier, weil du die Arbeit deiner Mutter suchst, richtig?», fragte mich Morgane, als hätte sie meine Gedanken gelesen. Was unwahrscheinlich war, da ihre Mutter Véra es ihr erzählt haben musste. Das Timing mit dieser Frage war nur seltsam perfekt.

«Ja, eigentlich schon. Obwohl – nicht nur deswegen», antwortete ich.

«Auch wegen deiner Mutter? Weil du dir erhoffst, sie hier wiederzufinden?»

Ich nickte nur. Morgane hatte es auf den Punkt getroffen, als könnte sie mich wie ein offenes Buch lesen.

Ich war mir nicht sicher, ob ich froh darüber sein sollte, nichts erklären zu müssen, oder ob ich vielleicht lieber damit beginnen sollte, an meinem Poker-Face zu arbeiten.

«Wie wär's, wenn wir gleich nach dem Frühstück in den Keller gehen und du dich dort umsehen kannst? Ich denke wirklich, die Dokumente sind dortgeblieben.

Aber erwarte nicht, dass es da unten aufgeräumt ist.» «Welcher Keller ist schon aufgeräumt? Ist ein Keller nicht genau dafür da, um die Unordnung eines Haushalts zu verstecken?»

«Ganz deiner Meinung. Und ja, das klingt nach einem guten Plan. Ich danke euch für eure Hilfe. Das weiß ich wirklich sehr zu schätzen», pflichtete ich bei.

«Nichts zu danken. Mit der Vergangenheit abzuschließen, ist wichtig», antwortete Véra und ich bemerkte, wie sie mich mit einer Mischung aus Freude und Schmerz ansah. Ich fragte mich, ob sie es denn geschafft hatte. Mit der Vergangenheit abzuschließen.

«Ein perfekter, windiger Herbsttag, um etwas im Keller herumzustöbern, findest du nicht, Florence? Wer weiß, welche peinlichen Spielsachen und Baby Fotos da bestimmt von uns auftauchen werden!»

«Hmpf», war alles, was Florence dazu beizutragen hatte. Vielleicht hatte sie es gar nicht gehört, dass sie angesprochen worden war. Stirnrunzelnd beugte sie sich tiefer über ihre Texte.

«Kommst du auch mit runter?»

«Non.»

Ein Statement klar wir Glas. Dieses Mal hatte Florence definitiv gehört, was ihre Schwester gesagt hatte. Und hatte mit einem einzigen Wort geantwortet, das mir einen ganzen Roman über sie erzählte.

Erstens, sie hasste mich aus irgendeinem Grund.

Zweitens wollte sie mich so schnell wie möglich aus ihrem Haus haben.

Drittens gefiel es ihr offenbar gar nicht, dass wir in den Keller gehen würden, um dort herumzustöbern. Entweder, weil wir dort etwas finden würde, von dem sie nicht wollte, dass wir es sahen.

Oder, weil sie wusste, dass wir es dort eben nicht finden würden.

-Kapitel 12-

Kryptische Botschaft

Ich ging in mein Zimmer – oder besser gesagt ins *Gästezimmer* – zurück (ich musste mir wirklich abgewöhnen mich hier so zu Hause zu fühlen) um mir etwas Wärmeres anzuziehen, da es heute windig und recht kühl draußen war. Und in einem Keller war es sowieso immer kalt. Egal zu welcher Jahreszeit.

Ich hatte nicht damit gerechnet, mein Handy auf dem Bett vorzufinden, bei welchem plötzlich der Sperrbildschirm aufleuchtete und mir damit zeigte, dass gerade eine Nachricht eingegangen war. Noch eine. Und noch eine.

Serafin.

Ich hatte es geahnt, als ich die Nachricht gesehen hatte, und war mir sicher, dass sie es war, als ich ihren Namen auf dem Bildschirm erkannte. Ganz ehrlich gesagt hatte ich aber auch nur darauf gewartet – darauf gehofft – ein Update meiner an der Grenze steckengebliebenen Tante zu bekommen. Ob es ihr gut ging?

Ich setzte mich aufs Bett – was vielleicht eine gute Entscheidung war, je nachdem welche Nachrichten mich erwarteten – und entsperrte das Handy mit einem Verlangen, das ich sonst im Bezug zu dieser Maschine nicht kannte.

Serafin: Bonjour *Kira, ich hoffe, ihr seid problemlos an eurem Ziel angekommen und herzlich empfangen worden. Wenn nicht, dann komme ich bald und mache denen die Hölle heiß…*

Dieser erste Satz reichte, um mir zu sagen, dass es meiner Tante nicht allzu schlecht gehen konnte. Solange sie mit Humor agierte, war ich mir sicher, sie wohlauf wiederzusehen.

Serafin hatte die Nachricht abgeschickt und noch weitergeschrieben.

Serafin: Leider wird es mir nicht möglich sein, schon heute zu euch zu stoßen. Hab da noch ein paar Angelegenheiten zu klären…

Aber ich verspreche dir, dass alles gut wird. Ich wäre schließlich nicht ich, hätte ich nicht einen guten Plan.

Im Anhang hatte sie mir noch eine Zwinker-Emoji geschickt, das mir bestimmt noch einmal deutlich machen sollte, dass sie alles im Griff hatte.

Tante Serafin. Alles im Griff.

Zwei Worte, die so gar nicht zusammenpassten.

Dass sie einen Plan hatte, das kaufte ich ihr aber gerne ab. Serafin war ein kreativer Mensch. Um sich aus so einer verzwickten Situation zu befreien wie dieser, in die sie geraten war, konnte das hilfreich sein.

Trotzdem – wie zur Hölle wollte sie das anstellen?

Und mit genau dieser Frage antwortete ich auf ihre Nachricht.

Kira: Wie zur Hölle willst du dich da hinausmanövrieren? Jetzt bin ich neugierig.

Im Übrigen sind wir gut in Mamas altem Haus angekommen und äußerst *freundlich empfangen worden. Keinen Grund, jemandem auf die Pelle zu rücken.*

Es dauerte keine Minute, da erhielt ich schon eine Antwort.

Serafin: Schön zu hören, dass es euch gut geht. Was meinen Plan angeht, da musst du dich wohl noch etwas gedulden. Ich erzähle dir alles, wenn ich bei euch angekommen bin.

Und wieder die Zwinker-Emojis, dieses Mal sogar mehrere. Ihre belebten Gesichter starrten mich so verspottend an, dass ich nicht anders kann, als kurz die Zunge rauszustrecken.

Aber wenn man mich unbedingt auf die Folter spannen wollte, dann würde ich schon beweisen, wie geduldig ich sein konnte.

Das Handy surrte erneut in meiner Hand.

Serafin: Schickst du mir die Adresse des Hauses?

Ich schickte sie ihr.

Serafin: Danke! Ich liebe dich, Kira. Passt auf euch auf und genießt die Zeit.

Serafins letzte Nachricht. Das hieß, sie hatte es nicht gesagt, aber es war mir klar, weil sie offline ging. Und ganz plötzlich fühlte ich mich in der Stille des Raumes verloren.

Es fühlt sich auf einmal seltsam an, hier zu sein. Ohne Serafin. Ohne meinen Vater. Allein.

Aber nein, ich war nicht allein, ich hatte ja Jonas. Und ich war ja so froh, hatte ich ihn.

Aber trotzdem. Es fühlte sich seltsam an. Anders konnte man das Engegefühl, das mir die Kehle zuschnürte, nicht beschreiben. Zumal ich mir auf einmal gar nicht mehr erklären konnte, was ich eigentlich erhofft hatte, hier zu finden. Es war fast so, als wäre ich enttäuscht worden, obwohl ich auf meiner Reise, bei der anfangs alles schiefgelaufen war, nicht mehr Glück hätte haben können. Ich könnte mich in keinen besseren Händen befinden an hier in diesem idyllischen Backsteinhäusschen.

Vielleicht war ich einfach undankbar. Oder aber ich war aus reiner Spontanität hierher aufgebrochen und hatte eigentlich nie genau gewusst, wozu.

Außer, dass ich die Arbeit meiner Mutter finden wollte. Was ich damit machen wollte, wusste ich nicht. Ich wusste nur, dass ich sie unbedingt finden musste. Ihr zuliebe.

Und da leuchtete das Flämmchen in mir, das mich bis hierhergetrieben hatte, auf einmal wieder auf. Flackerte kurz und bauschte sich wieder zu voller Größe auf.

Ich dachte viel zu weit. Dabei war es der nächste Schritt, der zählte. Die Arbeit meiner Mutter finden. Das war machbar, oder nicht?

Und sinnvoll, oder?

Oder nicht?

Nein, daran durfte ich jetzt nicht denken. Nur der nächste Schritt, Kira. Nur der nächste Schritt.

Ich war bereit, ihn zu gehen, als es an der Tür klopfte und Jonas seinen Kopf hineinstreckte.

Viel zu schnell stand ich auf, als wäre ich bereit, mich in eine Schlacht zu stürzen. Mir wurde für einen kurzen Moment schwarz vor Augen.

Vielleicht stimmte es tatsächlich. Vielleicht nahm ich das alles einfach viel zu ernst.

Dass ich nicht genau wusste, wozu wir hier waren.

Dass ich mir Sorgen um Serafin machte.

Dass ich mir mittlerweile sicher war, dass Florence mich hasste.

Dass ich aber nicht wusste, wieso.

Dass ich das Gefühl hatte, irgendwie honorieren zu müssen, was mir hier entgegengebracht wurde und ich mich schämte, weil ich keine Ahnung hatte, wie.

Vielleicht nahm ich all das zu ernst. All diese Sorgen.

«Wow, da ist aber jemand startklar», meinte Jonas und ich dachte erst, dass es das sagte, weil ich ihm beim Hineinkommen fast in die Arme gefallen wäre. Aber dann bemerkte ich, dass er sich ansah, was ich anhatte. Oder besser, was ich eben nicht anhatte.

In Pulli, Trainerhosen und Socken stand ich da.

Keine Schuhe. Keine Jacke.

Absolut startklar.

-Kapitel 13-

Abgepackte Erinnerungen

Unordnung. Damit kannte ich mich aus. Jedenfalls hatte ich das gedacht.

Bis jetzt.

Véra hatte mich vorgewarnt und ich, wie ich zugeben musste, hatte ihre Warnung, dass im Keller ein riesiges Chaos herrschte, nur halbwegs ernst genommen. Unter einem «Chaos» hatte ich mir vorgestellt, dass vielleicht hier und da ein wenig Gerümpel in Kisten rumstehen müsste, vielleicht ein oder zwei Spinnen die Zimmerecken in Beschlag genommen hatten und sich vielleicht ein wenig Staub und Dreck auf den Möbeln angesammelt hatte. Nicht jedoch, dass mehr Gerümpel außerhalb der Kisten herumlag, als in den Kisten, es eine Seltenheit war, in einer Ecke keine Spinnen zu entdecken und sämtliche Möbel und Kartons von einer millimeterhohen Staubschicht bedeckt waren.

Zugegeben, in unserem Keller sah es nicht viel besser aus. Ein Keller war ja dazu da, das angesammelte Chaos in sich zu verbergen, da waren wir uns alle einig. Was hier auffällig war, war bloß der krasse Kontrast zum Rest des ganzen Hauses, das eine anständige, saubere und stilvolle Familie beherbergte.

Irgendwo hatte jeder seine Macken.

Ein wenig überfordert von all den Eindrücken, Gerüchen nach abgestandenem Wasser und feuchtem Holz und Bildern, die mich überströmten, stand ich einfach nur da, blickte auf die Arbeit, die mir bevorstand, als würde ich mir überlegen, wo ich am besten beginnen würde, wenn ich strategisch geschickt vorgehen wollte. Dabei brauchte ich mir nicht viel vom dem ganzen Zeug anzusehen, das hier herumstand und den Weg zum anderen Ende des Kellerzimmers blockierte, um zu verstehen, dass es die Geschichte der Vergangenheit erzählte. Nicht die Geschichte der Gegenwart.

Schallplatten waren nicht unbedingt das, was ich als das Eigentum von Morgane und Florence eingestuft hätte. Poster, die an den Wänden hingen, deren Verputz nicht mehr daran haftete, sondern schon längst auf dem Boden verteilt war, mussten von den WG-Einwohnern angebracht worden sein.

Die Dinge hier gehörten nicht nur Morgane und ihrer Familie, sondern stammten von den Vorgängern.

Das erklärte, warum man mich hier herumstöbern ließ. Mir würde es nämlich nicht gefallen, wenn jemand bei uns im Keller herumschnüffeln würde, wo noch meine alten Spielsachen herumstanden. Dass ich als Kind immer mit Dinosaurierfiguren und Drachen, anstelle von Barbies und Plüschtieren gespielt hatte, war eine sehr intime Info über mich, über die nicht einmal Jonas Bescheid wusste. Zumindest hoffte ich das.

Ich ließ den Blick über die Kartonberge schweifen, als würde ich mir erhoffen, etwas zu erblicken, dass ebenso persönliche Dinge über meine Mutter erzählt. Das Einzige, was ich erkannte, war, wie chaotische meine Mutter gewesen sein musste.

Insgesamt gab es jedoch nichts, das mich von meinem Vorhaben aufhalten konnte. Davor, mir die Hände schmutzig zu machen, hatte ich noch nie zurückgeschreckt, also würde ich jetzt nicht damit anfangen.

Ein wortloses «an die Arbeit», lag im Raum, als Jonas, Morgane, ihre Eltern und ich uns auf die Kartonberge stürzten.

Kiste um Kiste räumten wir aus und stapelten deren Inhalt so systematisch an der Wand auf der anderen Seite des Kellerraumes auf, dass es mich nicht verwundert hätte, würden wir den Platz hier ordentlicher verlassen, als wir ihn vorgefunden hatten. Eine Milderung für mein schlechtes Gewissen, das sich nur schwer besänftigen ließ. Jedoch nicht das, was ich mir erhofft hatte. Ordnung war ja schön und gut, ersetzte aber nicht die Dokumente, die ich finden wollte. Dafür war ich ja hergekommen. Dafür und für nichts anderes, glaubt ich mittlerweile zu wissen.

Sicher war ich mir immer noch nicht, aber es half, sich auf ein klares Ziel zu fokussieren. Wie ich mich beim Erreichen dieser imaginären Ziellinie fühlen würde, würde sich zeigen.

Wenn wir die Arbeit meiner Mutter finden würde.

Wenn.

Wenn nicht, war das hier alles umsonst gewesen.

Obwohl mir Véra hinter ihrem Kassettenstapel hervor immer wieder aufmunternd zulächelte, spürte ich, wie die Motivation langsam verflog. Klar, wer räumte schon gerne seinen Keller auf?

Dass wir bisher nicht erfolgreich waren, machte die Sache auch nicht besser. Ich konnte förmlich spüren, wie sich eine Trägheit in den Raum legte, jeder noch so tatkräftige Handgriff zur Qual mutierte und es immer schwieriger wurde, nach der nächsten Kiste zu greifen. Schwieriger und unwahrscheinlicher, darin etwas zu finden.

Wir hatten nun schon mehr als die Hälfte der Kisten geleert, man erkannte bereits wieder den Kellerboden unter den Füßen – er war dunkelgrün.

Dass Véra plötzlich aufstand, mir die Hand auf die Schulter legte und meinte, sie würde schon mal Gemüse für das Abendessen schnippeln gehen, ihr Mann sich ebenfalls ächzend auf die Knie stemmte und meinte, ihr dabei assistieren zu müssen, war für mich absolut verständlich. Ich ließ sie gehen, nicht ohne mich nochmal umfangreich für ihre Hilfe zu bedanken.

Dass sie weg und wir nur noch zu dritt waren, bedeutete, dass wir um einiges langsamer vorankommen würden. Aber es besänftige meine Schuldgefühle noch etwas mehr.

Die anderen nicht mehr die harte Arbeit verrichten sehen zu müssen, die ich ihnen quasi aufgelastet hatte, fühlte sich so gut an, dass ich kurzerhand sogar Jonas nach oben schickte, als er sich den Kopf beim Aufstehen an einem Regal anstieß.

Ich würde das hier allein beenden. So, wie ich es von Anfang an hätte tun sollen, auch wenn ich bezweifelte, an einem einzigen Tag damit fertig zu werden.

Es blieben nur noch Morgane und ich, die uns die letzten Kisten vornahmen. Ich immer noch voller Hoffnung – die jedoch langsam zu Verbissenheit wurde – für welche es schon längst keinen Grund mehr gab. Wir würden sie nicht mehr finden, die Dokumente.

Unwahrscheinlich, dass meine Mutter sie in eine dieser zerfledderten, uralten Kisten in der hintersten Ecke des Raumes deponiert hatte, als wäre darin etwas gestanden, dass sie unbedingt vor der Öffentlichkeit hätte verstecken müssen. Im Gegenteil. Darin war etwas, das nur fein säuberlich für die Nachwelt aufbewahrt werden konnte. Und das ganz sicher nicht hier unten in diesem miefenden Keller.

Hoffnung gab es keine mehr. Also lag ich mit meinem Verdacht richtig und es musste pure Verbissenheit sein, die mich hier unten hielt und dazu brachte, wie mechanisiert Kiste um Kiste auszuleeren, den

Inhalt systematisch an der Wand zu stapeln, die Kartonkiste beiseitezustellen und mit der Prozedur gleich noch einmal von vorne zu beginnen.

Ich würde so lange weitermachen, bis ich die Dokumente fand.

Oder auch nicht. Mittlerweile war mir das egal.

Viel zu spät kam mir wieder in den Sinn, dass ich nicht alleine war. Morgane war es, die auf der anderen Seite des Raumes den gleichen Algorithmus verfolgte.

Ich sperrte schon den Mund auf, um sie ebenfalls nach oben zu schicken und meinem Gewissen einen weiteren Schub an Wiedergutmachung zu gönnen, der wie eine Droge auf mich zu wirken schien, da kam mir Morgane zuvor. Sich den Rücken streckend wandte sie sich mir zu.

«Was hältst du davon, wenn wir eine kleine Pause machen? Du siehst fix und fertig aus», meinte sie.

Ich wollte protestieren, ihr sagen, dass ich das hier ruhig allein fertigmachen konnte und sie sich die Pause selbst gönnen sollte, aber Morgane durchschaute mich.

«Keine Sorge, der Keller läuft dir schon nicht davon.»

Sie hätte mir genauso gut sagen können, dass es keinen Sinn machte, weiterzusuchen. Und sie hatte recht. Fix und fertig war ich nicht nur körperlich.

Also willigte ich ein.

«Gut, wie sieht denn bei dir so eine Pause aus?»

Morgane antwortete mir nicht sondern zückte ihr Handy. Etwas perplex sah ich ihr dabei zu.

Doch ehe ich sie für eine dieser Mädchen hielt, die mitten im Satz abbrachen, weil gerade ein neues Video online gegangen war, verstand ich, was sie tat.

«Naja, eine Pause wird das nicht, aber du musst ihn unbedingt kennenlernen. Ein Kollege von mir. Ich habe mich in einer Viertelstunde im Garten mit ihm verabredet.»

Mein Nicken musste etwas verloren wirken, denn Morgane fügte hinzu.

«Er ist Williams Sohn, eine echt coole Socke und außerdem weiß er vielleicht etwas mehr darüber, wo deine Mutter ihre Dokumente hingebracht hat.»

Der Junge, – oder sollte ich sagen, der junge Mann? – der vor mir stand, hieß Alain.

Er war achtzehn Jahre alt, wirkte, als wäre er locker über zwanzig und hatte ein Aussehen, das meiner Meinung nach unbedingt verboten gehörte.

Muskulös, hochgewachsen und verwegen. Seine Haut, die eigentlich weiß war, war sonnengebräunt vom letzten Sommer, seine Haare, die ihm in die Stirn und in den Nacken fielen, ebenso bronzefarben und seine Stimme klang ebenso metallisch und rau, wie es sein Äußeres vermuten ließ. Der französische Akzent verstärkte diesen Eindruck nur.

«Salut. Ich bin Alain.»

Dass er mich mit genau dieser Schleifpapierstimme angesprochen hatte, bemerkte ich erst, als er mir seine Hand, zu einer Faust geballt, zusteckte.

Ich schluckte, beschwor mich selbst, mich zusammenzureißen und vor allem – um Himmels willen – nicht zu starren. Dann schlug ich mit meiner Hand gegen seine.

Eine merkwürdige Art, sich zu begrüßen. Aber auch cool. Passend zu so einem umhauenden Typen wie Alain.

Da. Schon wieder dieser Gedanke. Ich musste mich endlich in den Griff bekommen.

«Ki – Kira», stotterte ich unbeholfen.

Es schien nicht besser zu werden.

Dass Alain mich von nun an nicht Kikira nannte, grenzte an ein Wunder. Ein Wunder, das offenbar Morgane hieß, die ihm wohl schon per Chat von mir erzählt hatte. Von einer Kira. Nicht einer Kikira.

«Freut mich, dich kennenzulernen, Kira.»

«Du – du bist Williams Sohn, oder?», fragte ich mit etwas festerer Stimme, um den furchtbaren ersten Eindruck von mir zu korrigieren. Normalerweise war ich nicht so – so – ja, wie eigentlich? Mädchenhaft?

«Genau, der bin ich. Und du bist Johannas Tochter?»

Wieder musste ich schlucken. Und noch einmal, als mich Alain mit seinen rauchgrauen Augen, die in seiner Iris genauso herumzuwirbeln schienen wie echter Rauch, musterte.

«Bin ich. Du kanntest meine Mutter, habe ich gehört. Inwiefern?»

«Also *kennen* ist das falsche Wort dafür, wenn man als Baby in jemandes Schoss gesessen hat», redete Morgane dazwischen.

Ich hatte beinahe schon vergessen – oder einfach verdrängt, dass sie neben uns stand und unsere Unterhaltung stillschweigend mitverfolgt hatte, seit Alain vor wenigen Augenblicken mit seinem Auto durch die Einfahrt eingebogen war.

«Also ein Baby ist man nicht mehr, wenn man als zweijähriger auf den eigenen zwei Beinen mit einer Frau in den Garten geht, um die Bienen zu füttern», konterte Alain.

«Ach, wirklich?»

«Ja, wirklich.»

«Kann ich mir nicht vorstellen. Ich meine, du bist doch jetzt kaum aus den Windeln herausgewachsen.»

Dafür kassierte Morgane einen freundschaftlichen Schlag gegen die Schulter.

«Leg dich nicht mit jemandem an, der größer ist, als Hobby boxt und ungefähr dreimal so viel wiegt wie du.»

Ich hatte den Wortwechsel der beiden grinsend verfolgt, verstand aber nicht ganz, was Sache war.

«Ähm, entschuldige, wenn ich euch unterbreche, aber verstehe ich das richtig? Du hast meiner Mutter als kleiner Junge… assistiert?»

Anstelle von Alain antwortete mir Morgane.

«Er war ja wirklich begeistert von den kleinen, summenden Wesen da im Garten. Und weil Véra und William immer gesagt hatten, dass es zu gefährlich sei, ein Kleinkind in die Nähe der Bienenkästen zu lassen, ist dieser Strohkopf hier immer schnurstracks zu deiner Mutter Johanna gerannt und hat sie angefleht, mit ihm zusammen *nourrir les abeilles* – die Bienen zu füttern. Und deine Mutter hat ihn immer mitgenommen», erklärte mir Morgane.

Alain seufzte nur. Offenbar war ihm bewusst, dass nichts Morgane stoppen konnte, wenn sie gerade in einen Redefluss gelangt war. Auch, wenn es ihm bestimmt unangenehm sein musste, dass sie mir – einer halb Fremden – von seinen Kindheitsstreichen erzählte.

«Nun ist aber genug damit, mich herunterzuputzen, ja? Lass mich dir doch besser die Bienenkästen zeigen, damit du verstehst, was ich meine», schlug Alain an mich gewandt vor. Er zwinkerte mir zu und drehte sich zum Glück gleich danach um, um ums Haus herumzulaufen und in den Garten zu gehen, also bekam er nicht mehr mit, wie meine Knie einzusacken drohten. Weich wie Wackelpudding waren sie auf einmal.

Morgane setzte sich gleich nach Alain in Bewegung. Erst als ich mir sicher war, meinen Beinen wieder vertrauen zu können, folgte ich den beiden.

Die Bienenkästen im Garten waren mir schon heute morgen aufgefallen, als ich aus dem Fenster geblickt hatte. Sie von Nahem zu sehen, hatte jedoch noch einmal eine andere Wirkung.

Es waren nur drei und sie waren nicht gerade groß. Jedoch mit Liebe gemacht. Mit Liebe fürs Detail, wie die kleinen, handgeschnitzten Bienenornamente an der Seitenwand es mir erzählten.

Ich war mit Bienen und Bienenkästen aufgewachsen und hatte noch nie Modelle wie diese hier gesehen, also mussten sie handgebaut sein. Die drei Würfel standen unter dem Apfelbaum im Garten, wie wir auch einen bei uns zu Hause hatten. Ein hervorragender Standort für Bienen, da er ihnen eine natürliche Nektarquelle bot und zudem auch noch Schatten spendete an heißen Tagen.

Ich trat einen Schritt heran, ließ meine Finger über die feinen Gravuren im Holz gleiten, und tagträumte ein wenig.

Ich stellte mir vor, wie oft meine Mutter wohl hier gestanden haben musste – mit Schutzanzug natürlich – wie sie genau dasselbe gemacht hatte wie ich gerade, die Rahmen mit den Waben herausgezogen hatte. Damals waren sie voller Waben und Bienen gewesen, heute waren sie leer.

Trotzdem konnte ich Johanna fast vor mir sehen, hörte ihre Stimme und wie sie immer mit den Bienen gesprochen hatte, als wären es ihre Kinder.

Das goldene Sonnenlicht strahlte zwischen den bunten Blättern hindurch und zauberte Sprenkel auf meine Hand. Ein kühler Wind zerzauste mir das Haar, nur ganz sanft, als wollte er mit mir spielen, und brachte den Geruch nach Herbst mit.

Aber auf einmal war es Frühling um mich herum. Ein herrlicher, sonniger Frühlingstag. Die Luft duftete herrlich nach Blumen. Die Bienen summten und die Blüten am Apfelbaum in unserem Garten zu Hause strahlten in weisser Pracht.

«Na, meine fleißigen Bienchen? Ihr habt heute wieder großartige Arbeit geleistet», sagte meine Mutter.

Und dann tauchte plötzlich ein kleines Mädchen in einem Mini-Schutzanzug neben ihr auf. Es dauerte ein wenig, bis ich erkannte, dass ich es war.

«Mama. Mama, ich möchte Lillifee sehen. Wo ist sie?», fragte die Miniversion meiner selbst.

Johanna lachte und zog mich zu sich heran. Auf ihrem Schoss sitzend spähte ich in den Kasten hinein.

«Die Bienenkönigin ist immer die größte und dickste der ganzen Kolonie. Weißt du, sie muss ganz, ganz viele Eier legen jeden Tag und dafür braucht sie ganz, ganz viel Energie. Wie du, wenn du mit deinem Vater wandern gehst. Dann musst du ganz, ganz viele Honigbrötchen zum Frühstück essen!»

Meine Mutter drückte mich an sich, bis ich laut aufquietschte.

«Aber Mama, wo ist sie denn jetzt? Ich sehe sie nicht in all den Bienen!»

Mama und ich wandten uns wieder dem Bienenrahmen zu. Sie hielt ihn für mich hin, damit ich ihn mir besser ansehen konnte.

«Schau gut hin, Kira. Wenn du mit offenen Augen und Herzen durch die Welt gehst, dann erkennst du, was wirklich wichtig ist.»

Und dann sah ich sie. Lillifee. Meine Lieblings-Bienenkönigin, die mit einem winzigen, rosafarbenen Farbtupfer am Rücken gekennzeichnet war. Die Bienenkönigin, die heute am gleichen Ort hinter dem Haus in der Wiese vergraben war wie meine Mutter.

Dieser Gedanke riss mich wieder in die Wirklichkeit zurück. Oder aber die Stimme, die sich einen Weg in mein Bewusstsein bahnte.

«Alles in Ordnung? Kira?»

Auf einmal waren es zwei Augenpaare, ein grünes und ein rauchgraues, die knapp vor meinem Gesicht auftauchten. Mein Blickfeld erweiterte sich und ich erkannte Alain und Morgane, deren Gesichter besorgt aussahen.

Die Luft um mich herum war nicht länger frühlingswarm, sondern herbstlich und kalt. Eine Wolke musste sich vor die Sonne geschoben haben.

«Stimmt etwas nicht?», fragte mich Morgane nochmal, weil ich immer noch nicht geantwortet hatte.

Aber warum fragte sie so etwas? Natürlich ging es mir gut! Oder…

Erst jetzt, da ich wieder vollständig in die Realität zurückgekehrt war, bemerke ich die kleine, vom Wind erkaltete Träne, die an meinem Kinn haltgemacht hatte und wischte sie schnell weg.

Mein kurzes Abdriften in Erinnerungen hatte mich wohl mehr mitgenommen, als ich es erwartet hätte.

«Ja, alles in Ordnung. Mir sind da nur ein paar Dinge in den Sinn gekommen», antwortete ich, weil ich keine Lust hatte, zu erklären, woran genau ich gedacht hatte. Die ganze Sache war mir sonst schon peinlich genug.

Alain und Morgane waren so lieb und hakten auch nicht weiter nach. Der mitleidige Blick in ihren Gesichtern erzählte mir schon genug davon, dass sie ohnehin schon zu viel wussten.

War ich wirklich zu lesen wie ein offenes Buch?

«Lasst uns lieber reingehen. Sonst holst du dir noch eine Erkältung», schlug Alain vor.

Erst jetzt bemerkte ich, dass ich zitterte. Bestimmt nicht nur wegen der Kälte.

«Ja, das wäre eine gute Idee», antwortete ich. Alles war mir in diesem Augenblick lieber, als mich noch länger von den beiden hier bemitleiden zu lassen. Mitleid war das letzte, was ich brauchte.

Ehe wir gingen, drehte ich mich noch einmal zu den Bienenkästen um und es war, als würde ich dort immer noch die Umrisse des kleinen Mädchens und der Mutter erkennen. Bis ihre Konturen endgültig verblassten und sich das Bild auflöste, um wieder Teil der Vergangenheit zu werden. So, wie es richtig war.

Ich löste meinen Blick davon und folgte Alain und Morgane auf dem Steinweg zur Haustür.

«Freust du dich schon auf die Party am Samstag in der *caverne*?», fragte Alain, als wir stehen blieben, und ich wusste sofort, dass die Frage nicht an mich gerichtet war. Normalerweise hätte ich nachgefragt, von was für einer Party er da sprach, aber ich fühlte mich innerlich zu leer und müde, um nachzufragen. Es interessierte mich einfach nicht.

«Natürlich freue ich mich. Für wen hält du mich?»

Ich bekam am Rande mit, wie Alain eine Augenbraue hochzog und seine Stimme senkte.

«Richard bringt das Zeug mit. Ist also alles geregelt.»

Morgane schien für eine Moment etwas verstört. Sie sagte etwas zu Alain, dass nur er verstand.

Natürlich war ich neugierig. Neugier war mein zweiter Vorname.

Aber nicht jetzt.

Sollten die doch nur ihre Party feiern, wie sie wollten. Ich würde mich in meinem Zimmer verschanzen und mich heute nicht mehr blicken lassen. Danach war mir gerade.

Morgane und Alain lösten sich voneinander. Dann wandte sich der Typ, der auf einmal so viel weniger

Eindruck auf mich machte, als noch ein paar Minuten zuvor – was hatte mich dieser Trip fertig gemacht – an mich.

«Tut mir leid, dass ich dir nicht wirklich weiterhelfen konnte. Vielleicht hatte Morgane recht und ich war damals wirklich noch zu klein um deine Mutter als einen Menschen kennenzulernen, der so viel mehr ist als die Bienenfrau mit den roten Haaren.»

Ich rang mir ein schwaches Lächeln ab, als Alain mir schilderte, wie er Johanna in Erinnerung hatte.

«Ist schon in Ordnung. War trotzdem schön, dich kennenzulernen», antwortete ich, was ich nicht sagte, um ihm zu imponieren, sondern weil ich es ernst meinte.

Wenn man mal darüber hinwegsah, dass Alain einfach hammermäßig aussah, erkannte man, dass er auch innerlich ein ganz netter Geselle war.

«Freut mich zu hören. Ich hätte dir natürlich trotzdem gerne geholfen. Wenn dir in der nächsten Zeit etwas einfällt, wie ich das tun kann, dann gib einfach Bescheid, ja?»

Ich nickte, obwohl ich bezweifelte, dass das der Fall sein würde. Alain konnte mir nicht helfen. Er wusste nicht mehr über meine Mutter als ich selbst.

Er hatte sie als Kind gekannt. Ich hatte sie als Kind gekannt.

Wäre er bloß älter und hätte erlebt, wie Johanna früher gewesen war…

Da schoss es mir in den Kopf wie ein Pfeil.

William.

William hatte meine Mutter gekannt, als sie jünger gewesen war. Und Véra. Da sie mir schon alles erzählt hatte, was ich wissen wollte, blieb mir nur noch die Möglichkeit, William erneut zu kontaktieren.

Ich erzählte Morgane und Alain nicht, was mir gerade in den Kopf geschossen war, weil es einfach nur dämlich klingen würde, ihm zu sagen, dass ich mich gerne mit seinem Vater verabreden wollte. Nicht umsonst hatte dieser mir seine Nummer gegeben.

Ich wollte es immer noch nicht richtig wahrhaben, dass Alain Williams Sohn war. Stiefsohn, um genau zu sein.

Was auch erklärte, warum sich die beiden in keiner Art ähnlich sahen und Alain sein gutes Aussehen ganz bestimmt nicht von William geerbt hatte. Nichts für ungut, William. Schönheit kam schließlich von innen.

«Dann machst du dich auf den Rückweg?», fragte Morgane und riss mich aus meinen Gedanken.

Alain hatte sich schon einige Schritte von uns entfernt.

«Ja, ich bin bei meinen Eltern zum Abendessen verabredet. Möchte sie nicht warten lassen.»

Dann zwinkerte er mir zu.

«Aber man sieht sich bestimmt wieder.»

Und wie schnell man sich wiedersah. Vielleicht nicht Alain, aber seinen Vater.

-Kapitel 14-

Wo heisse Schokolade out ist

William und ich hatten uns auf dem Herbstmarkt im Dorf verabredet. Ein perfekter Treffpunkt, wie sich herausstellte.

Mit dem Bus brauchte man gerade zehn Minuten bis ins Dorf und der Herbstmarkt war klein und übersichtlich. William hatte mich sofort gefunden, ohne, dass er hätte wissen müssen, dass ich eine Vorliebe für heiße Schokolade hatte und mich natürlich sofort nach meiner Ankunft an einen Stand gestellt hatte, der solche verkaufte.

«Willst du auch eine?», fragte ich ihn, als mir sein Blick auffiel, der auf meiner Hand mit dem Becher heißer Schokolade ruhte.

«Heiße Schokolade? Für einen Erwachsenen?», lachte er. Im ersten Moment fühlte ich mich peinlich berührt und bereute sofort, nicht auf William gewartet zu haben, ehe ich mir etwas zu trinken gekauft hätte.

«Sorry, ich dachte nur… ich mag halt Schokolade und es ist Herbst…»

William sah mich überrascht ab.

«Aber nein doch, so meinte ich das nicht! Ich musste nur daran denken, was die Jungen hierzulande gerne trinken.»

«Ach ja, und was wäre das?»

William bedeutete mir mit einem Handzeichen, ihm zu folgen und so schlenderten wir quer über den Markt. Ich – meinen Becher heiße Schokolade in der Hand, den ich jetzt wieder etwas weniger bereute.

Es war ein schöner Tag. Auf dem Markt trieben sich viele Leute herum, die Sonne strahlte uns ins Gesicht und ließ die Stimmung noch viel freundlicher wirken, als sie es mit den lachenden, herumrennenden Kindern, Luftballons und Ständen voller regionaler Leckereien ohnehin schon war.

Ein Duft lag in der Luft. Ein Duft, den ich einfach mit «Herbstmarkt», betiteln würde, aber eine geübte Nase als karamellisierte Mandeln und Vanillegebäck identifizieren konnte.

Es war kein Fehler gewesen, sich hier zu treffen.

Allmählich erkannte ich, wo William hinsteuerte, und daraus erschloss sich mir schnell die Antwort auf meine Frage.

Alkohol. Alkohol wollten die Jungen heute trinken. Glühwein schien hier in Frankreich zudem ein besonders beliebtes Herbstgetränk zu sein, denn vor dem Stand hatte sich bereits eine lange Schlange gebildet.

Wir stellten uns hinten an und als mir klar wurde, dass wir hier eine Weile würden warten müssen, beschloss ich, die Zeit mit einem Gespräch totzuschlagen.

«Warst du oft mit meiner Mutter unterwegs, wie du es mit mir heute bist?», fragte ich William.

Ich hatte ihm per Chat gestern Abend erklärt, warum ich ihn gerne nochmal sehen wollte – weil ich ein paar Fragen an ihn hatte. Er hatte eingewilligt. Trotzdem war mir wohler dabei, erst einmal mit einer harmlosen anzufangen.

«Du weisst ja gar nicht, wie sehr mich das heute an damals erinnert. Deine Mutter hat diesen Markt geliebt und mich jedes Jahr angefleht, mit ihr hierherzukommen.

Ich habe natürlich immer so getan, als würde ich nur widerwillig mit ihr gehen, aber im Nachhinein ist mir bewusst geworden, wie sehr ich die Zeit genossen habe.

Hier zu sein bedeutet, wieder einmal Kind sein zu dürfen.»

William deutete auf meine Hand mit der Schokolade und lächelte «…wenn man sich traut.»

Ich lächelte zurück.

«Dann hat sich meine Mutter also auch immer eine heiße Schokolade geholt?»

«Das durfte niemals fehlen bei ihr. Ich habe ihr jedes Mal dasselbe gesagt, wie dir heute. Dass nur Kinder heiße Schokolade trinken würden. Dass die Jungen Prozentiges trinken. Heiße Schokolade sei uncool. Und weißt du was? Es war ihr total egal. Es war ihr egal, was die Leute von ihr dachten. Und es spielte tatsächlich keine Rolle. Denn alles an ihr spiegelte den Menschen wieder, der so anders war als alle anderen, und den man einfach lieben musste.»

Mir kam es zunehmend so vor, als wollte mir William etwas sagen. Für einen Augenblick dachte ich mir, dass ich es zu fassen bekäme, doch dann entglitt es mir wieder.

«Und sie hat so grossartige und richtige Dinge getan», fügte ich hinzu, um das Gespräch langsam, aber sicher in die Richtung zu lenken, auf die ich es von Anfang an abgesehen hatte. Ich brauchte einen Anhaltspunkt für meine weitere Suche und war nicht zum Plaudern gekommen. Nicht nur.

«Johanna war eine sehr schlaue Frau. Im Studium war sie ganz vorne mit dabei. Diese Arbeit, nach der du suchst, hätte ein ganz großes Ding werden können. Da bin ich mir sicher. Ich bin froh, dass nun endlich jemand gekommen ist, um das großartige Werk zu beenden. Wäre schade, es dort verstauben zu lassen, wo es sich im Moment befindet.»

Ich verkniff es mir, William zu sagen, dass ich die Arbeit nicht würde fertigschreiben können, denn ich wollte ihn nicht unnötig enttäuschen. Ich würde schon etwas damit anzufangen wissen, auch wenn es nicht durch meine Hand geschehen würde.

Was William mir gerade erzählt hatte, hatte mich jedoch stutzig gemacht.

«Wo es sich in diesem Moment befindet… Du weisst also auch nicht, wo Johanna die Arbeit verstaut hat, als sie weggezogen ist?»

William schüttelte den Kopf.

«Bisher hatte ich immer angenommen, dass sie sie mitgenommen hat, als sie Frankreich verließ und sie bei euch auf der Imkerei wäre. Aber als ich dann dich am Bahnhof aufgabelt habe und du mir erzählt hast, dass du auf der Suche danach wärst, ist mir klar geworden, dass sie noch hier sein muss.»

«Bei uns zuhause kann sie nicht sein. Im Brief meiner Mutter stand beschrieben, wo ich suchen müsste.

Mit *hier* meinst du im WG-Haus?»

«Nicht unbedingt.»

Ich verstand nicht ganz, worauf William hinauswollte. Er schien genau zu wissen, dass Johanna sich einen etwas ungewöhnlichen Platz für die Dokumente ausgesucht hatte, weil er sie kannte und das erklärte, warum wir sie nicht schon längst gefunden hatten.

Aber er war ebenso planlos wie ich, wenn es darum ging, herauszufinden, wo genau meine Mutter sie verstaut hatte.

«Du hast also eine Ahnung, wo sich die Dokumente befinden und denkst, dass es nicht im Haus ist. Wo dann?»

«Bei einem Baum.»

«Bei einem Baum?»

William setzte schon zu einer Erklärung an, als wir das Ende der Schlange erreicht hatten und ein Mann mit vielen Piercings und Tattoos uns ungeduldig anstarrte.

« *Qu'est-ce-que je peux vous offre* ?»

« *Une tasse de vin chaud sil-vous plaît.* »

Ich wartete, bis William seinen Glühwein bekommen hatte und sogar noch so lange, bis er einen ersten Schluck davon probiert hatte, ehe ich darauf bestand, dass er mir erklärte, wie zum Teufel er auf die Vermutung kam, dass meine Mutter ihre grandiose Arbeit bei einem Baum versteckt haben sollte.

«Erst mal musst du verstehen, um was es in den Dokumenten überhaupt ging. Wie du sicher schon weißt – um Wildbienen. Und die kann man normalerweise nicht einfach im Garten halten, denn dann wären sie ja nicht mehr wild. Die Schwärme hinter dem Haus dienten nur als Vergleich mit ihren wilden Verwandten, um die es eigentlich ging», erklärte mir William ernst, während er immer wieder an seinem Glühwein nippte und ich musste schon zugeben, langsam bekam ich auch wieder Lust auf ein wärmendes Getränk. Selbst wenn ich zu Alkohol bisher immer misstrauisch gewesen war.

«Und dieser Baum, von dem du sprichst, beherbergt einen Wildbienenschwarm?»

Williams Augen begannen zu leuchten, als wäre er froh, dass ich meine Verwirrung überwunden hatte.

«Du hast es erfasst. Johanna hat dokumentiert, wie sich Wildbienen im Vergleich zu den Honigbienen der Imker verhalten und wie sie auf wechselnde Lebensbedingungen, die der Klimawandel schafft, reagieren. Und schon seit den ersten Tagen, da sie den Schwarm in der alten Eiche im Wald besucht und beobachtet hat, verfolgte sie den Verdacht, dass wild lebende Bienenschwärme weitaus resistenter sind gegen Klimaveränderungen. Und das nicht nur, weil sie eine etwas andere DNA aufweisen als die Honigbienen. Als Johanna Experimente mit den Bienen im Garten gemacht hat, musste auch sie feststellen, dass diese gesünder sind, umso naturnaher sie gehalten werden.»

Ich war wirklich beeindruckt.

«Das hat sie alles selbst herausgefunden? Mit den einfachsten Mitteln und alles dazu noch selbst dokumentiert?»

«Wie gesagt, Johanna war eine bemerkenswerte Person. Und sie hatte eine besondere Beobachtungsgabe, was ihr bei diesem Projekt sehr zugute gekommen ist.»

Williams Gesicht wurde von einem Schatten verdüstert, als würde sich eine Wolke vor die Sonne schieben.

«Ich will mir gar nicht vorstellen, wie berühmt und verehrt sie geworden wäre, hätte sie es beenden können.»

«Was hat den noch gefehlt dazu?», fragte ich, weil das, was William mir als Inhalt geschildert hatte, in meinen Ohren schon ziemlich rund geklungen hatte.

«Sie wollte Lösungsansätze finden. Ideen und Hinweise für die Imker, die das Wohlergehen der Bienen weltweit verbessern könnte, wenn man sie publizierte.»

«Das sieht ihr ähnlich. Ich meine – das sah ihr ähnlich. Sie wollte immer nur das Beste für diese Welt und die Menschen», antwortete ich noch, ehe sich eine schwere Stille zwischen uns breitmachte, die nicht einmal mehr die fröhliche Herbstmarktstimmung um uns herum durchdringen konnte.

Es war nicht fair, dass eine Frau wie Johanna, die so viel besser für diese Welt gesorgt hatte, als es viele andere taten, diese schon so frühzeitig hatte verlassen müssen. Es war nicht fair, dass so viele undankbare Leute auf dieser Welt lebten, die sich aufs Nehmen statt aufs Geben fokussierten und nichts dafür taten, damit es dem Umfeld gut ging, wobei sie nie zufrieden mit ihrem eigenen Luxus waren, dass sie führten. Mehr, mehr und nochmal mehr war das Motto der Gesellschaft geworden.

Das Schweigen, dass sich zwischen mich und William gelegt hatte, war vielleicht nur schwer, weil es voller unausgesprochener, schwerwiegender Gedanken war. Ich erkannte es an seinem Blick, der in sich gekehrt und wehmütig wirkte, dass er genau an dasselbe denken musste, wie ich. Dass die Welt mehr Johannas brauchen könnte. Johannas, denen nicht ein Hirsch vor die Motorhaube sprang und deren Leben schlagartig beendete.

Williams Blick begegnet meinem. Plötzlich glaube ich, darin noch etwas anderes zu erkennen als die Wiederspiegelung von trübseligen Gedanken. Hoffnung war es, die ich in seinen Teddybär-Augen aufblitzen sehen konnte. Hoffnung in mich?

Ehe ich noch länger darüber hätte nachgrübeln können, reichte mir William seinen Becher.

«Willst du mal probieren?»

Ich rang mit mir, nicht instinktiv nein zu sagen, wie ich es zu tun gepflegt hatte, als ich noch nicht fünfzehn gewesen war, und griff nach dem Becher, ehe ich es mir anders überlegen konnte.

«Gerne.»

Der Rand des Bechers berührt meine Lippen. Vorsichtig nippte ich an der dampfenden Flüssigkeit, testete, wie heiß sie noch war, um dann schließlich festzustellen, dass der Glühwein schon lange genug abgekühlt war, damit man sich nicht mehr die Zunge daran verbrannte.

Ich nahm einen zögerlichen Schluck des alkoholischen Getränkes und erwartete von mir selbst, es gleich wieder auszuspucken. Zu meiner Verwunderung war das, was ich da im Mund hatte, gar nicht schlecht. Im Gegenteil. Der Wein hatte eine angenehme Süße und war mit stimmigen Gewürzen aufgepeppt worden. Der Alkohol brannte zwar etwas in meiner Kehle, war aber auszuhalten.

«Und, wie schmeckts?», fragte mich William mit einem verschmitzten Lächeln im Gesicht. Als Antwort gönnte ich mir gleich noch einen Schluck.

«Sehr gut.»

Damit ich ihn nicht selbst austrinken konnte, reichte ich William den Becher zurück und wir schlenderten nebeneinander über den Markt. Genossen einfach die Stimmung. Die fröhliche Atmosphäre

Ich staunte darüber, was es alles zu kaufen gab. Dinge, die ich in Holland noch nie gesehen hatte. Gewürze, Käsesorten, Gebäck und traditionelle Handwerksarbeiten, die ich beim blossen Anblick mit Frankreich verband. William führte mich zu einem Stand, an dem eine ältere Frau eine weiße, klebrige Masse, gespickt mit Trockenfrüchten und Nüssen, ab Block verkaufte. *Nougat,* stand auf den Schildern neben den großen, weißen Blöcken geschrieben.

«Deine Mutter hat dieses Zeug geliebt. Besser gar nicht erst davon probieren. Suchtgefahr», warnte mich William, wohl wissend, dass ich vielleicht genau deswegen ein Stück der klebrigen Masse kaufte, egal was er sagte. Für heute Abend. Damit ich Jonas etwas mitbringen konnte, dass über die Informationen hinausging, die ich von William erhalten hatte. Damit er schlussendlich auch etwas von der ganzen Reise hatte.

Es dauerte nicht mehr lange, da hatten wir das Ende des Marktes erreicht. Somit auch das Ende unserer Gespräche. William entschuldigte sich dafür, dass er mir nicht wirklich helfen konnte. Allzu gerne hätte er mir gesagt, wo ich die Dokumente finden konnte, aber er wusste es nicht. Und eigentlich bräuchte er sich gar nicht zu entschuldigen. William hätte mir nicht mehr behilflich sein können, als er es heute gewesen war, indem er mir von meiner Mutter erzählt hatte. Dinge, die nicht einmal mein Vater über sie zu wissen schien. Er hatte mich auf die richtige Spur gebracht. Mehr als einen Schubser in die Richtung, die ich gehen musste, hatte es nicht gebraucht. Und dieser Schubser führte mich zur alten Eiche.

Eigentlich hätte ich mir schon denken können, dass meine Mutter nicht ohne Grund ein Foto des alten Baumes zum Brief an mich hinzugelegt hatte. Johanna hatte nie etwas ohne Grund getan.

Und mit etwas Glück hatte dieses Foto dieselbe Funktion wie ein rotes Kreuz auf einer Schatzkarte.

«Das schmeckt nach meiner Mutter», sagte ich und schob mit gleich ein weiteres Stück Nougat in den Mund. Jonas lachte auf und tat es mir nach.

«Woher willst du das wissen? Ich meine, du hast doch noch nie ein Stück von deiner Mutter probiert. Hoffe ich jedenfalls.»

Ich schenkte Jonas meinen allerliebsten *Ist-das-dein Ernst?!*-Blick.

«Ich meine, dass ich keinen Zweifel daran habe, dass dieses Zeug ihr geschmeckt hat. Das ist genau ihr Geschmack. Verstehst du?», erklärte ich Jonas, doch an seinem Grinsen erkannte ich, dass er schon längst geschnallt hatte, worauf ich hinauswollte.

«War nur ein Scherz. Reg dich ab.»

Um das zu tun, schob ich mir gleich ein weiteres Stück in den Mund. Die Süßigkeit aus schaumigem, gebackenem Eiweiß, Honig und Nüssen war genau eine von der Sorte, von welcher man die Finger nicht mehr lassen konnte, bis die Packung leer war. Suchtgefahr bestand eindeutig, wie William das schon prophezeit hatte. Lange würde es jedenfalls nicht mehr dauern, bis Jonas und ich die Papiertüte aufgefuttert hätten, während wir hier auf meinem – unserem – Bett saßen und plauderten.

Mir fiel auf, dass Jonas und ich seit wir hier angekommen waren, kaum noch miteinander geredet hatten. Vielleicht lag das daran, dass alles drunter und drüber gelaufen war, seit wir Serafin an der Grenze verloren hatten und noch keine Gelegenheit dazu bekommen hatten, ein wenig herunterzufahren.

Aber vielleicht war auch ich der Grund für die Funkstille. Ich, die ihre Gedanken vierundzwanzig-sieben an ihrem Vorhaben kleben hatte und nicht an dem, was wirklich um sie herum geschah.

Ich nahm mir fest vor, das zu ändern, sobald ich endlich erreicht hätte, was meine Rastlosigkeit beruhigen konnte.

«Wie war's auf dem Markt?», fragte Jonas in die drohende Stille hinein und ich erzählte ihm, wie der

Tag gelaufen war. Wie mich Alain auf die Idee gebracht hatte, mit seinem Vater zu sprechen. Wie er selbst früher als kleines Kind mit ihr die Bienen gepflegt hatte und was mir William über meine Mutter erzählt hatte.

Ich war froh, jedes Detail aussprechen zu dürfen und dass dabei die Gewissheit entstand, dass ich fortan jemanden hatte, der über all den wichtigen Randinformationen bezüglich meiner Suche Bescheid wusste. Indem ich Jonas alles erzählte, was ich heute erfahren konnte, wurde er zu meinem persönlichen Archiv, auf das ich jederzeit zurückgreifen konnte. Er war ein Schwamm, der alles aufsaugen konnte. Er hatte ein Gedächtnis wie ein Elefant. Wer hätte gedacht, dass ich eines Tages doch einen Nutzen aus meinem besserwisserischen, superhirnigen Affen ziehen würde?

Jonas hatte mir schweigend und aufmerksam zugehört, während ich ihm alles geschildert hatte, was ich wusste, ohne wirklich Luft zu holen. Vielleicht war es jetzt an ihm, mehr daraus zu nehmen als die Schlüsse, die ich daraus gezogen hatte.

«Klingt so, als wäre es eine gute Idee gewesen, William nochmal zu kontaktieren.»

«War es. Und nein – nicht nur wegen dem Nougat. Ich weiss jetzt, wo wir weitersuchen müssen.»

Jonas wirkte ehrlich erstaunt.

«Ach ja? Hat William dir einen Ort genannt, an dem die Dokumente sein könnten?»

«Nicht direkt, aber er hat mir von der Arbeit erzählt und erwähnt, dass meine Mutter dafür oft einen Wildbienenschwarm in einer alten Eiche im Wald besucht hat. Und da ist mir aufgefallen, dass meine Mutter in ihrem Brief nie erwähnt hatte, dass sie die Dokumente *im* Haus gelassen hatte.»

«Und du denkst, dass sie Papier unter einem Baum vergraben würde?»

Jonas war nicht überzeugt. Deshalb kramte ich den Brief hervor, den ich zu Hause fein säuberlich in meinem Rucksack verstaut hatte, wohl wissend, dass er mir noch von Nutzen sein würde. Zusammen gingen wir den Text nochmals durch.

«Du hast recht, da steht nichts darüber, wo Johanna die Dokumente gelassen hat», gab er zu.

«Das muss aber noch nichts heißen. Du darfst nicht vergessen, dass deine Mutter geplant hatte, die Dokumente zusammen mit dir zu holen. In ihren Augen ist es nicht nötig gewesen, zu beschreiben, wo du sie suchen sollst. Theoretisch könnte es also überall sein, auch hier im Haus.»

«Praktisch haben wir aber das ganze Haus bereits durchsucht und nichts gefunden.»

Das war ein Argument, auf das er nichts zu erwidern wusste.

«Das heißt dann wohl, wir machen uns auf den Weg zu diesem Baum?», schlussfolgerte er richtig.

«Das hatte ich vor. Ich dachte mir, da für morgen so

schönes Wetter angesagt ist, könnten wir mit einem Picknick in den Wald gehen. Ist nicht weit von hier. Außerdem würde ich gerne Morgane und Alain mitnehmen, sie würden uns sicher gerne begleiten.»

Auf einmal verschwand der nachdenkliche Blick aus Jonas Gesicht und machte Platz für etwas, das ich bisher noch nicht kannte.

«Alain?», fragte er und zog dabei nur eine Augenbraue in die Höhe.

«Ja, er war es schließlich, der mich gestern draußen vor den Bienenkästen auf die Idee gebracht hatte, mich an William zu wenden. Ich bin ihm etwas schuldig.»

«Ok, verstehe. Dann müssen wir aber Frau Durands Kinder auch einladen. Ohne die Zwillinge, wäre das Honighaus nie abgebrannt und du hättest den Brief deiner Mutter nie gefunden. Ach ja, und die Dame in Reimes auch. Wenn sie nicht so lange mit mir geredet hätte, dann hätten wir William nie getroffen und…»

«Jonas», unterbrach ich ihn, weil er sich so in Rage geredet hatte, dass es mir beinahe Angst machte. Was war bloß los mit ihm?

«Es ist nur ein Picknick, ok? Und ich dachte mir, es wäre freundlich, all jene einzuladen, die mir gestern behilflich waren. Alain ist wirklich ein netter Typ, und er hat sich wirklich Mühe gegeben, mir weiterzuhelfen. Er kannte meine Mutter, als er klein war. Er hat sie immer «die Bienenfrau» genannt, wusstest du das?»

«Aha, sehr interessant.»

«Was ist sehr interessant?»

«Hm?»

«Du hörst mir ja gar nicht mehr zu. Was ist los mit dir, Jonas?»

«Gar nichts ist los. Ich brauche mir diese unnötigen Infos über Alain nur nicht anzuhören. An diesem Typ ist etwas faul, das sage ich dir. Und du merkst anscheinend gar nicht mehr, wie in jedem zweiten deiner Sätze das Wort «Alain» vorkommt.»

Ich sah Jonas empört an und erschrak, als ich seinen genervten Blick bemerkte.

«Du hast mich gefragt, wie mein Tag war, und jetzt klagst du mich an, weil ich von Personen spreche, die wichtig für diese Erzählung sind, weil ich den ganzen Tag mit ihnen unterwegs war? Ich meine, soll ich immer nur *piep* sagen, wenn ich von jemandem spreche, den ich getroffen habe?»

«Ach so, ich wusste gar nicht, dass du heute mit Alain unterwegs warst.»

«War ich auch nicht, verdammt nochmal. Was hast du auf einmal?»

Jetzt hatte wohl auch ich mich in Rage geredet. Aber wie hätte ich auch anders gekonnt? Bei Jonas schien gerade eine Schraube locker zu sein.

«Weißt du was? Ich gehe mal in die Küche und schaue nach, ob man beim Abendessen aushelfen kann. Dann kannst du in Ruhe hier sitzen, den Nougat fertigessen und über deinen Alain nachdenken.»

Mit diesen Worten, die auf einmal überhaupt nicht mehr wütend klangen, verließ Jonas das Zimmer und ließ mich allein auf dem Bett sitzen.

-Kapitel 15-

Sich um seinen eigenen Scheiss kümmern

Der Bienenstock bei der alten Eiche im Wald war siebzehn Jahre alt und hatte Ähnlichkeit mit einer Discokugel. Ich wäre nicht erstaunt gewesen, wäre er nicht mehr dagewesen, so exzessiv in den Wäldern heute gerodet wurde. Umso überraschter war ich deshalb, dass er es noch war und es tatsächlich noch Flecken auf dieser Erde gab, die in den letzten Jahren vom Menschen beinahe unberührt geblieben waren.

Der Wald, in dem die alte Eiche stand, war ein Mischwald aus uralten, dichten Bäumen und Gewächsen, die es einem nicht leicht machte, sich einen Weg durchzukämpfen. Gehwege gab es keine. Dafür unberührte Natur und Baumkronen so hoch wie niedrige Wolkenkratzer, die das Sonnenlicht als Ergebnis eines wolkenlosen Tages nur in Sprenkeln auf den Waldboden fallen ließen. Ein leiser Wind raschelte stetig durchs Geäst.

Ich saugte die frische, sauerstoffreiche Luft in mir auf und spürte sofort, wie sie mich mit Energie füllte.

In der Natur war ich schon immer am wohlsten gewesen. Wenn mir alles zu viel geworden war, wenn die Decke über mir zusammengebrochen war und ich das Bedürfnis verspürt hatte, aus meinem Leben zu fliehen und wenn mir sogar das Honighaus dafür zu eng vorgekommen war, dann hatte ich immer mein Fahrrad genommen und war in den Wald gefahren, der am anderen Ende der Sonnenblumenwiese lag. In diesem Wald fühlte ich mich frei und glücklich wie sonst kaum irgendwo.

In diesem Wald hier war es ähnlich, auch wenn er nicht die gleichen Gefühle in mir hochkommen ließ. Die hohen, majestätischen Baumkronen über unseren Köpfen hatten etwas gar Ehrfurcht erweckendes. Die Waldveilchen, die an den Stellen, wo noch Licht bis zum Boden durchdrang, zwischen dem Laub aus dem Boden sprossen, sorgten dafür, dass ich mit großer Vorsicht entschied, wo ich meinen Fuß nach dem nächsten Schritt wieder auf den Boden aufsetzte. Dieser Wald war so frei von allem Menschlichen und so ursprünglich, dass es eine Schande wäre, dies in irgendeiner Art zu verändern. Und das nur, weil ein paar Teenager an einem sonnigen Tag mit einem Picknickkorb im Wald herumtrampelten und nicht aufpassten, wo sie ihre Füße hinsetzten.

Während meine Teenagerkollegen, die glücklicherweise zumindest etwas darauf achteten, worauf sie ihre Sneakers setzten, die Picknickdecke auf dem Boden ausbreiteten, blieb ich stehen und sah mich um.

Je länger ich das tat, umso bewusster wurde mir, dass ich hier nicht finden würde, was ich suchte. Nicht hier bei diesem uralten Baum, der so natürlich wirkte, dass ganz bestimmt keine Dokumente unter seinen Wurzeln vergraben lagen.

Mit zusammengekniffenen Augen hob ich meinen Kopf und starrte gegen das hereinfallende Licht in die Baumkrone hinauf bis zum Bienennest ganz oben unter dem Hauptast. Von hier unten konnte ich dessen Bewohner nur als kleine Punkte um die gelbe, eiförmige Kugel herumfliegen sehen.

Die Dokumente im Bienennest zu verstecken wäre wohl das mit Abstand sicherste Versteck, würde jemand beabsichtigen, sie von dieser Welt verschwinden zu lassen. Derjenige müsste aber schon etwas abnormal Illegales verfasst haben, damit er oder sie in Kauf nehmen würde, dabei von einer ganzen Horde Wildbienen überfallen zu werden. Bei meiner Mutter traf weder das eine noch das andere zu, weshalb ich den flüchtigen Gedanken, dass ich die Papiere im Stock befinden könnten, schnell wieder verwarf und mich selbst für meine dummen Ideen verurteilte.

«Hey Kira, komm zu uns! Das Picknick wartet nicht ewig auf dich», hörte ich eine Stimme hinter mir rufen und drehte mich um, sah Alain, der schon ausgestreckt auf der rot-schwarz karierten Picknickdecke lag und sich wie ein Römer eine rote Weintraume aus der Luft über seinem Kopf in den Mund plumpsen ließ.

«Wenn ich du wäre, würde ich herkommen und zugreifen, solange dieser Vielfrass hier noch nicht alles weggefuttert hat», riet mir Morgane, die lachend neben Alain auf der Decke saß und sich – vorbereitet auf das Szenario – vorbildlich einen Käsewürfel von der Holzplatte schnappte.

Weil ich seit dem üppigen Frühstück sonst nichts mehr gegessen hatte, grummelte mein Magen bereits wieder und ich zögerte nicht lange, mich zu meinen neuen Freunden zu gesellen. Wo die Dokumente auch immer waren, sie würden nicht in den nächsten fünf Minuten davonlaufen.

Jonas hatte uns begleitet, auf wiederholtes Bitten von mir. Wie ich ihn jetzt am anderen Ende auf dem Zipfel der Picknickdecke hocken und griesgrämig wie ein kleines Kind auf das Laub unter seinen Füßen starren sah, ließ Zweifel in mir aufkommen und ich ärgerte mich, ihn doch nochmal gefragt zu haben, ob er mitkommen wollte.

Wollte er nicht. Und hier haben wollte ich eigentlich auch keinen. Nicht einmal die Bienen, auf die er sowieso allergisch war. Mein Fehler also.

Vielleicht wäre es wirklich für alle besser gewesen, die Nervensäge zu Hause zu lassen, nachdem er mir gestern sehr deutlich gemacht hatte, dass er schlechte Laune hatte. Warum wusste ich immer noch nicht. Oder aber ich wusste es, konnte es aber nicht verstehen. Weil es auch unverständlich war.

Und da sagte man immer, Mädchen wären kompliziert.

Wir aßen uns schweigend durch die Leckereien, die Alain und Morgane vor uns ausgebreitet hatten und genossen die Stille.

Ich mochte das. Draußen mit Leuten zusammen zu sein und dann trotzdem die Ruhe genießen zu können. Ruhe war doch so viel schöner, wenn man sie nicht allein genießen musste. Und man musste auch nicht immer etwas sagen. Manchmal sagte ein Schweigen mehr als tausend Worte.

Morgane und Alain schienen das genauso zu sehen.

Nachdem wir so gut wie jede Schüssel und jeden Teller bis auf den letzten Krümel geleert hatten, legten wir uns auf die Decke und starrten in die Baumkronen hinauf, die noch viel eindrücklicher wirkten, wenn man von ganz unten zu ihnen hochschaute. Morgane hatte ihren Kopf auf Alains Bauch gebettet und die Augen geschlossen. Der bloße Anblick der beiden, der so freundschaftlich und harmlos aussah, machte mich mutig genug, mich ebenfalls dazuzulegen und meinen Kopf auf Alains Schulter, oder zumindest ganz nahe davon, hinzulegen. Aber vielleicht war es auch nur der Mangel an Platz auf der Decke, der mich dazu brachte.

Jonas saß immer noch schweigend am Rand und sah zu. Ich ignorierte ihn. Hatte keine Lust darauf, mich von seiner schlechten Laune anstecken zu lassen.

Ein metallisches Klackern brachte mich dazu, die Augen, die ich eben erst geschlossen hatte, wieder zu öffnen. Meinen Kopf hob ich erst an, als ich den Rauch roch, der auf einmal in Schlieren über mich durch die gerade noch klare Luft zog. Als ich erkannte, woher er kam, musste ich mich etwas zusammenreißen, mir nichts von der Überraschung anmerken zu lassen.

Alain und Morgane hatten sich Zigaretten angezündet, lagen unverändert da, außer, dass sie mir beide ihre Köpfe zugewandt hatten. Ich schluckte und schaute weg, weil es mir unmöglich war, meine Überraschung zu verbergen.

«Willst du auch eine?»

Alain schaute mich immer noch an. Ein verschmitztes Funkeln stach aus seinen Augen hervor. Ich konnte ihm nicht in die Augen schauen, weil ich spürte, wie die Hitze in meinen Kopf schoss.

«Ähm – nein, lieber nicht. Ich – ich rauche nicht.»

Ich hatte noch nie geraucht und generell fand ich den Gedanken, sich ein glimmendes Stäbchen in den Mund zu stecken und den davon ausgehenden Rauch in jede Körperzelle zu inhalieren, eher abstossend als verlockend. Zudem hatte ich meinem Vater mal versprochen, dass ich es nie tun würde.

Jedoch war er nicht hier. Und ich war auch nicht die Art von Person, die sich mit dem Grundsatz auf ein langes, gesundes Leben vom Leben fernhielt. Wer nichts riskierte, konnte auch nichts gewinnen. Oder nicht?

Dass auf meiner Zunge schon das Ja-Wort lag, es aber nicht ausgesprochen wurde, lag daran, dass Jonas plötzlich das Gefühl überkam, für mich die Entscheidung treffen zu müssen.

«Sagt mal, seid ihr komplett von der Bahn abgekommen, oder was? Was denkt ihr euch dabei, einer Sechzehnjährigen, die ihr Leben bisher im Griff gehabt hat, Zigaretten anzubieten? Überhaupt jemandem Zigaretten anzubieten! Das ist unmoralisch.»

Dass gerade er, der da die ganze Zeit nur griesgrämig rumgesessen hatte und uns mit seiner elenden Laune unmoralisch den Nachmittag vermieste, uns erklären wollte, was ethisch korrekt war, machte mich schlagartig wütend. Jonas mochte vielleicht gut und korrekt sein, aber das brachte ihm wenig, wenn er nicht wusste, wann seine schlauen Sprüche erwünscht waren.

Und wann eben nicht.

Ehrlich gesagt hatte ich seit unserem seltsamen Gespräch gestern sowieso die Schnauze gestrichen voll von seiner Besserwisserei.

Vielleicht war das der Grund, warum ich explodierte.

«Jonas, kümmere dich um deinen eigenen Scheiß», fauchte ich vielleicht etwas harscher zurück, als ich es ursprünglich beabsichtigt hatte.

Das geschah eben, wenn man eine Sechzehnjährige, die ihr Leben bisher im Griff gehabt hatte, vor allen bloßstellte.

Für Jonas kamen meine Worte wohl einem Schlag ins Gesicht gleich. Er zögert, öffnet ein paarmal den Mund, damit dieser in ebenso harschem Tonfall etwas von der Wut, die sich in ihm angestaut hatte, zurückschleuderte, nur um ihn dann doch wortlos wieder zu schließen. Er sackte in sich zusammen und die Wut entwich aus ihm wie einem Ballon, in den man ein Loch gestochen hatte.

«Meinen eigenen Scheiß, ja? Du meinst den Scheiß, meiner Freundin quer durch Frankreich zu folgen, damit sie wie verrückt nach etwas suchen kann, obwohl sie nicht einmal weiß, nach was? Meinen Scheiß, sie zu trösten, wenn sie sich wieder in etwas hineinsteigert? Wenn sie wieder zu viel erwartet?

Und den Scheiß, die Konsequenzen auszubaden, die entstehen, wenn sie sich mit den falschen Leuten abgibt? Ist es nicht der Scheiß, um den ich mich kümmern sollte?»

Jonas heisere Stimme hätte mich nicht mehr aus der Bahn werfen können, wenn sie lauter gewesen wäre. Was er gesagt hatte, war es, was mich dermaßen irritierte.

Direkt.

Schonungslos.

Verbittert.

Nicht wie er es gesagt hatte.

Leise und verletzt.

Ich wusste nicht, was ich sagen sollte. Denn alles, was ich ihm jetzt entgegengeschleuderte, hätte nur den Eindruck verstärkt, dass er mit seinen Behauptungen nicht ganz danebenlag. Ich hatte nichts darauf zu erwidern, was das Blatt in irgendeiner Weise hätte wenden können. Und das ärgerte mich, weil ich sonst immer schlagfertig war. Und redegewandt. Und einfallsreich.

Talente, die dieser Junge mit den blonden Haaren vor mir mit einem einzigen Blick unterdrücken konnte. Ich hätte nicht gedacht, dass er tatsächlich so viel Macht über mich hatte. Und – war das da tatsächlich eine Träne, die aus meinem Augenwinkel entkam und an meiner Wange entlang die Schwerkraft nutzte, um zu entkommen?

Ja, war es. So ein Scheiß aber auch.

-Kapitel 16-

Nachts rauchen alle Eulen Zigaretten

Nachts war die Welt so viel ruhiger als tagsüber. Ruhig und ordentlich. Was einem die Gelegenheit schaffte, auszuschalten und noch einmal von vorne anzufangen. Gedanken zu sortieren. Aufzuräumen, wo der Lärm, die Hektik und die Ereignisse des Tages Unordnung geschaffen hatten.

Natürlich war eine Nacht dazu da, um zu schlafen, dabei konnte man sich schließlich auch erholen. Die meisten Leute wachten auf und starteten ausgeschlafen in einen neuen Tag mit neuen Chancen. Körperlich erholt. Mental frisch und neugestartet.

Vielleicht war das nur bei mir, wo das nicht funktionierte. Wenn ich mich abends ins Bett legte, den Kopf voller düsterer Gedanken, führt das nur dazu, dass ich gar nicht einschlafen konnte oder von Albträumen geplagt wurde, die mir keinen erholsamen Schlaf garantierten.

Aber noch schlimmer sind in solchen Nächten die schönen Träume. Denn dann war es der Augenblick des Erwachens, indem mir schlagartig bewusst wurde, dass die Welt kein schöner Traum war und dass in der Realität Probleme existierten, die es zu lösen galt.

Also schlief ich nicht, wenn mich etwas beschäftigte.

Wenn es draußen warm war, hatte ich mich immer gerne auf das Dach des Honighauses gesetzt, nachgedacht und so lange die Sterne angeschaut, bis diese mir eine Lösung für meine Probleme zugeflüstert hatten, oder mir schlussendlich dann doch einfach die Augen zugefallen waren.

Heute war es etwas frisch draußen. Dennoch hatte ich mich im Bastelzimmer auf die mit Kissen bestückte Fensterbank gesetzt und das Fenster weit geöffnet, um dem sternenbestickten Nachthimmel so nahe wie möglich zu sein. Dass ich schon nach ein paar Sekunden Gänsehaut bekam, nahm ich gerne in Kauf, in Angesicht dessen, wie mir der Nachtwind die trüben Gedanken aus dem Kopf pustete und den feuchten Schweiß auf meiner Haut zuerst auskühlte, dann trocknete.

Ich hatte mich noch nie irgendwo wirklich wohl gefühlt, wo ein Dach und vier Wände zwischen mir und der Welt lagen.

Nachdenklich starrte ich auf meine Füße – auf die Einhornpantoffeln, die ich trug – und bereute es keine Sekunde, sie doch noch mitgeschleppt zu haben. Was wäre ich schon ohne diese Dinger? Mit ihnen im Gepäck fühlte es sich an, als konnte zuhause überall sein.

Ich genoss es, nur hier zu sitzen und nichts zu müssen, außer eben einfach nur hier zu sein und nichts zu müssen. Tagsüber musste man schon genug *müssen.* Nachts war Zeit dafür, nur das zu tun, was man wollte, wäre das nun schlafen oder vor dem offenen Fenster zu sitzen und in die Nacht hinausstarren. Diese Nacht hier gehörte also mir. Und ich würde sie voll auskosten, indem ich hier saß und in die Nacht hinausstarrte, weil sie mich fesselte. Die Düsternis. Die Stille.

Die Friedlichkeit der Nacht.

Dabei war es eigentlich nicht nur der Anblick des düsteren Gartens, von dem sich die dunklen Silhouetten der Bäume abzeichneten und sonst eigentlich nicht viel zu erkennen gab, sondern die Geräusche, die mich in ihren Bann zogen. Die Klänge der Nacht. Sie waren so anders als alles, was man tagsüber zu Ohren bekam.

Ich hörte das Rascheln des Windes in den dürren Blättern, das Knistern des Laubs und eine Eule, die in der Ferne ihre Rufe in die Welt hinausschickte, als wäre sie ein einsames Wesen, das sich verzweifelt nach Gesellschaft sehnte.

Ich hörte auch Dinge, die ich nicht identifizieren konnte. Laute, die nicht von dieser Welt stammten. Und seltsamerweise war das für mich völlig ok. Ich fragte mich gar nicht erst, wer oder was sie auslöste, sondern war einfach nur froh, dass sie da waren und der Symphonie der Nacht die entscheidende, letzte Tonspur verpassten.

Mit geschlossenen Augen erinnerten mich die Geräusche an einen Wald. Nicht an irgendeinen Wald, sondern an den Tannenwald bei uns Zuhause am anderen Ende der Sonnenblumenweise. Selbst die Gerüche ließen Bilder in meinem Kopf entstehen. Eine feine Nuance von Lavendel. Sommer. Blumenwiesen. Dunkle Tannenwälder. Honig. Ein Sonntagsspaziergang mit meiner Mutter im Wald.

Mama.

Mir war, als hätte jemand ein Seil um meinen Hals zugezogen. Um die schönen Bilder zu verdrängen, die wie eine Diashow in meinem Kopf aufpoppten und so viele schlechte Gefühle weckten, öffnete ich meine Augen wieder und richtete meine Aufmerksamkeit wieder nach draußen, um mich auf Details zu fokussieren. Damit ich mich irgendwo festhalten konnte, auch wenn es nur die sich leicht im Wind bewegenden Zweige des Apfelbaums waren. Alles war gut genug, was mich davor bewahren konnte, erneut abzudriften. Abgedriftet war ich heute schon genug. Meine Träume sollten mich nicht auch noch im wachen Zustand verfolgen.

Ein leises Klopfen an der Tür riss meine Aufmerksamkeit von den Zweigen weg und ich lauschte eine Weile in die Stille, weil es mir als gut möglich erschien, dass mir meine Gedanken auch hier einen Streich gespielt hatten. Einen Nachteil hatte die nächtliche Wache trotzdem, nämlich, dass sich ab einem gewissen

Zeitpunkt nicht mehr erkennen ließ, was real und was Fantasie war.

Die Fantasie ging mit einem durch, sagte man doch so schön. Jedes Sprichwort hatte etwas Wahres an sich.

Dass meine Fantasie heute Abend jedoch kein Interesse daran hatte, mit mir durchzugehen, stellte ich mit einem Anflug von Befriedigung fest, als sich die Tür von selbst einen Spalt weit öffnete. Ein Kopf mit Stubsnase und braunen Locken folgte.

«Hey, dachte ich mir schon, dass ich dich hier finde.»

Morgane trat ganz in den Raum hinein und schloss die Tür hinter sich.

«Wie das denn? Bin ich etwa zu laut gewesen?»

Während Morgane zu mir hinüberkam und sich gegenüber von mir auf die Fensterbank setzte, schüttelte sie den Kopf.

«Nein, gar nicht. Von meinem Zimmer aus kann ich einfach das Fenster sehen, wenn es sperrangelweit offensteht», erklärte sie mir und ich erkannte, was sie mir damit noch mitteilen wollte.

«Dann hast du also auch wach im Bett gelegen und kein Auge zugetan?», riet ich.

«Ja, habe ich. Weil ich wusste, dass du bestimmt auch nicht schlafen könntest. Aber keine Sorge, es ist nicht deine Schuld. Deine Geschichte… nimmt mich eben auch irgendwie mit. Verstehst du, was ich meine?»

Dieses Mal war ich diejenige, die nickte.

«Süß von dir, dass du dir Gedanken um mich machst. Aber das brauchst du nicht. Ich komm schon klar.»

Ich war schon immer eine schlechte Lügnerin gewesen.

«Erzähl mir nicht, dass du nicht immer noch darüber nachdenkst, was heute bei der alten Eiche passiert ist. Jonas – der ist ja völlig ausgerastet. Ist er immer so?»

Ein vehementes Kopfschütteln meinerseits.

«Nein, ganz und gar nicht. Jonas ist der humorvollste, intelligenteste und gutherzigste Mensch, den ich kenne. Ich würde ihm mein Leben anvertrauen. Und ich denke, er würde seines auch für mich geben.»

Kaum hatte ich die Worte ausgesprochen, bemerkte ich, wie seltsam es sich anfühlte, so von Jonas zu sprechen. Von derjenigen Person, auf die ich eigentlich stinksauer hätte sein müssen, weil sie sich so daneben verhalten hatte, ich das aber nicht konnte, weil da tief in mir drin etwas war… ja, was eigentlich?

«Was ist das zwischen dir und Jonas?», sprach Morgane aus, was ich mich nicht getraute, in Worte zu fassen.

Ich sah ihr in die grünen Augen, die auch in der Dunkelheit nicht aufhörten zu strahlen, während ich ernsthaft über die Frage nachdachte.

«Ich denke, es wäre falsch zu sagen, dass wir nur Freunde sind. Aber wir sind auch nicht mehr als das. Ich würde mal behaupten, ich mag ihn einfach und er mich auch. Aber ich weiß nicht, ob ich eigentlich mehr will und ob er das will.

Da war dieser eine Kuss, aber seither ist es... es ist einfach…»

«Kompliziert?»

«…genau.»

«Beziehungsstatus *Es-ist-kompliziert,* hab verstanden.»

Ich musste schmunzeln.

«Jungs sind kompliziert.»

«Ja, da magst du recht haben. Und aus Porzellan scheinen sie irgendwie auch zu sein.»

«Alain ist auch einer von dieser Sorte.»

«Ach wirklich? Bisher ist es mir gar nicht so vorgekommen.»

Morgane stieß ein herzliches Lachen aus.

«Warts nur ab. Die zeigen ihr wahres Gesicht schneller, als ihnen lieb ist. Alain ist ein Lebemensch. Er schlägt gerne mal über die Stränge. Mit Alkohol. Und auch, wenn es um Frauen geht. Hinterher bereut er alles. Er hat sich nicht wirklich im Griff…»

Morgane sah mich ernst an, zog eine Packung Zigaretten aus ihrer Hosentasche, als nächstes ein Feuerzeug und zündet sich eines der Glimmstäbchen an. Der Rauch stach in meiner Nase.

«…obwohl ich zugeben muss, dass ich insgesamt nicht viel besser bin als er. Aber hey, irgendwann muss man ja leben, oder? Und wir haben nur dieses eine Leben. *You only life once,* sagt man das bei euch auch so?»

«Jup, hab ich auch schon gehört. Und bin ganz deiner Meinung.»

Morgane zog an ihrer Zigarette und bließ den Rauch in die Nacht hinaus, während ich ihr dabei zuschaute.

«In einem Punkt hat dein Freund recht gehabt. Es gehört sich nicht, einen Nichtraucher in die Abhängigkeit zu leiten. Aber du hast so nachdenklich ausgesehen. Als würden dich die Gedanken innerlich auffressen. Mir hilft das Rauchen dabei, Stress abzubauen, und da dachten Alain und ich uns, dass das bei dir vielleicht auch der Fall sein würde. Tut mir leid, das war blöd.»

«Du brauchst dich nicht zu entschuldigen. Es hat nur Jonas gestört. Mich nicht», antwortete ich und versuchte, meine Stimme cool klingen zu lassen, um zu überspielen, wie sehr es mich in Wirklichkeit überrascht hatte, dass Morgane und Alain Kettenraucher waren. Ich war schließlich kein kleines Kind mehr und hatte in meinem Leben schon weitaus Schlimmeres gesehen als rauchende Teenager.

«Falls das Angebot immer noch steht, würde ich sonst gerne jetzt eine mit dir rauchen.», hörte ich mich selbst antworten, ehe ich wirklich darüber nachgedacht hatte, wie es sein würde, sich das qualmende Stäbchen in den Mund zu stecken, bei welchem es mir schon unangenehm war, in der Nähe zu sitzen und die wie die Leute, die rauchten, nachher wie eine geräucherte Wurst zu riechen.

«Bist du sicher?», fragte Morgane und sah mich an, eine Augenbraue schwungvoll in die Höhe gezogen, wie Jonas es immer machte. Mensch, musste mich auch alles immer an ihn erinnern?

«Ja», sagte ich, nach der Jonas-Geste deutlich entschlossener.

Morgane reichte mir eine Zigarette und ein Feuerzeug. Meine Hände zitterten, als ich mit der Kindersicherung des Feuerzeugs kämpfte und mit vorgebeugtem Kopf die Zigarette zwischen meinen Lippen anzündete. Dann brannte sie. Und qualmte.

Der Rauch brannte mir in den Augen. Morgane machte schon den Mund auf, um mich noch einmal nach einer deutlichen Absicht zu fragen. Aber ich zog einmal tief an der Zigarette, spürte, wie sich meine Lungen mit Rauch füllten. Um Morgane zu zeigen, dass mich nichts so leicht umhauen konnte und dass ich kein Angsthase war. Und mir selbst wollte ich es auch beweisen. Noch viel mehr.

Wann in meinem bisherigen Leben, hatte ich eigentlich aufgehört, vernünftig zu sein?

Das Ergebnis war ein nicht enden wollender Hustenanfall, bei dem ich das Gefühl hatte, gleich Kohleklumpen ausspucken zu müssen. Morgane klopfte mir auf den Rücken.

«Du darfst nicht so inhalieren. In den Mund und dann auspusten, verstanden?»

Ich nickte, immer noch nach Atem ringend. Dann versuchte ich es nochmal.

Was zum Teufel tat ich hier eigentlich? Leben, hatte Morgane es genannt.

Abwechselnd zogen wir an unseren Zigaretten und bliesen Rauchwölkchen in die Nacht hinaus. Morganes halbwegs vollständige Kringel, meine unkoordiniert ausgehusteten Wirbel. Aber irgendwann wurde es besser.

Nach einer Weile begannen meine Fingerspitzen zu kribbeln, ein seltsames Gefühl machte sich hinter meinen Schläfen breit. Ein betäubendes Gefühl. Und irgendwie tatsächlich ein beruhigendes Gefühl.

Der unanständige Gedanke, dass es mir gefiel, hier zu sitzen und mit Morgane zu rauchen, dass die glimmenden Spitzen der Zigaretten im Dunkeln tröstlich aussahen und das der Rauch gar nicht so unangenehm war, kam in mir auf. Vielleicht musste man wirklich aufhören, sich der Gesellschaft zuliebe zu verbiegen und zu verdrehen, um zu erkennen, was das Leben wirklich ausmachte. Auch, wenn rauchen dabei auf der To-do-Liste eindeutig nicht an die Spitze gehörte.

«Kira, darf ich dir eine Frage stellen?»

«Natürlich. Mitten in der Nacht nach diesem schrägen Tag, den wir gemeinsam hinter uns gebracht haben, brauche ich nichts mehr vor dir zu verbergen.»

Morgane schwieg, also ob sie trotz meiner Bestätigung noch zögerte, ihre Frage zu stellen.

«Du bist nicht nur hier, damit du die Arbeit deiner Mutter findest, oder?»

Da war sie wieder. Die Frage, die wohl jeden brennend interessierte. Was machte dieses verrückte, rothaarige Mädchen bloß allein in Paris? So langsam hatte ich eine Antwort darauf parat. Ob die der Wirrnis der Nacht entsprang, oder ob ich tatsächlich eine Begründung für mein Handeln gefunden hatte, war nicht von Belang.

«Ich habe mich von der Arbeit abgemeldet und bin Hals über Kopf hierhergefahren, weil ich das Gefühl hatte, hier etwas verloren zu haben. Ich dachte mir, dass wenn ich herkommen würde, es hier für mich etwas zu finden gäbe, das mir dabei hilft, mit der Vergangenheit abzuschließen.

Bis jetzt habe ich angenommen, dass es die Arbeit meiner Mutter sei, die ich suchen müsste. Nun ist mir klar geworden, dass ich nach etwas suche, das ich gar nicht finden kann. Ich habe versucht, meine Mutter zu finden. In allem hier. Ich bin eine rationale Denkerin und dennoch habe ich angenommen, eine Tote da auffinden zu können, wo noch so viele Erinnerungen an sie verankert sind. Absurd, oder?»

Ich rechnete damit, dass mir gleich die Tränen über die Wangen laufen würden wie Sturzbäche. Stattdessen war es Morgane gegenüber von mir, die eine Hand heben musste, um sich damit eine entflohene Krokodilsträne aus dem Augenwinkel zu fischen.

«Absurd. Vielleicht. Aber richtig. Dich hat es hierhergezogen und deshalb ist es richtig, dass du jetzt hier bist. Und egal, ob wir die Dokumente finden oder nicht, wichtig ist, dass du der Scheiß-Vergangenheit in den Hintern treten kannst. So richtig doll. Damit sie sich wieder dahin verpissen kann, wo sie hingehört.»

Morgane nahm meine Hand und drückte sie ganz fest, ein verschmitztes Lächeln im Gesicht. Ich grinste zurück.

Morgane besaß das Talent, aus jeder Situation etwas Witziges zu machen. Genau wie ich. Und es war nicht der einzige Punkt, in der ich mich mit ihr verglich. Morgane tickte gleich wie ich. Sie tickte *Yolo*.

You only live once. Du lebst nur einmal.

Nur war sie mir vielleicht schon ein paar Schritte voraus. Reifer. Sie machte den Eindruck auf mich, dass sie ganz genau wusste, was sie vom Leben wollte, während ich noch auf der Suche war.

Morgane war in so kurzer Zeit eine Freundin für mich geworden. Ich fragte mich, wer ich geworden wäre, wenn ich hier aufgewachsen wäre und sie schon viel früher kennengelernt hätte. Wie sie?

Die Wärme, die sich um meine langsam erkaltete Hand geschlossen hatte, verschwand. Morgane setzte sich aufrecht hin und sah mich an, als wäre ihr gerade etwas in den Sinn gekommen.

«Ich weiß, was du brauchst. Du brauchst eine Party. Und Freunde. Eine Party mit Freunden und heftigen Beats, die wieder etwas Blut in dein blasses Gesicht schießen lassen und die trüben Gedanken wegfegen.»

«Eine Party? Ich war noch nie auf einer Party…», sagte ich zögerlich und bereute sofort, das gestanden zu haben.

«Na dann wird es ja höchste Zeit. *Allez-y*! Alain, ich und ein paar Freunde treffen uns morgen wieder in der *caverne,* wo eine Techno-Party stattfindet. Du wirst uns begleiten.»

Das war es also, worüber Morgane und Alain vor zwei Tagen so heimlich gesprochen hatten.

Beim Wort Techno-Party dachte ich an ohrenbetäubenden Lärm, betrunkene, bekiffte Gestalten, grelle Neonlichter und ich – mitten in all den sich unkontrolliert bewegenden Leuten, in denen ich zerquetscht wurde wie ein Käfer unter einem Gummistiefel.

«Morgane, ich weiß ja nicht. Ich meine, versteh mich nicht falsch. Ich fühle mich geehrt, dass du mich zu dieser Party einlädst. Wirklich! Ich unternehme sehr gerne Sachen mit dir und Alain, nur… nur weiß ich nicht, ob ich mich wirklich zurechtfinde an so einem Anlass oder ob ich vielleicht doch eher störe.»

Morgane blinzelte und nickte verständnisvoll.

«*Clairement, j'ai compris*. Verstehe ich. Du musst nicht mitkommen, wenn du nicht willst. Überleg es dir und sag mir Bescheid, wenn du dich doch noch dazu entschließen kannst. Es würde mich sehr freuen…»

Das verwegene Lächeln kehrte in Morganes Gesicht zurück.

«…und Alain auch. Ich glaube, er mag dich.»

Ich spürte, wie mir das Blut in den Kopf schoss, wie es laut Morgane eigentlich nur Alkohol, Lärm und grelle Neonlichter könnten.

«Glaube ich nicht. Und wenn schon, was soll ich mit dieser Information anfangen?», antwortete ich, wobei ich hoffte, dass die Farbe meines Gesichts mich nicht verriet.

Morgane zuckte nur mit den Schultern, wohl wissend, welches Gefühlchaos ihre Worte wirklich in mir ausgelöst hatten.

Dann gähnte sie.

«Ich glaube, ich lege mich dann doch Schafen. Morgen wird eine anstrengende Nacht. *Je passerai une nuit blache*, sagt man auf Französisch. Das Angebot steht. Wenn du mitkommen willst, brauchst du mir nur ein Zeichen zu geben.»

Ich nickte.

«Danke, Morgane.»

«Gern geschehen, ich liebe es Leute mit auf Partys zu schleppen.»

«Danke für diesen Abend. Für alles, meinte ich.»

«Ach so. *Noch gern geschehener*. Sagt man das so?»

Ich lachte und schüttelte den Kopf.

«Nein, aber man sollte das Wort definitiv in den Duden aufnehmen.»

Morgane boxte mir freundschaftlich an die Schulter, ehe sie das Zimmer verließ. Ich hörte ihre Schritte im Gang, wie sie ihre Zimmertür öffnete und sah kurz darauf das Licht, dass bis zu mir hinüberschien, als sie ihr Zimmer betrat und den Schalter betätigte. Dann hörte ich, wie die Tür ins Schloss fiel und das Licht erlosch. Und ich saß wieder allein im Dunkeln.

In mir drin hätte es jedoch nicht heller sein können in dem Moment. Ich fühlte mich so viel besser, nachdem ich mit Morgane gesprochen hatte.

Ich stellte mir vor, wie es wäre, sie als große Schwester zu haben. Auf jeden Fall wäre ich dann bei vielen Partys dabei…

Noch einmal dachte ich über ihren Vorschlag nach. Party's waren erdrückend, anstrengend und nicht immer ungefährlich. Aber andererseits war es Gesellschaft, die mir helfen konnte. Dabei, einmal von all meinen Sorgen wegzukommen.

Ich war noch nie auf einer Party gewesen, woher wollte ich also wissen, dass es wirklich so furchtbar war, wie ich es mir vorstellte? Morgane hatte in mir einen Wunsch geweckt, den ich zuvor noch nie verspürt hatte. Oder einfach verdrängt. Denn Wunsch danach, zu leben. Zu feiern. Als gäbe es kein Morgen mehr. Wo wäre schon der bessere Ort dafür als eine Party mit Gleichaltrigen?

Und Alain. Alain würde auch dort sein. Aber nein. Er war nicht meine Motivation. Natürlich war er nicht meine Motivation. Dieser Typ brachte mich einfach nur durcheinander, das war alles…

Und es war ganz bestimmt nicht der Gedanke an Alain, seine dunklen Augen, seine verwegenen, halblangen Haare und seine gebräunte Haut, der mich aufspringen und zur Tür laufen ließ.

Mit klopfendem Herzen schlich ich durch den Gang. Mein Herzschlag war so laut, dass ich schon Angst hatte, jemanden damit zu wecken.

Vor Morgans Tür blieb ich stehen, hob die Hand, ballte sie zur Faust und zögerte noch einen Moment, um mir ganz genau zu überlegen, ob es das Richtige war, was ich hier tat. Oder ob auch das hier nur den Hirngespinsten der Nacht entsprang und ich es morgen – bei Tageslicht – bereuen würde.

Mein innerer Geisterjäger entdeckte nichts, also klopfte ich. Und wartete. Eine Decke wurde raschelnd zu Seite geworfen. Schritte. Die Tür öffnete sich und eine blasse Morgane mit verstrubbelten Haaren und müden Augen öffnete mir die Tür.

«Hm? Was ist los?»

Es war Zeit, den Geist freizulassen. Und ich war froh, dass er da war, denn morgen würde ich mich vielleicht nicht mehr trauen, die Worte auszusprechen, die er mir in den Mund legte.

«Wegen der Party – ich würde gerne mitkommen.»

-Kapitel 17-

Smaragdgrün

Ich zögerte, meine Augen zu öffnen und in den Spiegel zu schauen. Als ich es dann doch tat, fragte ich mich, warum ich gezögert hatte.

Dass Erste, was mir ins Auge sprang, war die intensive, smaragdgrüne Farbe des Kleides. Ein Cocktailkleid – wohl angemerkt. Das Nächste war der Körper, der darin steckte.

Ich starrte die hübsche, junge Frau im Spiegelbild an, sie starrte zurück und lächelte, und ich wunderte mich schon, warum sie mir alles nachmachte, als mir wieder bewusst wurde, dass sie mein Spiegelbild war. Ein Spiegelbild, von dem ich gar nicht gewusst hatte, dass es so aussehen konnte. Ich hatte mich immer für dünn, klein und unattraktiv gehalten, demzufolge mit zu kurzen Beinen und überhaupt keiner Oberweite.

Was ich vor mir sah, widerlegte alles, was ich bisher geglaubt hatte. Na gut, ich war keinen Zentimeter größer, als die Sandalen mit dem kleinen Absatz mich machten, und zugenommen hatte ich auch nicht, indem ich mir dieses Kleid übergezogen hatte. Weder oben, noch unten herum. Dennoch war es, als würde ich einer anderen Person in die Augen schauen. Einer beneidenswert hübschen Person.

«Und, gefällt es dir?», fragte Morgane und ihr Spiegelbild erschien auf einmal hinter meinem. Mir war bewusst, dass sie das Kleid gemeint hatte, fühlte mich aber verlockt dazu, auf das Gesamtbild zu antworten. Das mir gefiel. Sehr sogar. Aber…

«Ganz ehrlich, ich weiß nicht, was ich sagen soll.»

«Schon gut! Ich habe auch noch andere Sachen. Ich kann dir sonst noch etwas holen.»

«Nein! Es ist perfekt, wirklich. Nur frage ich mich, ob das wirklich ich bin. Dieses Kleid, meine ich. Und ob ich wirklich so freizügig auf diese Party gehen kann.»

«Also wenn es nur das ist, dann brauchst du dir keine Sorgen zu machen. Im Vergleich mit den anderen Partygästen stehst du auf der Ranking-Liste der Freizügigkeit noch ganz weit unten. Und das Kleid steht dir. Es ist frech, aber nicht übertrieben. Es betont deine Figur, aber nur dezent. Und die Farbe passt so herrlich zu deinen roten Haaren.»

Morganes Worte im Kopf betrachtete ich mich noch einmal im Spiegel, wie ich es sonst nie tat, weil es da nichts zu sehen gab, das auch sehenswert wäre. Gegeben hatte. Morgane hatte aus mir einen anderen Menschen gemacht. Obwohl – eigentlich nicht. Vielleicht war das hier ja ich. Ein ich, für das ich erst nach Frankreich reisen musste, um es zu finden.

Morgane hatte recht. Das grüne Kleid, das ich von ihr geliehen bekommen hatte für die Party heute Abend in der *caverne,* war eine perfekte Mischung aus schlicht und elegant, etwas verspielt aber nicht zu freizügig. Der Saum des Kleides reichte mir fast bis zu den Knien, der Ausschnitt war nicht zu tief geschnitten. Um meine Hüfte lag der Stoff jedoch sehr eng, was bei meiner schmalen Taille vielleicht gar keine so schlechte Idee war. Zudem wirkte ich mit diesem Kleid und der Schminke, die Morgane mir dezent aufgetragen hatte, älter. Viel älter. Meine kurzen Haare – die wirklich perfekt zum Grün des Stoffes passten – verstärkten diesen Eindruck zusätzlich.

Vielleicht war nun der richtige Zeitpunkt dafür gekommen, sich der Wahrheit zu stellen, dass ich kein kleines Kind mehr war. Und nie wieder sein würde.

«Morgane, es ist perfekt. Ich weiß nicht, wie ich dir danken soll.»

«Dass du mitkommst, ist mir Dankeschön genug», sagte sie und lächelte. Sie war einfach ein herzensguter Mensch.

«Freust du dich schon auf heute Abend?»

«Ja, natürlich! Aber ich bin auch etwas nervös…. Sehr nervös!»

Morgane legte mir eine Hand auf die bloße Haut meines Arms.

«Keine Sorge, das ist völlig normal. Aber alles wird gut werden. Alle werden dich mögen. Du hast die besten Voraussetzungen dafür. Und jetzt spreche ich nicht nur von deinem Kleid, sondern von dir als Person.»

Morgane zwinkerte mir zu und ich wollte ihr irgendwie zeigen, wie viel es mir bedeutet, dass sie mir Mut machte, aber sie kam mir zuvor.

«An deinem *tenue* fehlt noch etwas. Irgendetwas, das die Aufmerksamkeit sofort auf sich zieht. Wie die *cherise sur le gatêau*, die Kirsche auf dem Törtchen, weißt du was ich meine? Irgendetwas Glänzendes vielleicht…»

Morgane musterte mein Gesicht mit zusammengekniffenen Augen, dann fuhr sie auf.

«Ohrringe! Ja genau – große, goldene Ohrringe. Ich habe da ein Paar im Zimmer von Florence. Sie stiehlt sie mir immer heimlich, was ich irgendwie verstehen kann. Die Dinger sind verdammt schön! Warte kurz hier, ich bin gleich wieder da!»

Selbst wenn ich versucht hätte, etwas zu erwidern, hätte ich Morgane nicht aufhalten können, als sie wie ein Blitz aus dem Zimmer flitzte. Vermutlich war es sowieso besser, ihr die Wahl der Ohrringe zu überlassen. Sie hatte Ahnung, von was sie sprach.

Ich ärgerte mich nicht darüber, kein Mitspracherecht zu meinen Accessoires zu haben und wartete einfach. Hin und wieder ertappte ich mich selbst dabei, wie mein Blick am Spiegel hängenblieb, wie ich mich leicht drehte und neigte, damit mein Spiegelbild dasselbe tat und ich es in verschiedenen Positionen betrachten konnte.

Ein Klopfen an der Tür riss mich aus meiner Trance. Ich fuhr zusammen, vielleicht, weil ich nicht damit gerechnet hatte, dass Morgane so schnell wieder zurück sein würde und mir nicht wohl dabei war, wenn man mich in so einem intimen Moment – wie den Blick in den Spiegel – erwischte. Und es war nicht einmal Morgane, die an der Tür geklopft hatte! Es war Jonas, der seinen blonden Wuschelschopf durch die Türspalte ins Zimmer hineinstreckte. Noch schlimmer.

«Sorry, wenn ich störe, aber ich muss dringend mit dir reden.»

Er stolperte ins Zimmer hinein, als hätte er im Gang nur darauf gewartet, bis Morgane es endlich verließ, damit er mich allein hier vorfinden würde. Vielleicht hatte er auch genau das getan.

«Sprechen? Über was? Über das neulich bei der alten Eiche? Ja, darüber würde ich auch gerne mit dir sprechen!»

Jonas schloss die Tür zu und biss sich auf die Lippen, als hätte ich einen wunden Punkt getroffen. Das Gespräch fing schon mal gut an.

«Kira, hör zu. Es tut mir leid, was ich…»

Er brach mitten im Satz ab, als er sich mir zugewandt hatte und mich in dem Kleid vor sich stehen sah. Ich kam mir auf einmal vor, als wäre ich nackt.

Besonders dann, als Jonas Augen für einen Moment größer wurden.

Schnell hatte er sich wieder gefasst.

«Wow, du siehst... ich meine, du hast dich nett angezogen. Nein! Nicht nur nett – zum Anbeißen! Scheiße, was rede ich da für einen Quatsch?»

Im Angesicht seines kurzen, aber typischen Redeschwalls, der mir so vertraut vorkam, bogen sich meine Mundwinkel dezent nach oben. Aber nur so lange, bis mir wieder bewusst wurde, wen ich vor mir stehen hatte.

«Ja, Scheiße. Aber gut, dass du anscheinend gelernt hast, dich um deine eigene zu kümmern.»

Wie ich mit Jonas redete, war alles andere als freundlich. Das wusste ich. Und es tat mir auch leid. Aber irgendetwas sagte mir, dass ich im gewissen Maße das Recht hatte, so mit ihm umzugehen. Er hatte mich verletzt und ich verspürte das Bedürfnis, ihm das wenigstens irgendwie zeigen zu können.

Jonas seufzte.

«Ja, ich weiß. Das war ein unangemessener Kommentar von mir. Das mit den… mit den…»

«…Zigaretten?», beendete ich seinen Satz, weil ich keine Lust darauf hatte, zu warten, bis er sich selbst so weit gebracht hatte, die unangenehmen Worte in den Mund zu nehmen. Worte waren kein Gift, dennoch gab es welche, die in unseren Ohren genau dieselbe Wirkung erzielten.

«Ja.»

«Für das brauchst du dich nicht zu entschuldigen. Rauchen ist nicht gesund, das ist mir klar. Du wolltest mich nur daran erinnern.»

Jonas schien erleichtert. Ehe er sich jedoch in Sicherheit wiegen würde, fuhr ich fort.

«…aber du hast eine Menge anderer Dinge gesagt, die mich ziemlich aus der Bahn geworfen haben.»

In Jonas Augen flammte Schmerz auf.

«Ich weiß. Und deshalb bin ich gekommen. Ich wollte mich entschuldigen, dass ich mich so dämlich benommen habe. Das war unanständig und kindisch von mir. Aber ich wollte nur, dass du weißt, dass du vorsichtig sein sollst. Mit wem du dich einlässt. Es gibt Menschen auf dieser Welt, denen man nicht einfach so vertrauen sollte.»

«Aha, und wo wären wir jetzt, wenn wir William am Bahnhof nicht vertraut hätten? Oder Véra, als sie uns ins Haus gebeten hat? Wir hätten auf der Straße geschlafen!»

«Das ist etwas anderes…»

«Nein, ist es nicht.»

Jonas wollte den Mund aufmachen, um zu kontern, besann sich jedoch etwas Besserem.

«Es hat keinen Sinn, darüber zu diskutieren. Was passiert ist, ist passiert. Was ich gesagt habe, hat nun mal meinen Mund verlassen. Ich hoffe nur, du bist bereit, mir zu verzeihen.»

Jetzt lag es an mir, die weiße Flagge zu hissen. Dennoch zögerte ich, Jonas mein definitives Versprechen zu geben, dass ich ihm vergeben würde.

«Können wir das vielleicht morgen besprechen, wenn wir zurück sind?»

«Wohin geht ihr?»

Ich zögerte mit der Antwort. Seit wann verheimlichten wir eigentlich Dinge voreinander?

«Auf ne Party.»

«Mit wem?»

Wieder ein Zögern meinerseits.

«Mit Morgane, ihren Freunden und… Alain.»

Vielleicht hätte ich noch etwas länger zögern sollten.

Ich sah, wie Jonas nervös wurde. Das erkannte ich an der Art, wie er an seinem Ärmel herumzupfte und sich immer wieder am Kopf kratzte. Ich wusste, wie er tickte. Und er wusste, wie ich tickte. Vielleicht war es das, was uns manchmal zum Verhängnis wurde.

«Darf ich vielleicht mitkommen?»

Dieses Mal nahm ich mir mit dem Zögern Zeit und überlegte mir gut, was ich antworten sollte. Ich horchte in mich hinein und fand zu meinem Erstaunen nichts, das das Gefühl gab, Jonas nicht mitnehmen zu wollen. Im Gegenteil. Es wäre schön, auf diese Art und Weise wieder zueinander zu finden.

Ich vermisste Jonas. Aber nicht den alles kontrollieren Wollenden, misstrauischen, überkorrekten Glucken-Jonas. Jonas, den allen nur Gutes im Sinn Habenden, hoffnungslos verträumten Bienenallergiker vermisste ich.

«Willst du mitkommen, weil du Lust auf eine Party hast, oder weil du das Gefühl hast, aus irgendeinem dämlichen Grund auf mich aufpassen zu müssen?», fragte ich, weil es mir die passende Frage für meine Zweifel schien.

«Ich möchte einfach mitkommen.»

«Beantworte bitte meine Frage. Ich habe dir die beiden Gründe genannt, du brauchst nur eins oder zwei zu sagen. So einfach ist das.»

Ein unanständiges Glücksgefühl – oder sollte ich besser sagen Schadenfreude – kam in mir hoch, als ich feststellte, dass Jonas mit seinen Nerven langsam zum Ende kam.

«Ich weiß es nicht, ok? Ich habe einfach das Gefühl, dass es keine gute Idee ist, dich da allein hingehen zu lassen.»

«Ich bin nicht allein, ich habe Alain und Morgane.»

«Ja, aber kannst du ihnen vertrauen, so wie du es bei mir kannst?»

Jetzt reichte es mir langsam.

«Die bessere Frage wäre ja da wohl, kann ich *dir* trauen, so wie ihnen?»

Darauf wusste Jonas nicht zu erwidern. Er senkte nur den Blick.

Ich hörte Schritte, die sich aus dem Gang näherten, und fuhr deshalb fort.

«Nein.»

Jonas hob seinen Kopf wieder und sah mich fragend an.

«Nein?»

«Ja, richtig gehört. Nein.»

«Nein wie: nein, du darfst nicht mitkommen?»

«Ja.»

Morgane kam ins Zimmer hinein. Als sie Jonas erblickte, stutzte sie.

«*Salut*, was machst du denn hier?»

Er antwortete nicht, sondern warf mir noch einen letzten Blick zu, der etwas zwischen *tut-mit-leid* und *überleg-es-dir-nochmal-gut-worauf-du-dich-einlässt* sagte, ehe er das Zimmer verließ. Morgane sah ihm verwundert hinterher. In der Hand hielt sie die zwei großen, runden Ohrringe, die sie mir versprochen hatte.

«Hat er dir irgendwas getan?»

Ich schüttelte schnell den Kopf.

«Nein, er hat mir nur viel Spaß auf der Party gewünscht.»

«Wenn er mitkommen will, darf er das übrigens gerne. Auch wenn ich ihn eher für eine Spaßbremse halte als für eine Partymaus. Nichts für ungut.»

«Nein, du hast schon recht. Er will nicht mitkommen. Anscheinend hat er noch was zu tun», log ich, auch wenn es mir ein mulmiges Gefühl bereitete.

«Also gut, dann eben nur wir. Es würde ihm vermutlich sowieso zu viel werden.»

Morgane trat einen Schritt auf mich zu, um meine schlichten, runden Perlohrstecker zu entfernen, die ich normalerweise trug. Sie tat das so geschickt und vorsichtig, dass ich kaum etwas spürte.

Das kühle Metall des großen Ringes nahm ich jedoch sehr deutlich an meinem Ohrläppchen wahr, als Morgane es hineinstecke. Ebenso das ungewohnte Gewicht, das auf einmal an mir hing.

«*Voila*, jetzt siehst du einfach perfekt aus. Ich wäre auch gerne so hübsch wie du.»

«Bist du», versicherte ich ihr, während ich mich nochmal zum Spiegel umdrehte und diesmal unsere beiden Spiegelbilder darin betrachtete.

Morgane hatte das schwarze, knielange Minikleid mit der Spitze ebenso passend für sich gewählt, wie das Cocktailkleid, das sie für mich ausgesucht hatte. Ihr krauses Haar trug sie in einem lockereren, mit einem goldenen Band hochgesteckten Knoten.

«Ich würde sagen, wir sind bereit für die Party», meinte Morgane und, obwohl ich mir immer noch ein wenig overdressed vorkam, stimmte ich ihr zu.

«Bereit, ein wenig zu leben und die Sorgen zu vergessen», fügte sie hinzu.

«Ja, dazu bin ich absolut bereit.»

Wir machten uns auf den Weg nach unten. In der Garderobe nahm ich mir meinen Mantel von Hacken und zog ihn an. Das fühlte sich gut an, zum einen, weil es draußen kalt sein würde und zum anderen, weil ich mich dann gleich viel weniger bloßgestellt fühlte. Vor allem, wenn ich an den Blick dachte, den Jonas mir vorhin im Zimmer zugeworfen hatte.

«Passt auf euch auf ihr beiden, ja? *Faites attention.*»

Véra kam aus der Küche gelaufen und schenkte uns ein herzliches Lächeln.

«Machen wir, *maman.*»

Dann war es so weit. Wir verließen das Haus und traten in die kühle Nacht hinaus. Die Abenddämmerung lag bereits als farbiges Band über dem Horizont. Als dunkle Silhouette vor der untergehenden Sonne erkannte ich Alain, der bereits mit seinem Auto auf dem Vorplatz auf uns wartete, um uns zum Bahnhof zu fahren.

Jetzt gab es kein Zurück mehr. Wir würden leben gehen.

-Kapitel 18-

Gleise sind Einbahnstrassen

Wir waren nicht die Einzigen mit der Idee, nach Paris zu fahren, um leben zu gehen. Der Zug war randvoll mit Leuten. Ich konnte mir denken, dass einige nur hier waren, weil sie in Paris wohnten und nach einem langen Arbeitstag die Tortour auf sich nehmen mussten, mit dem Zug nach Hause zu fahren.

Da waren aber auch Personen, die ebenso zurechtgemacht aussahen wie wir, die nicht von einem ermüdenden Tag nach Hause kamen und deren Haare in alle Richtungen abstanden, sondern auf dem Weg in eine lange Nacht waren. Wie wir.

Ich fragte mich, ob Morgane und Alain spürten, wie ich mich fühlte, da sie immer dann beruhigend auf mich einredeten, wenn mein Herz am schnellsten zu schlagen begann.

«Entspann dich, Kira. Der Abend wir *fantastique*! Glaub mir», versicherte mir Morgane nur schon zum hundertsten Mal. Alain nickte unterstützend.

Ihre aufmunternden Worte gingen mir sehr nahe. Wirklich. Aber es war nicht die Angst davor, dass dieser Abend furchtbar werden würde, die mich bis in die

Fingerspitzen kribbelig machte, sondern die Erwartung, dass es eben nicht langweilig und furchtbar werden würde, sondern viel zu toll. Ich wusste nicht, ob ich bereit für ein so großes Event war und die einzige Art es herauszufinden bestand darin, bei der nächsten Station nicht einfach auszusteigen, sondern sitzenzubleiben und mich meinem Schicksal zu fügen. Das war es, was mich nervös machte und an meiner Entscheidung zweifeln ließ.

Aber ich stieg nicht aus, als der Zug zum Stehen kam. Selbst wenn ich versucht hätte, zu fliehen, wäre es mir nicht gelungen, da der Andrang an zusteigenden Personen zu groß war.

Ich sah mich innerhalb weniger Sekunden von Leibern umringt. Jemand drängelte sich an mir vorbei, und da ich im Viererabteil ganz außen saß, schlug mir die Handtasche der Frau ins Gesicht.

Flashback.

Auf einmal befand ich mich wieder am holländischen Bahnhof mit Jonas, wohin wir im Sommer gefahren waren, um Tante Serafin aufzusuchen. Hier bekam ich eine glitzernde Handtasche ins Gesicht geschleudert, dort waren es blonde, strähnige Haare, die sich in meinem Mund und zwischen meinen Zähnen verfingen.

Es war wie damals, nur dass Jonas nicht da war. An seiner Stelle waren es Morgane und Alain, denen das Gedränge nichts auszumachen schien und die nicht auf die Idee kamen, mich an der Hand zu nehmen und durch die Leute zu führen, so wie Jonas es getan hatte. Was war nur passiert, dass sich so viel zwischen uns verändert hatte?

In der Menschenmenge der im Abteil stehenden Personen nahm ich eine Gruppe Jugendlicher wahr, die sich einen Weg zu uns erkämpften.

«Ah, das sind Ric, Leonard und Camille. Ich dachte schon, sie hätten den Zug verpasst», erklärte mir Morgane und wies in die Richtung, in die ich ohnehin schon blickte. Ich hatte sie schon gesehen, diesen Ric, Leonard und diese Camille, die den Zug eindeutig nicht verpasst hatten.

«*Salut Alain, Morgane, ça va chez vous?*»

Alain begrüßte die Neuankömmlinge mit einem einstudierten Handschlag und einem breiten Lachen im Gesicht. Gleich danach war Morgane an der Reihe, die das gleiche tat.

«*Vous avez pas raté le train, alors tout va bien* !»

« *Pourquoi nous aurions dû rater le train* ?», konterte Ric in gespielter Entrüstung.

« *Parce que c'est normal*. »

Ich, die dem Wortwechsel schweigend zugehört hatte, lachte mit, als alle in schallendes Gelächter verfielen, selbst wenn ich kein Wort verstanden hatte.

Gleichzeitig musste ich zugeben, dass ich langsam ein Verständnis für die Sprache entwickelte und sich für mich längst nicht mehr alles wie Chinesisch anhörte.

Gerade dann, als ich begann, mich zwischen all diesen französischsprachigen Jugendlichen etwas verloren zu fühlen und mich zu fragen, ob der ganze Abend so laufen würde, fiel die Aufmerksamkeit auf mich.

«*C'est qui, cette jolie fille*?»

Ric zwinkerte mir zu und ich fragte mich, warum ich immer nur das verstehen musste, was ich eigentlich gar nicht hören wollte. Rics schmeichelhaftes Geschwätz war mir eher unangenehm, als dass es mich in irgendeiner Art befriedigte.

«Das ist Kira, die uns beweisen wird, dass Holländer auch Partys feiern können», erklärte Alain, was staunende *Oh's* und *Ah's* zur Folge hatte.

Ich zwang mich dazu, meine Mundwinkel zu heben. Mir war es im Allgemeinen unangenehm, im Mittelpunkt zu stehen. Um die Aufmerksamkeit von mir wegzulenken, richtete ich meinen Blick aus dem Fenster nach draußen, wo inzwischen die Nacht angebrochen war.

Was ich sah, war jedoch alles andere als Düsternis. Wir fuhren auf Paris zu – die Stadt der Liebe und vielleicht doch auch ein bisschen die Stadt, die niemals schlief. Schlafend kam mir der in der Nacht strahlende Eiffelturm jedenfalls nicht vor, der immer größer wurde, je näher wir ihm kamen.

Paris war beindruckender, als ich mir es je vorgestellt hatte. Dennoch wuchs mein Bedenken an mit jedem Meter, den der Zug uns unserem Ziel näherbrachte. Alain schien meine Zweifel zu bemerken.

«Das wird toll heute Abend. Du wirst sehen. Wir werden ein Menge Spaß zusammen haben.»

Ich spürte seinen Atem auf meiner Wange, als er das sagte. Das Erste, was mir auffiel, als ich ihm ins Gesicht sah, waren seine geweiteten, schwarzen Pupillen. Oder war das nur das gedämmte Licht hier im Abteil, das es so wirken ließ?

Langsam aber sicher dämmerte mir, auf was ich zusteuerte.

Es hatte in den letzten Tagen vielleicht Momente gegeben, in denen ich mir gewünscht hatte, dass Jonas etwas mehr wie Alain wäre. Sorgenloser, abenteuerlicher, mutiger und… es fiel mir schwer, es einzugestehen, aber cooler und draufgängerischer hätte ich Jonas gerne gesehen, hätte ich die Wahl gehabt. Nun aber wurde mir bewusst, wie sehr ich den vorsichtigen, emphatischen und verantwortungsvollen Jonas vermisste. Und wie sehr ich mir gerade wünschte, dass er hier wäre, um mit mir diesen verrückten Abend durchzustehen.

-Kapitel 19-

Glasklar wie Wasser in Thermosflaschen

Wir hörte die Bässe schon durch die Straßen wummern, als wir noch fast einen halben Kilometer vom Club *la caverne* – dem Bunker – entfernt waren. Mit jedem Schritt, dem wir uns den mächtigen, bedrohlich grollenden Beats näherten, wurde ich unruhiger und es glich einem Wunder, dass die Schallwellen mich nicht gleich wieder rückwärts durch die Gasse schoben. Es war, als würde die Kraft, die stoßartig auf meinen Körper eintraf und ihn durchströmte, auch gleich dafür sorgen, dass sich mein Herzschlag beschleunigte, um mit dem Takt der Tanzmusik mithalten zu können.

Wir erreichten den Eingang des Clubs, wo uns zwei Türsteher in Empfang nahmen und nach unseren Ausweisen fragten. Anscheinend musste man sechzehn Jahre alt sein, um hineinzukommen. So hatte Alain es mir gesagt.

Weil kein Alkohol, kein Essen, keine Drogen und auch sonst keine gefährlichen Gegenstände mitgeführt werden durften, kontrollierte man unsere Taschen. Ich, die sich dafür entschieden hatte, aus Sicherheitsgründen nichts weiter als mein Handy in meiner Manteltasche mitzuführen, hatte die Prozedur schnell hinter mir, während Alain, der gleich hinter mir ging, aufgehalten und aufgefordert wurde, seinen großen, schwarzen Rucksack zu leeren.

«*Ouvrez s'il vous plaît.*»

Alain gehorchte, ohne auch nur mit der Wimper zu zucken. Ich wartete am anderen Ende der Sicherheitskontrolle mit Morgane und den anderen und sah unruhig dabei zu, wie Alain selbst mit Engelsgeduld den Reißverschluss seines Rucksacks schob und ein paar Thermosflaschen entblößte.

«*Qu'est-ce que c'est*?», fragte der Türsteher, während er eine der Flaschen mit steinharter Miene aus dem Rucksack zog und begutachtete.

«Was ist da drin?», fragte ich Morgane dasselbe.

Die Art, wie sie abwinkte und nicht auf meine Frage antwortete, beunruhigte mich.

« *C'est un peu de l'eau, rien de plus. Vous savez, pour le cas qu'on boive un peu trop... »,* erklärte Alain mit unschuldiger Miene.

Immer noch misstrauisch stellte der bärtige Mann die Flasche wieder in den Rucksack zurück. Offenbar ließen sie Alain durchkommen. Als er schließlich zu uns durchgelassen wurde, richtete ich die Frage an ihn.

«Was war da genau los?»

Alain winkte genauso ab, wie es Morgane getan hatte.

«Ach, nichts. Es ist einfach nicht gestattet, Getränke mitzuführen. Aber da es nur Wasser ist…»

«Nur Wasser, soso. Und dafür brauchst du gleich vier Thermosflaschen», schnitt ich Alain das Wort ab, weil ich es nicht mochte, angelogen zu werden und weil ich schließlich nicht dumm war. Alain gab nach.

«Reg dich ab, wir wollen doch nur ein bisschen Spaß haben. Willst du denn keinen Spaß haben?»

«Doch, natürlich, aber…»

«Dann hör auf, dir den Kopf zu zerbrechen und fang an, die Party zu genießen. Gehen wir rein, Leute. *Allez-y* ! *Que la fête commence* !»

Ich wurde von Morgane, Ric, der mir näher kam als mir lieb war – und den anderen mitgezogen, ehe ich noch etwas hätte erwidern können. Wir betraten den Club. Keller traf es als Beschreibung sehr gut. Dafür brauchte man sich nur die Betonwände, die engen Gänge, die in alle Richtungen führten und die flackernden Lichter anzuschauen.

Ich verstand schnell, wo wir hier waren. Das hier war ein alter Luftschutzkeller aus dem zweiten Weltkrieg, der vor Bomben und nuklearen Waffen schützen sollte. Um uns herum tanzende, jubelnde Menschen. Grelle Neonlichter warfen ihre bunten Farben von der Decke auf uns nieder, ließen die Welt mal als Regenbogen und im nächsten Moment giftig grün erscheinen. Die wummernden Schläge der Musik ließen mein Herz springen, das Blut kochte mir schon längst in den Adern.

Es roch nach Alkohol. Gras. Das wusste ich sofort, obwohl ich noch nie zuvor in meinem Leben den Geruch von so vielen betrunkenen Menschen oder Gras gerochen hatte. Ein Mensch wurde wohl instinktiv auf Substanzen aufmerksam, die ihm nicht guttaten.

Wir waren noch nicht einmal in der großen Partyhalle angekommen, sondern befanden uns noch im Eingangsbereich, und es war mir schon zu viel. Der Geruch nach Alkohol, Schweiß, Gras und allerlei absonderlichem Zeug, dessen stechende Präsenz in meiner Nase ich nur als *illegal* bezeichnen würde. Und abstoßend. Als wüßte mein Körper genau, dass es nicht gut für ihn war, auch wenn er es noch nie zugeführt bekommen hatte.

Zu alledem hinzu war da noch der Lärm, der keine Musik war, sondern nur Lärm und der meine eigenen Gedanken übertönte.

Die Hitze, die von allen Seiten her auf mich einströmte, mich zum Schwitzen brachte und dafür sorgte, dass sich meine Haut schon nach wenigen Augenblicken hier drinnen pitschnass und fiebrig anfühlte.

Die Lichter, die nicht nur in den Augen stachen, sondern einem jegliche Orientierung und Wahrnehmung raubten. Die Bässe, die den Takt meines Herzschlages vorgaben und mich nicht daraus ausbrechen ließen.

Ich musste hier raus. Sofort.

Gerade als ich mich im Gang zur Haupthalle umdrehen und den Weg zurückgehen wollte, den wir gekommen waren, spürte ich, wie mich zwei Hände an den Schultern packten und festhielten.

«Hey Kira, alles in Ordnung?»

Morgane.

«Ich – ähm – muss raus hier. Tut mir leid. Ich kann das nicht. Es ist einfach…»

Ich versuchte, mich aus ihrem Griff zu winden und zu gehen, aber Morgane ließ mich nicht.

«Kira! Bitte, blieb bei uns. Ich verstehe, dass dich das alles etwas überfordert, aber gib dem Abend noch eine Chance. Er hat doch gerade erst angefangen. Du gewöhnst dich schon noch dran. Lass dich einfach fallen.»

Erst jetzt fiel mir auf, dass Morgane in ihrer Hand, die sie in meine Haut gekrallt hatte, eine Thermosflasche hielt, dessen metallischer Deckel an mein Schlüsselbein drückte. Mein Blick wanderte instinktiv zu meiner Schulter.

«Genau, gute Idee. Hier! Nimm einen Schluck. Danach fühlst du dich besser.»

Morgane streckte mir die Flasche zu. Ich stand einfach nur da und starrte sie an, darüber nachdenkend, in welchem Film ich hier gelandet war.

Bis zu diesem Augenblick hatte alles in mir danach verlangt, zurück zum Haus zu gehen, mir dieses

Kleid, dass mir auf einmal viel zu eng vorkam, vom Leib zu reißen und das alles hier zu vergessen. Der Anblick der Flasche, die Morgane geöffnet hatte und mir entgegenstrecke, die einen beißenden Duft verströmte und mir bestätigte, was ich schon von Anfang an befürchtet hatte, brachte mich jedoch dazu, nochmal über meinen bereits gefällten Entschluss nachzudenken.

Ich wollte nicht hierbleiben. Denn hier lief etwas, auf das ich mich nicht vorbereitet hatte und mit dem ich – um ehrlich zu sein – auch nichts zu tun haben wollte. Aber allein in der Nacht mit dem Zug zu fahren und dann über fünf Kilometer über einen Feldweg zum Haus zurücklaufen zu müssen, erschien mir als noch größeres Risiko. Also würde ich hierbleiben müssen. Und Morgane wollte mir nur einen Gefallen damit tun, indem sie mir die Möglichkeit bot, meinen eigenen Gedanken zu entkommen. Dafür war ich doch schließlich hergekommen, oder nicht?

«Also gut, her mit dem Ding.»

Ich nahm Morgane die Flasche ab und setzte sie an meinen Mund, nippte vorsichtig daran. Die beißende, kristallklare Flüssigkeit, die meine Lippen benetzte, brachte mich beinahe dazu, die Thermosflasche einmal quer durch den Raum zu schleudern.

«Was zum Teufel ist das für ein Zeug?»

Ein breites Grinsen machte sich auf Morganes Gesicht breit, als sie meine Reaktion bemerkte.

«Etwas, das dir dabei helfen wird, all den Scheiß zu vergessen», antwortete sie mir.

Ich musste kein zweites Mal nachfragen. Mir war klar, was ich da gerade getrunken hatte, obwohl ich zuvor noch nie davon gehabt hatte. Es war etwas völlig anderes als der herbe, würzige und süße Geschmack des Glühweins, den ich mit William am Herbstmarkt getrunken hatte. Und das Erste, was mir als erneut durch den Kopf schoss, war: *illegal*.

«Vodka?», fragte ich Morgane, die genauso wie ich, noch nicht achtzehn war. Verdammt, wir waren eigentlich noch viel zu jung für so etwas. Es hätte mich auch nicht gewundert, wäre die ganze Veranstaltung hier eigentlich ab achtzehn und Alain hatte uns trotzdem irgendwie reinbekommen. Seltsam, dass es so etwas für Sechzehnjährige schon gab.

«Glaube ich, ja.»

«Du glaubst?»

«Wir haben viele Thermosflaschen dabei.»

Morgane gluckste einmal und erst jetzt fiel mir der verträumte Blick in ihren Augen auf, den ich schon bei Alain bemerkt hatte. Das war bestimmt nicht nur der Vodka gewesen.

«Trink! Es kann nur noch besser werden.»

Morgane deutete auf die Flasche. Ich sah diese an mit dem Wissen, dass es sowieso kein Zurück mehr gab. Ich war schon zu weit gegangen. Also trank ich, nicht ohne die Augen zusammenzukneifen, als mir der

Alkohol wie flüßiges Feuer die Kehle hinunterrann, mich von innen heraus aufwärmte und noch mehr Hitze durch meine Adern zucken ließ, als da ohnehin schon war.

Gift, dachte ich noch, ehe der Gedanke in meinem Kopf verfloss wie schmelzende Butter. Alles zerfloss in meinem Kopf. Die Gedanken waren zwar da, die Bilder, die Gefühle und Emotionen, aber auf einmal in so unerreichbare Ferne gerutscht. Alles, was ich noch wusste, dass ich dachte, war: *Was solls!* und ich nahm gleich noch einen Schluck. Morgane schien sehr zufrieden damit zu sein.

«Gut gemacht, du kommst langsam rein in die Party!»

Sie zog mich mit sich ins Getümmel. Ich ließ es geschehen. Wir durchquerten einen Gang, wobei der Tunnel, der sich vor meinem Sichtfeld aufgetan hatte, sowieso kaum noch schmaler werden konnte, und betraten die Konzerthalle.

Um uns herum tanzende, schreiende, jubelnde Menschen. Ihre Bewegungen kamen mir auf einmal verzerrt, verlangsamt und gedämpft vor und hatten einiges an Bedrohlichkeit verloren. Und ich wusste gar nicht mehr, warum ich mich so dagegen gesträubt hatte, hier hineinzukommen. Es war doch gar nicht so schlimm. Es war einfach… wie es war. Es passte einfach.

Ich ließ mich mit der Musik gehen, die in wummernden Wellen auf mich einströmte, ließ sie durch mich hindurchfließen, anstelle an mir abprallen zu lassen, wurde eins mit den Beats und begann, mich zu ihrem Rhythmus zu bewegen.

Ich hing mich bei Morgane ein und begann zu tanzen. Obwohl ich gar nicht tanzen konnte. Ich tanzte trotzdem. Konnte man das Tanzen nennen, wenn man doch gar nicht tanzen konnte? Oder sollte ich besser sagen, ich *bewegte*? Hopste? Hüpfte? Feierte, alberte herum?

Es war seltsame Musik, die ich nicht kannte. Irgendetwas zwischen Techno und Rock, die von einem DJ am Pult zusammengemixt wurde. Und vermutlich war es der Alkohol, der mein Gehör so taub machte, mich näher an die Anlage herangehen ließ, ohne dabei das Gefühl in mir aufkommen zu lassen, mir würde gleich der Schädel platzen.

Was heute Abend passiert, würde ich vermutlich erst morgen bemerken. Das Lustige war, es war mir auf einmal egal. Es war mir so was von egal, was morgen war. Es war mir egal, was Jonas zu allem sagen würde, wenn er es herausbekam. Es war mir egal, was es für Konsequenzen mit sich tragen würde, dass wir uns als eine Gruppe Minderjährige auf eine Party, die deutlich nicht unserem Alter entsprach, geschmuggelt hatten und Dinge zu uns nahmen, die gar keinem Alter entsprachen. Es war mir egal, ob ich die Dokumente meiner Mutter finden würde, es war egal, dass Serafin uns allein hatte lassen müssen, dass mein Vater sich zu Hause bestimmt schon Sorgen um uns machte, dass ich für dieses unnötige Abenteuer auf der Arbeit fehlen musste, dass mein Chef uns vielleicht rausschmeißen würde und ich keine Ahnung hatte, was ich mit meinem Leben anfangen sollte, dass ich meine Mutter fürchterlich enttäuschte, mit dem was ich hier tat. Es war mir egal, dass Jonas sich so dämlich verhielt, dass es aber auch meine Schuld war, dass unser enges Verhältnis auseinandergebrochen war, dass es zwischen uns vielleicht nie wieder so sein würde, wie früher und dass… ja, was noch?

Schon verrückt, was einem in Momenten, in denen man alles andere als klar im Kopf war, alles bewusst werden konnte. Da waren so viele Sorgen, die mir auf einmal völlig harmlos vorkamen.

Würde schon wieder! Alles würde gut! Alles war gut, hier und jetzt auf dieser Party, die dafür gemacht war, all diesen Scheiß zu vergessen. Alles, was es brauchte, war noch mehr Alkohol. Und von diesem Was-auch-immer, das die Pupillen so lustig rund machte.

«Probiere das, das fetzt so richtig.»

Dass Morgane mir wieder eine Thermosflasche entgegenstrecke, kam mir gerade gelegen. Grinsend, wobei mir das schwerfiel, weil sich meine Lippen etwas taub anfühlten, nahm ich die Flasche entgegen und hätte sie beinahe fallen gelassen, so wenig Kontrolle hatte ich noch über meine Hände.

«Was ist das?»

«Etwas aufgepepptes.»

Morgane zwinkert mir zu, ich versuchte, zurückzuzwinkern, wobei es bei einem Versuch blieb.

«Ist das dieser Trunk für runde Pupillen?»

Morgane prustete los.

«Trunk für runde Pupillen, jaja. Lass dich überraschen!»

Ich ließs mich überraschen. Davon, was mit mir passierte, wenn ich einen Schluck vom Runde-Pupillen-Trank nahm.

Meine Finger zitterten. Vor Aufregung?

Das Gebräu schmeckte wie das letzte, nur irgendwie besser, süßer und weniger intensiv. Außerdem war da dieser seltsame Beigeschmack, der mich irgendwie an Serafin erinnerte. Keine Ahnung warum.

Die Überraschung spürte ich sofort. Hinter meiner Schädeldecke begann es zu kribbeln. Die Bilder begannen sich vor meinen Augen zu verzerren. Die Betonwände warfen Blasen. Seifenblasen, dachte ich mir. Ob man die platzen konnte? Besser nicht, sonst hätten wir die nuklearen Bomben gleich hier drinnen im Atombunker, wo man eigentlich davor geschützt werden sollte!

Die Welt begann – oder hatte schon längst begonnen – sich um meine Augen zu drehen. Oder drehte ich mich um die Welt? Oder noch verrückter – waren es meine Augen, die sich in ihren Augenhöhlen drehten? So fühlte es sich jedenfalls an.

Ich stolperte, als mir jemand von hinten die Hand

auf die Schulter legte. Erst dachte ich, es wäre freundschaftlich, aber dann bemerkte ich, dass diese Person das tat, um sich an mir zu stützen.

«*Pour toi, mon cheri.*»

Alain drückte mir einen Becher mit noch mehr der klaren Flüssigkeit, die beim bloßen Anblick tatsächlich nur Wasser sein könnte, in die Hand.

Beim Reden stieß sein Mund eine ordentliche Alkoholfahne aus, die ich auf meinem eigenen Gesicht, nahe an seinem, spürte.

«*Merci, mon amour*», kicherte ich und kippte das Zeug runter wie Benzin, was die Drehgeschwindigkeit meiner Maschinerie zusätzlich beschleunigte.

Aber warum stehen bleiben, wenn man sich drehen konnte? Drehen war so schön. Nach link, nach rechts, in beide Richtungen gleichzeitig! Die Farben drehten sich mit mir. Blaue Blasen wuchsen aus den Gesichtern der Personen rechts von mir. Rote Dreiecke aus denen der Personen zu meiner anderen rechten. Haha. Rechts und links. Oben und unten. Wie schnell man das Zeug vertauschen konnte.

Ich spürte, wie ich fiel und meine Knie und Hände den Boden trafen. Es schmerzte nicht. Vielleicht würde es das morgen tun aber jetzt nicht.

Boden. Jetzt war ich unten und die anderen oben. Aber vielleicht waren auch die unten und ich oben?

«Ihr seid unten und ich bin oben», sagte ich, obwohl mich da unten vermutlich keiner hörte. Die waren zu sehr damit beschäftigt, den bunten Blasen und Dreiecken auszuweichen.

Ich versuchte, wieder nach unten aufzustehen, stützte meine Hände dazu auf dem Boden ab und fasste in etwas Nasses, Breiiges, dass einen penetranten Geruch verströmte.

Frühstücksmüsli, dachte ich. Bereits gegessenes Frühstücksmüsli. Zum Glück roch meines Zuhause nicht so!

Ich richtete mich auf. Blickte mich nach den anderen um. Erblickte nichts als wabblige Farben und Blasen.

Streifen und Filmrisse durchzogen das Bild, wenn ich den Kopf drehte. Drehte und drehte und drehte, als würden Bienen in meinem Kopf herumfliegen.

Ach nein, sie waren überall, die Bienen. Die Wände waren Waben, aus denen sie herausgekrochen kamen. Überall. Sie flogen um meinen Kopf herum, in mein Ohr hinein und beim anderen wieder hinaus.

Klebriger, gelbgoldener Honig bahnte sich einen Weg durch die Menschenmenge, umschloss mich und hüllte mich ein, so dass ich alles um mich herum nur noch gedämpft wahrnehmen konnte.

Schwimmen. Schwimmen, sonst würde ich untergehen! Ertrinken! Konnte man in Honig ertrinken?

Ich ruderte mit Armen und Beinen, schlug um mich, aber der Honig hielt mich an Ort und Stelle fest. Nein, nein! Ich wollte nicht ertrinken.

Ich riss meine Augen weit auf, gab erstickte Laute von mir und nahm ein Gesicht, nein, mehrere Gesichter, oder doch nur eines, vor mir wahr.

Eine Biene. Eine riesige Biene!

Jetzt war es so weit, dachte ich mir. Jetzt würden sie sich an mir rächen, dass ich sie im Stich gelassen hatte. Dass ich es nicht sein wollte. Ihre Imkerin. Dass mich das Leben in eine andere Richtung zog. Und nun würden sie sich an mir rächen. Jetzt war es so weit.

Ihre haarigen Beinchen schlossen sich um meine dünnen Oberarme zusammen. Der Kiefer mit dem Saugrüssel kam meinem Gesicht näher. Sie wollte mich auffressen!

«Nein, nicht! Lass mich in Ruhe! Nein!», schrie ich aus vollem Leibe.

«Kira. Ich bin's. Es wird alles gut. Du musst dich beruhigen, wir bringen dich hier raus.»

Sie sprach mit mir, die Biene. Ich durfte ihr nicht vertrauen. Sie wollte mich reinlegen. Reinlegen, damit sie mich und alle anderen Partygäste in ihrem Bienenstock gefangen halten konnte.

«Nimm deine Drecksfühler von mir, du Riesenvieh!»

«Kira, hör auf dich zu wehren! Verdammt nochmal. Ich bin's, Jonas!»

Beim Klang dieses Namens zuckte ein Impuls durch meinen Körper, aber ich konnte mich nicht mehr erinnern, wieso.

Die haarigen Beinchen packten mich erneut, ich wurde kräftig durchgeschüttelt. Dann ließ die Biene von mir ab und ich nahm wahr, dass mein Rücken auf dem klebrigen, mit Honig überschwemmten, kalten Boden zu liegen kam.

Und dann ein Filmriss.

Das Nächste, woran ich mich erinnern konnte, war, dass man mich aufrichtete. Mir war kotzübel, vielleicht hatte ich mich übergeben müssen, vielleicht stellte ich es mir aber auch nur vor, weil es so verdammt schön gewesen wäre, dieses verdammte Bienengift aus meinem Körper rauszubekommen.

Stiche.

Mein ganzer Körper war übersäht mit Bienenstichen. Meine Haut brannte wie Feuer.

«Was zur Hölle habt ihr mit ihr angestellt? Hhm?»

Gesichter um mich herum. Besorgte Gesichter. Wütende Gesichter oder solche, die widerspiegelten, wie ich mich gerade fühlte.

Ich kannte diese Gesichter. Auch die beiden neuen, die in den letzten – was, fünf, zehn oder zwanzig? – Minuten hinzugekommen sein musste. Jonas und Morganes Schwester. Wie hieß sie noch gleich? Floria? Flora? Florania? Irgendetwas, das mit Blumen zu tun hatte.

«Reg dich ab, Mann. Wir haben doch nur ein bisschen Spaß.»

Alains Stimme. Ich drehte den Kopf zu ihm herum

und musste lauthals loslachen, weil aus seinem Gesicht ein grosser Rüssel wuchs, an dem Blütenpollen klebten.

«Das nennt ihr Spaß? Ihr habt sie fertiggemacht! Ich seid doch krank.»

Jonas. Jonas, dem beim Sprechen Honig aus dem Mund floss. Er sollte nächstes Mal wirklich nicht so viel Honigomeletten essen.

«Hey, ich bin nicht derjenige, der seiner Freundin auf eine Party hinterherrennen muss wie eine Helikoptermutter, weil sie ihn sitzengelassen und gegen richtige Freunde ausgetauscht hat.»

Ich glaubte, der erste Schlag kam von Jonas. Ich war mir nicht sicher, weil alles so schnell ging. Viel zu schnell für meine honigverklebten Augen.

Außerdem kam der Gegenangriff von Alain so schnell, dass ich mir nicht sicher war, ob Jonas einen Treffer gelandet hatte.

Gibs ihm, dachte sich mein teuflisches Gehirn, obwohl diese Aufforderung eher schwammig in meinem Kopf herumschwamm, als auf eine der beiden Parteien gerichtete zu sein. Wer wem eine verpassen würde, war mir egal.

Im nächsten Augenblick wurde mir schlecht. Verdammt. Schlecht. So sehr und so plötzlich, dass ich das Gefühl hatte, hier und jetzt auf der Stelle auf den Boden kotzen zu müssen.

Alles drehte sich um mich herum, als würde ich in

einem Karussell sitzen, dass ganz allein dafür verantwortlich war, dass es mir so übel ging.

Während ich mich schwer atmend auf die Beine kämpfte und mich gleich wieder hinsetzen musste, hörte ich, wie Haut auf Haut prallte.

Stimmen wurden laut. Die Bienchen fingen an zu summen. Honig. So viel Honig um mich herum. Süßer, klebriger, alles verschluckender Honig. Je mehr ich an Honig dachte, umso übler war mir zumute. Ich hörte, wie jemand schrie. Hysterisch. Leute drängten sich an mir vorbei. Was auch immer vor sich ging, bekam ich nicht mit. Wollte ich nicht mitbekommen. Alles, was ich wollte, war kotzen. Und schwimmen. Irgendwohin, wo all der Honig um mich herum nicht sein würde.

«Die Veranstaltung ist hiermit für beendet erklärt. Gehen sie zügig und ohne Hektik nach draußen. *Rangez la place. La fête est finie*!»

Langsam dämmerte mir, dass wir ein Problem hatten. Ein Problem, dass nichts mit Honig, Riesenbienen und meinem Delirium zu tun hatte.

Mir wurde schlecht. Also noch mehr. Ich wusste nicht, wie lange ich noch ohne ein Kloschüssel durchhalten könnte. Zum Glück brauchte mir niemand dabei meine langen Haare zu halten. Die waren bei mir inexistent.

Verschwommen nahm ich wahr, was sich vor meinen Augen abspielte. Da waren uniformierte Männer, die einen Partygast nach dem anderen packten und nach draußen führten. Nach draußen, wo ich die Sirene eines Krankenwagens gedämpft zu mir durchdringen hörte. Obwohl die Polizisten keine Uniformen mit Bienenstreifen mehr trugen, passten ihre Proportionen irgendwie nicht als Ganzes zusammen.

La fête est finie. Warum? Was war passiert?

Erst jetzt realisierte ich, dass die Musik längst aufgehört hatte zu spielen und sich der Raum allmählich leerte. Unruhe lag in der Luft. Nur ich war es, die seelenruhig auf dem klebrigen, honig-… sorry, dreckigen Boden saß und wartete. Auf was? Darauf, dass mich jemand zur Toilette begleitete? Ja, das wäre schön. Jemand sollte mich zur Toilette begleiten! Jemand sollte einfach zu mir kommen. Ich war so allein. Von mir aus konnten es auch die Bienen von vorhin sein.

Dass man vorsichtig sein sollte, was man sich wünschte, wurde mit im nächsten Augenblick bewusst. Ich erkannte Florences – Florence, jetzt war mir ihr Name wieder eingefallen! – Gesicht erst, als es nur noch wenige Zentimeter von dem meinen entfernt war. Die Tränen, die aus ihren Augen flossen wie Wasserfälle, erst, als ihre Nase fast die meine berührte.

«Deinetwegen ist das passiert! Du hättest nie herkommen sollen!»

Die mit heiserer Stimme geschrienen Worte trafen mich wie ein Schlag, der mich wieder in die Realität zurückkatapultierte. In die Realität, in der mir speiübel war und ich es, was auch immer ich versucht hätte, nicht verhindern konnte, vor Florences Füßen auf den Boden zu kotzen.

-Kapitel 20-

La fête est finie

Es wäre zu schön gewesen, hätte die Hitze des Kaminfeuers an meinen Handflächen mich von meinen schmerzhaft pochenden Schläfen ablenken können. Man sagte doch, dass man sich mit Schmerzen von anderen Schmerzen ablenken konnte. Sie mussten nur schlimmer sein als die bisherigen.

Dass das feurige Kribbeln an meinen Händen nichts gegen den Presslufthammer in meinem Kopf ausrichten konnte, sagte also schon viel darüber aus, wie sich ein Kater anfühlte. Und wie wenig man dagegen tun konnte.

Aber um ehrlich zu sein, wollte ich auch gar nichts dagegen tun. Ich hatte mir das selbst zuzuschieben. Alles. Ich war schuld. Diese Schmerzen aushalten zu müssen, war nur der winzigste Ansatz eines Ausgleichs dafür, was ich gestern Abend angerichtet hatte.

Ich zog die Hände vom Feuer weg, weil es mir nicht weiterhelfen würde, Blasen an den Fingern zu kriegen, und setzte mich ächzend, weil jeder einzelne Muskel in meinen Körper schmerzte, im Schneidersitz vor den Kamin. Dass draußen mieses Wetter war und ich vermutlich den ganzen Tag hier sitzen bleiben konnte, da es nichts zu tun gab für mich, störte mich nicht im Geringsten. Ich hatte sowieso nichts Besseres im Sinn, als Trübsal zu blasen. Den ganzen Tag.

Ein Blick aus dem großen, bodentiefen Wohnzimmerfenster, das auch eine Tür zur Veranda war, sagte mir, dass sich am aktuellen Wetterzustand nichts verändert hatte. Laut Wetterbericht würde es den ganzen Tag so weiterschütten. Heute Abend würde zu dem ganzen Regen auch noch ein heftiger Wind dazukommen, vielleicht auch ein Gewitter, auch wenn das im Herbst eher unwahrscheinlich war.

Der strömende Regen, der sich wie wallende Vorhänge über die Landschaft zog, bot mir ein Bild, das in mir die eigentlich harmlose Frage aufkommen ließ, welches Wetter wohl bei uns zu Hause war. Sofort gesellte sich das Heimweh dazu. Ich vermisste meinen Vater, mein Zuhause zwischen den Sonnenblumenwiesen, das unbewusst schon immer mein sicherer Hafen war und ich vermisste auch meinen Job, meinen Alltag und sogar irgendwie meinen grummeligen, faulpelzigen Vorgesetzten Sessel, auch wenn unser Verhältnis auf einer Hassliebe basierte.

Während ich mir die dicken Tropfen ansah, die hin und wieder vom Wind gegen das Fenster getrieben wurden und an der Scheibe herunterliefen wie Krokodilstränen, vermied ich es, in Richtung der Bienenkästen draußen unter dem Apfelbaum zu schauen. Ich hatte schon genug Gründe, in schlechter Stimmung zu sein. Mir vorzustellen, was meine Mutter zu alledem sagen würde, machte die Situation nicht besser. Im Gegenteil. Was wäre sie enttäuscht von mir. Von ihrer eigenen Tochter, die nichts Besseres im Sinn hatte, als…

Jetzt dachte ich doch daran. Das war es eben, was geschah, wenn man sich vornahm, nicht an etwas zu denken. Dann dachte man erst recht daran. Scheiße.

Schon spürte ich, wie die besagten Krokodilstränen, die die Fensterschiebe hinunterliefen, es auch auf meine Wangen schafften.

Scheiß Regen. Scheiß Wetter, dachte ich schlecht gelaunt.

Wäre es sonnig, würde ich nach draußen gehen und den Kopf lüften. Aber das konnte ich nicht. Stattdessen war ich in diesem Haus gefangen. In diesem Scheißhaus mit all den Scheißleuten und all der Scheiße, die ich angestellt hatte. Scheißleben.

Ob es der Alkohol war, der immer noch in meinen Blutbahnen sein Unwesen trieb, der mich so düsteres Zeug denken ließ? Jedenfalls war er der Grund dafür, warum mir mein Schädel so brummte.

Mein Scheißschädel mit Scheißkopfschmerzen.

In einem letzten Versuch, mich von den dunklen Wolken draußen und ebenso denen in meinem Kopf abzulenken, starrte ich ins Kaminfeuer vor mir. Es half, den flackernden, leuchtenden Flammen dabei zuzusehen, wie sie eine Art freudigen Tanz aufführten und dabei eine Wärme ausstrahlten, die an tröstende, warme Sonnenstrahlen erinnerte.

Feuer war etwas Schönes. Na gut, wenn es nicht gerade dabei war, unser Honighaus oder sonst etwas, das besser heil geblieben wäre und unser ganzes Einkommen sicherte, in Schutt und Asche zu legen. Aber ich mochte Feuer. Es brachte schöne Erinnerungen mit sich, von der BBQ-Party im letzten Sommer mal abgesehen. Feuer erinnerte mich an Sommer, Lagerfeuer, gemütliches Beisammensein in der Dämmerung, laue Briesen, die im Abendwind durch unseren Garten fegten und das Ende des hitzigen Tages mit einer milden Erfrischung einläuteten. An alberne Geschichten aus lachenden Gesichtern, in welche das leuchtende Feuer Schatten zeichnete und die fröhlichen Gesichtszüge betonte.

Kurz gesagt, Feuer zeigte mir eine Welt, die alles andere als traurig und freudlos war. Es erinnerte mich an die schönen Dinge, die mal waren, und an die schönen Dinge, die noch kamen.

Wenn ich in die zitternden, tanzenden Spitzen – rote, orange, gelbe und bläuliche – blickte, bildete ich mir manchmal sogar ein, Bilder zu sehen. Tanzende Menschen. Gesichter. Solche, die ich zwar nicht identifizieren konnte, die in mir aber ein so starkes Gefühl des Glücks und der Lebensfreude erweckten, so dass ich am liebsten in die Flammen springen und mittanzen würde.

Dass meine Hände sich schon wieder gefährlich nahe über dem Feuer befanden und die Unterseite schon begann, bedrohlich zu prickeln, sagte mir, dass ich wohl schon wieder meinen Alkohol Halluzinationen verfallen sein musste. Schnell zog ich sie weg und rügte mich selbst dafür, mich nicht im Griff zu haben. Vielleicht doch besser so, dass ich heute nicht nach draußen gehen durfte. Eigentlich gehörte ich ins Bett, wo ich meinen Rausch am schnellsten würde ausschlafen können. Morgane lag schließlich auch noch im Bett, obwohl es schon viertel nach zehn war.

Ich fragte mich, wo all die anderen steckten, als die Frage sich von selbst beantwortete. Ich hörte die Schritte auf der Treppe und ein paar Augenblicke später sah ich Jonas, der ins Wohnzimmer geschlurft kam. Er mied meinen Blick und ging schnurstracks zum Kühlschrank, um sich einen Joghurt daraus hervorzuholen, wohingegen ich ihn anstarrte, wie man ein Honigkuchenpferd anstarren würde. Sein Auftreten löste eine Welle der Gefühle in mir aus. Eine Welle mit sehr diversen, ungleichen Facetten. Wut, Scham, Verwirrung, Enttäuschung, Traurigkeit… aber vor allem eines: gähnende Leere.

Ich fühlte mich wie ein Ballon, dem die Luft ausgesaugt wurde. Dementsprechend fehlten mir sowohl die Worte als auch die Motivation für ein offenes Gespräch, das zwischen uns schon längst fällig geworden war.

Als Jonas Anstalten machte, sich mit seinem Joghurt wieder ins Büro zu verkrümeln, dass aus mir wohl bekannten Gründen notdürftig mit einer Matratze ausgestattet und zu seinem Zimmer umfunktioniert worden war, schaltete sich ein Hebel in meinem Kopf um und ich brachte den Mund auf.

«Du hast ihn geschlagen, oder?», fragte ich ihn schonungslos direkt und sah deutlich, wie er bei meinen Worten zusammenzuckte. Natürlich wusste er, wovon ich redete, auch wenn es nicht als Vorwurf hätte gelten sollen. Und eigentlich war mir seine Reaktion auf die Frage schon Antwort genug, aber ich hörte nicht auf, ihn erwartungsvoll anzusehen, weil ich es von ihm hören wollte.

Wenn ich mir bei einer Sache noch sicher sein konnte, dann war es die, dass Jonas kein Schlägertyp war. War er nie. Es passte nicht zu ihm. Umso dringender war mein Wunsch zu erfahren, was über ihn gekommen war, dass er so gehandelt hatte.

Jonas seufzte, setzte zu einer Verteidigung an, sprach die Worte jedoch nicht aus. Vielleicht, weil er es für sinnlos hielt, mir zu erklären, was gestern Abend genau vorgefallen war oder einfach nur, weil er der Erklärungen müde war. Die Cops hatten ihn gestern wohl ziemlich hart drangenommen und ich wusste nicht, ob er es geschafft hatte, sich straflos aus der Sache rauszureden.

Ehe er sich endgültig zum Gehen abwandte und ich die Hoffnung auf eine mündliche Antwort schon vollends verloren hatte, hielt Jonas noch einmal ein und drehte sich zu mir um. Der schmerzvolle Ausdruck in seinem Gesicht sprach für sich.

«Ich hätte es nicht getan, wenn es nicht nötig gewesen wäre. Das weißt du, Kira. Du kennst mich. Ich hätte Alain nicht geschlagen, wenn ich nicht so deutlich gesehen hätte, welche Gefahr von ihm ausging.»

Ja, ich kannte ihn. Aber der Jonas, den ich kannte, der schlug nicht einfach Leute spitalreif, die nichts verbrochen hatten. Na gut, Alain war nicht gerade ein Unschuldslamm, was gestern Nacht anging, aber er hatte niemandem etwas angetan. Er hatte *mir* nichts angetan. Ich vermutete, dass es das war, worum es Jonas ging. Um mich. Um mich, ihn und Alain. Was gestern auf dieser öffentlichen Veranstaltung passiert war, war schon lange persönlich geworden. Und niemand trug hier mehr oder weniger Schuld. Es waren Alain, Jonas und ich, vielleicht auch Morgane, die man an den Pranger stellen sollte. Sonst niemanden. Wir waren selbst verantwortlich für unser Elend.

Weil mir bewusst war, was ich getan hatte, stellte ich Jonas keine weiteren Fragen. Denn er könnte darauf auch mit Gegenfragen kontern, was ich zu vermeiden versuchte.

«Sonst noch was?», fragte Jonas. Aus seinem Blick las ich, dass er erwartete, dass ich noch etwas sagen würde. Dass er wollte, dass ich noch etwas sagen würde. Er wollte reden. Ich nicht. Ich wüsste nicht, was ich sagen oder fühlen sollte.

«Nein.»

Jonas sah für einen kurzen Augenblick enttäuscht aus.

«Also gut, dann gehe ich zu Florence.»

Ich spürte, wie mir bei der Erwähnung ihres Namens die Hitze ins Gesicht schoss.

«Florence, so ist das. Und was willst du von ihr?»

Jonas wandte sich ab und ging.

«Keine Ahnung, vielleicht dasselbe, was du von Alain wolltest.»

Autsch, der saß.

Jonas war schon längst aus meinem Blickfeld verschwunden, als ich immer noch über seine Worte nachdachte.

Dasselbe, was du von Alain wolltest. Was wollte ich von Alain? Eine Freundschaft? Eine Ansprechperson? Eine Schulter zum Ausheulen? Oder vielleicht mehr?

Ein Wort flitzte durch meine Gedanken und verschwand so schnell wieder, wie es gekommen war. Es war jedoch deutlich genug gewesen, um es zu fassen zu bekommen. *Einen Ersatz für Jonas.*

Als Jonas und ich begonnen hatten, uns voneinander zu entfernen, hatte ich ihn vermisst. Vielleicht hatte mein Unterbewusstsein in Alain eine Art Lückenfüller gesehen. War es das, was Jonas in Florence sah?

Einen Ersatz für mich? Warum hatte er sonst plötzlich solches Interesse an ihr?

Ich bemerkte, wie meine Denkerei mich langsam aber sicher in den Strudel der Verwirrung zu treiben begann, weshalb ich das Kopfkino beendete. Fakt war, dass Jonas mich verletzt hatte. Ebenso sehr, wie ich vermutlich ihn verletzt hatte. Und die Erklärung dafür war mir immer noch äußerst schwammig. Was hatte ich denn genau gesagt oder getan, um Jonas zu verletzen? Je mehr ich mich anstrengte, umso weiter rückte die Antwort in die Ferne.

Pass auf, dass du nicht verletzt wirst, hatte Oskar mir mit auf den Weg gegeben, kurz bevor wir abgereist waren. Zu diesem Zeitpunkt hatte ich vielleicht nicht ganz verstanden, was er damit gemeint hatte. Aber jetzt meinte ich, es zu tun. Auch wenn mein Vater mir vielleicht hatte sagen wollen, dass ich nicht enttäuscht sein sollte, wenn ich nicht das vorfinden würde, was ich mir erhoffte, hatte er recht behalten. Diese Reise hatte sehr viele Aspekte, die mich verletzen konnten. Vielleicht war nicht nur Jonas aus Porzellan.

Während ich in die Flammen starrte und dabei zusah, wie die Holzscheiter zu Glutbrocken heruntergebrannt waren und dabei an nichts anderes mehr dachte, als an ebendiese glühenden Holzstücke und hin und wieder vielleicht die tanzenden, unbekannten Menschen darin, kam allmählich Leben ins Haus. Na gut, Leben konnte man es nicht nennen.

Véra kam in die Küche geschlurft. Die sonst so lebhafte Frau grüßte mich mit einem matten Lächeln und machte sich sichtlich motivationslos daran, in ein paar Töpfen und Pfannen ein Risotto zu kochen.

Ihr Mann – Louis – kam nur kurze Zeit später ins Wohnzimmer. Anders als seine Frau setzte er sich wortlos aufs Sofa und blätterte in einer Zeitschrift umher, eher gedankenverloren als konzentriert. Offensichtlich hatte sich bereits herumgesprochen, was gestern passiert war. Wie egoistisch von mir zu denken, dass nur ich es war, die darunter zu leiden hatte.

Véra und Louis sahen sehr mitgenommen aus. Wie Morgane aussah, würde ich heute wohl nicht mehr erfahren und wie es Alain im Detail erging, wollte ich, ehrlich gesagt, gar nicht so genau wissen. Dass er die Nacht im Spital bleiben musste, war mir an detaillierter Information genug.

Die Stimmung im Wohnzimmer war jedenfalls alles andere als lebendig. Niemand sagte etwas und schon nach einer Weile fühlte sich die Stille bedrückender an, als sie es noch gewesen war, als ich allein hier vor dem Kamin gesessen hatte. Da hatte es sich natürlich angefühlt, dass es so ruhig war. Jetzt fühlte es sich… erzwungen an.

Das fröhlich klingelnde Läuten an der Tür kam mir also wie ein erlösendes Geräusch des Himmels vor.

«Kira, würdest du bitte aufmachen gehen?», hörte ich Véra aus der Küche, die mit Töpfen und Pfannen hantierte und weder Hände noch Ellbogen frei zu haben schien, die Tür zu öffnen.

Also ging ich. Im Stillen bat ich, dass es nicht ein Postbote sein würde, der so schnell wieder gehen und mich in der Stille allein lassen würde, wie er hier angekommen war. Andererseits sollte es aber auch kein Beamter sein, der kam, um mich, Jonas oder Morgane zu verhören und für zusätzliche Probleme sorgte. Bis jetzt hatte ich mir nämlich in den Kopf gesetzt, dass wir alle nochmal heil davonkommen würden. Was, wenn nicht? Wie sah das aus, wenn ich in einem fremden Land eine Straftat begann? Ob ich dann überhaupt wieder nach Hause käme?

Mit einem mulmigen Gefühl in der Magengrube – einer Stelle, die vom Alkohol sowieso schon in Mitleidenschaft gezogen worden war – drückte ich die goldene, üppig dekorierte Türklinke nach unten.

Dass ich mir umsonst Sorgen gemacht hatte, erkannte ich, als ich in das wie immer vor Freude und guter Laune strahlende, vielleicht diesmal auch ein wenig mitgenommene Gesicht von Serafin blickte, die die Arme ausbreitete, um mich in eine Umarmung zu ziehen. Natürlich zögerte ich nicht und warf mich an ihren Hals.

-Kapitel 21-

Eine Fischgräte zur Freiheit

«Habe ich das richtig verstanden? Sie haben dich verhört, dir die Pflanzen weggenommen und das Strafgesetzbuch hätte vorgesehen, dass ein Gerichtsverfahren gegen dich eingeleitet würde? Sie haben dich aber gehen lassen. Einfach so. Das musst du mir jetzt aber genauer erklären.»

Ich saß mit meiner Tante auf dem Bett im Gästezimmer und sie versuchte mir zu erklären, wie es sie hierher verschlagen hatte, nachdem ich schon angenommen hatte, sie die nächsten Jahre im Gefängnis besuchen zu müssen.

Es war nicht verwunderlich, musste sie mir die Geschichte zweimal erzählen, so bizarr war sie und so undeutlich kamen die Worte aus Serafins Mund, die vor Aufregung – oder Wiedersehensfreude – beinahe auf und ab hopste.

«Einen Deal. Einen Deal habe ich gemacht, damit ich freigekommen bin. Da war dieser eine Beamte – ich habe schon von Anfang an bemerkt, dass mit ihm etwas nicht stimmt – der immer so abwesend gewirkt und auf mich irgendwie einen traurigen Eindruck gemacht hat. Der arme Kerl war dazu verdonnert worden, auf mich aufzupassen, als sie mich in eine Zelle gesperrt haben, wo ich bleiben sollte, bis man das weitere Vorgehen bekanntgeben könnte. Ich habe ihn darauf angesprochen, denn offensichtlich war ich nicht die Einzige, die einen schlechten Tag hatte. Man konnte sich schließlich gegenseitig trösten.»

Serafin holte einmal Luft, während ihre Erzählung lebhafte Bilder in meinem Kopf erzeugte, die mich zum Schmunzeln brachten. Egal, wie die Geschichte ausging, ich glaubte Serafin jedes Wort, denn genau so war sie. Gut bis ins Mark.

«Und? Was war der Grund für seine Trübseligkeit?»

«Haustier. Genau das, was ich vermutet hatte. Ich habe ein gutes Gespür für so etwas. Und Haustiere sind schließlich immer ein Grund zur Sorge.»

«Ein krankes Haustier also.»

«Du hast es erfasst. Der Mann hatte eine kranke Katze zu Hause, die seit Tagen nicht mehr gefressen und andauernd ein kehliges Husten ausgestoßen hat. So wie mir der Beamte die Symptome beschrieben hat, wusste ich sofort, dass es sich nicht um eine Krankheit handelte. Das Tier musste irgendetwas verschluckt haben.»

«Ja, klingt ganz danach. Und dann? Wie ging es weiter?», fragte ich, weil Serafin sich schon immer begabt im Geschichten erzählen gezeigt hatte. Außerdem erkannte ich langsam, woraufhin das Ganze hinauslief.

«Ganz einfach. Ich habe ihn darum gebeten, seine Katze am nächsten Tag mit zur Grenzkontrolle zu bringen. In meine Zelle. Natürlich hat er mir zuerst den Vogel gezeigt, aber als ich ihm dann ausführlich geschildert habe, was mit einer Katze geschah, wenn sie etwas verschluckt hatte, dass ihr vermutlich im Hals stecken geblieben war, wenn sie nicht mehr frass, wenn sich das Ganze entzündete und der stinkende Eiter aus ihrem Mund…»

«Ja, ich hab's verstanden. Du hast ausführlich erzählt, kann ich mir vorstellen. Aber mich brauchst du damit nicht zu irgendetwas zu überzeugen. Also fahr fort.»

Serafin lachte einmal auf, befolgte aber meinen Wunsch.

«Ich habe ihm offenbar genug Angst gemacht, damit er seine Katze am nächsten Tag in einem Wäschekorb in meine Zelle geschmuggelt hat. Ich kann mir immer noch nicht erklären, wie niemand das bemerken konnte, so laut hat das Tier miaut. Als ich mir die junge Kätzin genauer angesehen habe, hat sich mein Verdacht sofort bestätigt. Sie hat eine Fischgräte verschluckt und sie war ihr im Hals stecken geblieben. Zum Glück hat sich noch nichts entzündet. Ich habe das Ding entfernt, weil es zu meinem Job als Tierärztin gehört, jedem kranken Tier zu helfen und habe dem Mann Anweisungen gegeben, wie er seine Kätzin in den nächsten Tagen mit Schonkost füttern sollte. Er war mir sehr dankbar. Er hat ja sogar Tränen in den Augen gehabt! Und genau diese Tränen habe ich dazu benutzt, ihm die Kosten für meinen Einsatz zu stellen. Ich wusste, dass es riskant war und er mich verpetzen könnte, was meine ohnehin schon etwas angewachsenes Strafregister mit Erpressung hätte ergänzen können. Aber ich bin das Risiko eingegangen und es hat sich gelohnt. Ich habe ihn darum gebeten, die Akte etwas anzupassen. Er hat es getan. Ich habe also nie Hanfpflanzen über die Grenze transportiert. Es waren Geranien. Sie wurden konfisziert und das wars dann.»

Ich schaute Serafin erstaunt an und wusste erst einmal nicht, was ich sagen sollte. Aber dann lachte ich laut schallend los, weil die Geschichte so absurd war, dass man daraus schon eine Novelle hätte verfassen können.

«Du bist vollkommen verrückt, weißt du das? Auf die gute Art, meine ich.»

Serafin nickte und deutete eine Art Verbeugung an.

«Ich bin ja jetzt hier und das ist alles, was zählt. Oskar würde mir den Kopf doppelt und dreifach umdrehen, wenn er erfahren würde, dass ich seine geliebte Tochter allein in Frankreich umherreisen lasse. Da machen mir die Cops schon weniger Angst.»

Ich biss mir auf die Lippen.

«Er weiß es schon, sorry. Aber keine Angst, ich habe ihm gesagt, dass alles in Ordnung ist und du bald nachreisen würdest. Ich habe es geschafft, ihn zu beruhigen.»

«Eine Meisterleistung, so wie ich den Mann meiner Schwester kenne.»

«Ja, es war nicht einfach», pflichtete ich bei und erinnerte mich an das Telefonat, dass ich mit meinem Vater am Bahnhof gehabt hatte. Es kam mir vor, als wären seither Jahre vergangen. Wie lange waren wie nochmal hier in Frankreich? Waren es nicht erst sechs Tage?

«Wie hat unser guter alter Osi reagiert, als du ihn angerufen hast?»

«Erstmal ist er komplett ausgerastet.»

«Natürlich.»

«Dann habe ich ihm erzählt, wie wichtig mir die Reise ist, dass es uns gut geht und ich ja nicht allein sein würde, weil Jonas bei mir wäre…»

Bei der Erwähnung seines Namens musste ich kurz Luft holen.

«…und dann hat er eingewilligt.»

Serafin nickte mir anerkennend zu.

«*Chapeau*, würde man hierzulande sagen.»

Serafin nippte an ihrem Hagebuttentee und wir schwiegen eine Weile, jede in ihren eigenen Gedanken versunken, wobei ich nur daran dachte, wie glücklich ich war, dass meine Tante gekommen war und sowohl gute Laune als auch Ordnung in die Situation brachte. Wenn sie etwas gut konnte, dann war es, die Stimmung aufzuheitern. Und Katzen, die sich an Fischgräten verschluckt hatten, zu heilen – natürlich.

«Also gut, jetzt weißt du, was ich erlebt habe in den Tagen, in denen wir getrennt waren. Jetzt musst du mir deine Sicht der Dinge erzählen. Was ist so gelaufen hier in Frankreich, abgesehen davon, dass du jetzt nicht mehr dreien im Französischunterricht schreiben würdest? Ich sehe, dass du immerhin gut gegessen hast. Das Risotto, das Véra zum Mittag gemacht hat, war wirklich verdammt lecker», unterbrach Serafin die Stille und fügte hinzu, als sie mein Gesicht betrachtete, dass sich merklich verdunkelte: «Irgendetwas ist doch vorgefallen, das sehe ich dir an. Und es liegt sicher nicht am Essen. Du weißt, du kannst mir alles erzählen.»

Das wusste ich. Und deshalb war Serafin auch immer die Erste, die davon mitbekam, wenn ich mal wieder etwas angestellt hatte. Sie war mir nie böse. Das war es, was sie zur perfekten Vertrauensperson machte. Es war eher liebevolle Strenge und eine Art, wie sie mich dazu zwang, mich meinen Problemen zu stellen und sie zu lösen, mit der sie vorging. Genau das brauchte ich jetzt. Ich hatte es nicht verdient, mit Samthandschuhen angefasst zu werden, für das, was ich getan hatte. Aber ebenso wenig brauchte ich jemanden, der in Hysterie verfiel, sobald ich von gestern Abend erzählte, wie zum Beispiel mein Vater. Serafin war genau die Person, die mir helfen konnte, zumal sie selbst ebenso wenig ein sorgenfreies Unschuldslamm war wie ich.

Also erzählte ich ihr alles. Ohne um den heißen Brei herumzureden. Und ich musste mir selbst eingestehen, es tat verdammt gut. Zwar war es nicht ganz einfach, meiner Tante zu gestehen, dass ich in ihrer Abwesenheit geraucht, Spiritus getrunken, irgendwelche Drogen genommen, – wobei ich diese nicht einmal benennen konnte – eine Schlägerei verursacht und eine Beziehungskrise mit meinem besten Freund begonnen hatte und dabei erfolglos darin geblieben war, meine eigentliche Mission zu erfüllen.

Serafin hörte mir schweigend zu, runzelte die Stirn, rastete aber weder aus, noch stellte sie unangebrachte Fragen, noch schüttelte sie den Kopf und sie wurde nicht einmal ansatzweise ein kleines bisschen hysterisch.

Als ich meine Erzählung beendet hatte – nicht ohne dabei selbst ein wenig hysterisch geworden zu sein, wie ich es von meinem Vater geerbt hatte – seufzte sie nur und nahm mich in die Arme.

«Du hast dich da ganz schön in was reingeritten, Kiki.»

Die Tränen schossen mir in die Augen und tropften auf Serafins grün gemusterten Poncho.

«Na na, nicht weinen! Das ist nichts, was sich nicht wieder richten lässt. Ehrlich gesagt, hätte ich sogar mehr von dir erwartet. Wenn du wüsstest, was ich alles angestellt habe, als ich eine Jugendliche gewesen bin. Meine Strafakte sollte man einrahmen und aufhängen», erzählte Serafin lachend.

«Ich kann es mir lebhaft vorstellen», entgegnete ich und ein Grinsen stahl sich auf mein tränenüberströmtes Gesicht wie ein Regenbogen sich über den verregneten Himmel spannte.

«Was schlägst du vor, was ich als nächstes tun soll? Um ehrlich zu sein, sehe ich keinen Ausweg mehr.»

Ich löste mich langsam von meiner Tante und strich mit der Hand über ihren Rücken, um die Tränen wenigstens etwas wegzuputzen, ehe sie sich in den Stoff saugten.

«Du musst mit Jonas reden. Ob er will oder nicht. Ihr müsst euch aussprechen und die Sache aus der Welt schaffen. Du wirst sehen, am Ende war alles doch nur ein dummes Missverständnis. Außerdem hat Eifersucht Grenzen, wenn es darum geht, dass man zusammenhalten muss.»

«Du meinst, Jonas war von Anfang an nur eifersüchtig auf Alain?», fragte ich ehrlich verwundert, weil die Antwort mir so plausibel vorkam und ich trotzdem noch nicht darüber nachgedacht hatte.

«So, wie du mir die Lage geschildert hast, auf jeden Fall. Und insgeheim bist du doch hauptsächlich auch nur wütend auf ihn, weil er dir aus dem Weg geht und jetzt mit dieser Florence etwas anfängt.»

«...und weil er mich bemuttert!», fügte ich etwas empört hinzu.

«...und weil er dich bemuttert, das kann auch sein», gab Serafin nach.

«Mit ihm zu reden ist die einzige und einfachste Lösung für alles. Sag ihm einfach die Wahrheit. Was du fühlst, was du denkst und was du dir von ihm wünschen würdest. Wirf ihm nicht vor, was er falsch gemacht hat, sondern zeig ihm deine Sicht der Dinge auf.»

«Er hat eigentlich nicht viel falsch gemacht. Es war alles meine Schuld. Ich habe es so weit gebracht, dass Alain jetzt im Spital ist, dass die Party abgebrochen werden musste und dass sogar die Polizei involviert war.»

«Nein! Es war nicht deine Schuld. Verbanne diesen Gedanken sofort aus dem Kopf, ja? Es ist einfach dumm gelaufen und jeder von euch hat unabsichtlich Fehler gemacht. Das ist ganz normal und kann passieren.»

Ich sah Serafin an und spürte den Funken Hoffnung, den sie in mir geweckt hatte.

«Also gut, ich gehe zu ihm. Und zu Alain, Florence und Morgane auch. Ich glaube, es gibt da Dinge, die wir im Plenum besprechen sollten.»

Serafin nickte.

«Tu es am besten gleich jetzt, wo du den Mut dazu verspürst. Ich laufe schon nicht davon. Wir werden noch viel Zeit haben zu reden.»

«Ich bin gleich zurück!», sagte ich, sprang auf und ließ mich von meinem Tatendrang und wiedergefundenen Lebensgeist steuern.

Die Hand auf der Türklinke, drehte ich mich aber noch einmal zu meiner Tante um.

«Serafin?»

«Ja?», fragte sie, nachdem sie noch einen genießerischen Schluck von diesem widerlichen Hagebuttengesöff genommen hatte. Ich überlegte gut, was ich ihr sagen wollte.

«Ich bin so froh, dass ich dich wieder habe.»

«Ich habe doch gesagt, ich reise euch nach. Hast du ernsthaft, geglaubt, ich würde mein Versprechen nicht einhalten?»

«Nein, das meinte ich nicht. Nicht nur. Ich wüsste nicht, was ich täte und wo ich jetzt stehen würde, wenn wir dich diesen Sommer nicht wieder zurück in die Familie gebracht hätten. Du hast so viel versaut, das Honighaus abgefackelt und gleichzeitig alles gerettet.»

Jetzt war es Serafin, die ein Träne in den Augen hatte und kein Kleidungsstück von mir war in der Nähe, um sie aufzufangen.

«Oh, jetzt werde ich glatt sentimental. Das ist jetzt aber wirklich deine Schuld. Geh jetzt, du ungezogene Göre! Du bringst mich nur zum Weinen», sagte sie halb lachend, halb weinerlich und ich trat nach einem Luftkuss in ihre Richtung in den Flur.

Das Büro. Jonas provisorisches Gästezimmer. Mein Ziel, dass ich ohne Umwege und Zögern ansteuerte. Viel zu schnell stand ich schon im ersten Stock, starrte die geschlossene, hölzerne Tür an und kämpfte mit meinem beschleunigten Herzschlag, ehe ich die Hand zu einer Faust ballte und etwas zu laut anklopfte.

Dann wartete ich. Nichts geschah. Drinnen rührte sich nichts. Ob Jonas extra so tat, als wäre er nicht da?

«Jonas, kannst du bitte öffnen? Ich muss mit dir reden.»

Immer noch keine Reaktion. Noch einmal klopfte ich an, leiser diesmal.

«Jonas?»

Ok, jetzt hatte ich genug von seinen Spielchen. Meine Hand glitt zum Türgriff hinunter und ich drückte diesen und fiel ins Zimmer hinein, ohne mir erst zu überlegen, ob ich Jonas womöglich in einem Zustand vorfinden würde, der nicht für meine Augen gedacht war. Ihn in gar keinem Zustand vorzufinden, war jedoch ebenso wenig das, was ich erwartete, hatte, als ich eher instinktiv und emotionsgesteuert als geplant ins Zimmer hineingeplatzt war.

Die zerwühlte Decke auf der Matratze und die Kleidungstücke, die auf dem Boden neben der Reisetasche lagen, waren das einzige Indiz dafür, dass dieses Zimmer in dieser Nacht bewohnt gewesen war. Aber Jonas war nicht mehr da.

... dann gehe ich zu Florence. Jonas Worte kamen mir wieder in den Sinn. Als er sagte, er würde zu Morganes Schwester gehen, hatte er wohl nicht gemeint, dass er zu ihr ins Zimmer gehen würde oder sie zu ihm, wie

ich zuerst angenommen hatte. Er hatte mit ihr das Haus verlassen. Vermutlich dann, als ich mit Serafin im Gästezimmer gesessen und es deshalb nicht mitbekommen hatte. Wohin waren sie wohl gegangen?

Nochmal spielte ich in Gedanken die Szene nochmal durch, als Jonas beim Kamin vor mir stand. Er hatte mir nicht gesagt, wohin sie gehen würden. Vermutlich, weil er nicht wollte, dass ich ihm folgte. Aber ich nahm an, dass irgendjemand in diesem Haus Bescheid wissen musste, wo die beiden hingegangen waren. Ich durfte Zuhause schließlich auch nicht einfach abhauen, ohne vorher etwas zu sagen. Und ich wusste, dass diese *irgendjemand* vermutlich Morgane sein musste. Zwillinge erzählten sich schließlich immer alles, oder? Um das bestätigen zu können, müsste man sie fragen.

Ich verließ Jonas' Zimmer und durchquerte den Flur, bis ich an dessen Ende vor Morganes ebenso verschlossener Zimmertür stand. Ich hob meine Faust und klopfte an, wie ich es eben bei Jonas' Tür gemacht hatte. Genauso laut. Aus Erfahrung konnte ich sagen, dass sich ein verkaterter Mensch nicht so leicht aus dem Schlaf reißen ließ. Genau deshalb klopfte ich auch noch ein zweites Mal an.

Niemand öffnete, aber ich hörte eine raschelnde Bettdecke, ein ausgiebiges Gähnen, worauf ein gequältes Stöhnen folgte. Keine Schritte. Niemand kam zur Tür.

«Kira, bist du's? Komm rein! Es ist offen!», hörte ich eine heisere Stimme von drinnen und musste schmunzeln. Na, hoffentlich war offen! Morgane musste schon ganz schön mitgenommen sein, solchen Blödsinn zu erzählen. Und Aufstehen ging offenbar auch nicht mehr. Dennoch folgte ich ihrer Aufforderung und trat ins Zimmer herein, wo mich dämmriges Licht empfing.

Morgane lag im Bett unter einer zerwühlten Bettdecke, die nackten Arme und Beine links und rechts darunter hervorgestreckt, die lockigen Haare sonst wo um ihr bleiches Gesicht verteilt.

Die Luft im Zimmer war stickig, roch etwas muffig und es war noch dunkel, da weder die Fenster geöffnet noch die Fensterläden hochgekurbelt worden waren.

«Wie geht's dir?», fragte ich eher scherzhaft als ernst, da offensichtlich war, wie Morgane – oder was von ihr übrig war – sich fühlte. Und um ehrlich zu sein, beruhigte mich die Gewissheit, dass es nicht nur mich gab, die heute etwas neben der Spur war.

«Es tut mir so leid, dass die Party gestern so enden musste. Wirklich, das wollte ich nicht. Ich habe nie beabsichtigt, dass es so ausarten würde», entschuldigte sich Morgane ausgiebig bei mir, anstatt auf meine Frage zu antworten. In ihr Gesicht stand ein gequälter Ausdruck geschrieben, ihre Augen waren blutunterlaufen.

«Ich weiß nicht, wie ich das wieder gutmachen soll. Ich wollte doch nur, dass du ein bisschen von all diesem wirren Kram wegkommst und…»

«…etwas Spaß hast?», beendete ich Morganes Satz, weil mir ihre langsamen, lallenden Worte in den Ohren nachzuhallen begannen und es mir einfach vorkam, ihre Worte für sie zu beenden.

«Ja! Kira, ich bin so eine Idiotin. Ich wusste nicht, dass Alain dermaßen übertreiben würde. Es hätte weiß nicht was passieren können. Ich habe alles kaputtgemacht.»

Auf einmal spürte ich das Bedürfnis, sie bei ihren Selbstvorwürfen zu unterbrechen, weil es mich an meine eigenen Worte erinnerte. Wir drehten uns im Kreis, wenn jeder von sich selbst behauptete, die alleinige Schuld an allem zu haben.

Also Schluss mit den elenden Vorwürfen. Serafin hatte Recht, es war einfach nur dumm gelaufen.

«Du bist keine Idiotin. Es war nicht deine Schuld. Mach dir keinen Kopf wegen gestern. Außerdem – mir geht es gut! Sogar besser als dir, offensichtlich.»

Meine Worte entlockten Morgane ein schwaches Lächeln.

«Dachte ich mir. Wenn es dir schlechter gehen würde als mir, wärst du tot», sagte sie.

«So schlimm?»

Morgane nickte, wenn auch mit einem schelmischen Grinsen im Gesicht.

«Aber keine Sorge, ich werde es überleben. Und bei dir wird auch alles wieder gut, schließlich haben wir auf der Party unsere Köpfe gelüftet.»

«Wohl eher mit Alkohol abgetötet und desinfiziert, meinst du.»

«Ist doch dasselbe.»

Ich lachte, nicht nur wegen Morganes blöder Scherze, sondern weil sie wirklich daran zu glauben schien, dass alles wieder gut werden würde. Dass der gestrige Abend bald vergessen – oder zumindest zu den schlechten Erinnerungen weggesperrt – werden würde.

«Ich glaube auch, dass sich alles wieder zum Guten wendet. Auch zwischen Jonas und mir. Und dir und Alain. Zwischen uns allen. Deswegen bin ich hergekommen. Ich habe vorhin mit Jonas reden wollen, aber er ist nicht in seinem Zimmer. Ich vermute, dass er mit Florence unterwegs ist. Weißt du vielleicht mehr?», fragte ich in der Hoffnung, dass sich das Zwillinge-wissen-alles-übereinander-Ding doch noch bestätigen würde. In diesem Fall käme es mir nämlich sehr gelegen.

Die Art wie Morgane nur da lag, alle Viere immer noch von sich gestreckt und mich mit einem müden, etwas leeren Blick anstarrte, als würden die Rädchen in ihrem Kopf noch drehen, bis sie die Antwort auf meine Frage gefunden hatte, brachte mich erneut zum Schmunzeln.

«Ach ja, die beiden sind vor etwa einer Stunde aus dem Haus gegangen. Florence hat mir gesagt, dass sie etwas für ihre Maturaarbeit machen müsste und dabei jemanden bräuchte, der für sie Fotos macht. Sie beschimpfte mich einer nichtsnutzigen Alkoholleiche von Schwester und sagte, dass sie Jonas fragen würde, ob er sie begleitete.»

«Weißt du, wo sie genau hingegangen sind?»

«Ich vermute, zur großen Eiche im Wald. Du weißt schon, dort wo wir gepicknickt haben und der Bienenstock hängt.»

Das Lächeln erstarrte zeitgleich in meinem Gesicht, wie es das Blut in meinen Adern tat.

«Jonas wird auf einen Baum klettern, wo ein Bienenschwarm hängt und ihm tausende der Dinger um die Ohren schwirren?»

«Ja, habe ich doch gesagt. Ist gar nicht so gefährlich, wie du glaubst.»

«Wenn du wüsstest!»

Mit diesen Worten rannte ich aus dem Zimmer.

-Kapitel 22-

Naturfotografie ist ein gefährlicher Beruf

Ich rannte so schnell mich meine wackligen Beine tragen konnten, in dem Wissen, dass, egal wie schnell ich war, es nicht schnell genug war. Jede Sekunde zählte, wenn ich der Zeit nicht sogar schon hinterherhinkte und die Katastrophe schon eingetreten war, wenn ich endlich ankommen würde.

Die Strecke zur alten Eiche im Wald kam mir auf einmal viel länger vor, obwohl ich vermutlich dreimal so schnell lief wie beim letzten Mal, als wir auf dem Ausflug dahingegangen waren. Täuschte ich mich oder war es der Wind, der mir ins Gesicht bließ, und mich immer dann langsamer zu machen schien, wenn ich es nicht gebrauchen konnte?

Es hatte aufgehört zu regnen. Dennoch wütete die Umgebungsluft nur so um mich herum und ließ keinen Zweifel daran, dass das Unwetter des heutigen Tages noch nicht alles gegeben hatte. Am Horizont türmten sich dunkle Wolken auf.

Ich rang mit mir, nicht anzuhalten und eine Verschnaufpause zu machen, als ich den Feldweg erreichte, der einer Ansteigung zum Wald hinauf folgte. Das Wissen, was passieren würde, wenn Jonas tatsächlich da im Wald auf Florences Bitte hin in einem Bienenstock herumstocherte, trieb mich an wie unsichtbarer Brennstoff. Adrenalin, vielleicht.

Während ich den erdigen Pfad bis zum Waldrand hinaufrannte, versuchte ich, mir nicht bildlich vorzustellen, was mich gleich an meinem Ziel erwarten würde.

Jonas – der Bienenallergiker – der bereits bewusstlos am Boden lag. Sein blutleeres Gesicht. Der dick angeschwollene, mit Stichen übersähte Hals, der ihm das Atmen unmöglich machte. Florence, die einfach nur dastand, überfordert mit der Situation und ich, die eintraf und nichts mehr würde tun können…

Natürlich malte ich mir das Szenario dann doch aus. Ich konnte nicht anders. Zu furchterregend waren die Dinge, die ich befürchtete. Warum konnten in meinem Kopf nicht einmal Dinge herumflitzen, die schön waren? Ein Einhorn, das Honigomelette aß – zum Beispiel. Auch wenn das eher ein fragwürdiger, als ein schöner Gedanke war. Hauptsache, niemand schwebte darin in Lebensgefahr.

Die Bäume schwankten im Wind, welke Blätter zischten wie Geschosse durch den Wald. Im Zickzack preschte ich durchs Unterholz, ohne darauf zu achten, das Dornenranken meine Beine und Arme zerkratzten. Nur ein Ziel vor Augen: Die Person, die ich vor wenigen Stunden am liebsten noch gegen eine Wand geklatscht hätte und dessen Leben ich nun retten musste.

Ich erreichte die vertrauten Pfade, bei deren Anblick mir sofort klar wurde, dass ich mich auf dem richtigen Weg befand. Wenn mich mein Orientierungssinn jetzt nicht völlig im Stich liess, hätte gleich hinter der Böschung die alte Eiche sein sollen. Und da war sie auch.

Schnaufend kam ich zum Stehen, wobei der Anblick des uralten, fast märchenhaften Baumes ganz und gar nicht mehr so eindrucksvoll und bezaubern auf mich wirkte wie beim ersten Mal, als ich hierhergekommen war, sondern mir den Atem raubte.

Da stand er. Jonas. Oder besser gesagt – da hing er. In der Krone des alten Baums, kaum einen Meter vom Nest entfernt, wo Bienen ein und ausgingen und ihm schon bedrohlich summend um die Ohren schwirrten. Er hatte einen Handystick in der Hand, an dessen Ende war das Handy eingesteckt, mit welchem er offensichtlich versuchte, Videos und Fotos vom Nest zu schießen. Aus einer einzigartigen Perspektive. Bilder, die unter die Haut gingen. Wie Stacheln. Im wahrsten Sinne des Wortes.

«Jonas! Bist du vollkommen verrückt geworden? Was treibst du da oben!?», rief ich meinem Freund zu und bemerkte zu spät, wie schrill meine Stimme klang. Schrill und noch etwas; hysterisch.

Jonas drehte den Kopf zu mir und ich konnte in seinen Augen Verwunderung darüber erkennen, dass ich so plötzlich wie aus dem Nichts aufgetaucht war.

«Reg dich ab. Er kommt ja gleich wieder runter. Das sind keine wilden Löwen, sondern nur ein paar Bienen.»

Erst jetzt bemerkte ich Florence, die hinter ein paar Ästen verborgen auf der anderen Seite des Baumes hockte. Offensichtlich sollte sie auf den Fotos zu sehen sein. Deshalb brauchte sie Jonas' Hilfe.

«Nur ein paar Bienen, ja? Hast du dir schon einmal überlegt, dass ein paar Bienen für einen Bienenallergiker schlimmer sind als eine ganze Horde Löwen?»

Den Ausdruck in ihrem Gesicht konnte ich nicht erkennen, denn es war hinter den Blättern verborgen, aber ich hörte laut und deutlich, wie Florence nach Luft schnappte.

«Du bist auf Bienen allergisch? Verdammt! Warum hast du mir das nicht gesagt?!»

Florences Ausruf war an Jonas gerichtet. Ich spürte, wie die Wut auf sie in mir langsam verflog. Sie hatte von Jonas Allergie nichts gewusst. Sie hatte ihn also nicht absichtlich in Lebensgefahr gebracht. Es war allein sein Verdienst, dass er jetzt da oben hockte und jede Sekunde gestochen werden könnte, was so typisch Jonas war, dass es mir die Kehle zuschnürte. Er wollte nie jemanden mit seinen Problemen belasten und würde offensichtlich sogar sein Leben geben, damit es anderen gut ging. Das war der Jonas, den ich kannte. Und lieben gelernt hatte. Aber genau diese Eigenschaft war es, die ihn überhaupt erst in die verzwickte Lage gebracht hatte, in der er jetzt steckte.

«Ja, ich bin auf Bienen allergisch. Aber ich dachte mir, wenn ich aufpassen würde, wird mir schon nichts passieren.»

«Du meinst, so wie du aufgepasst hast, als du letzten Sommer bei uns auf dem Parkplatz rein instinktiv nach einer Biene geschlagen hast und sie keine Sekunde gezögert hat, dich in den Arm zu stechen?», konterte ich immer noch in den Baum hinaufstarrend, meine Stimme nicht mehr ansatzweise so schrill und laut, wie sie es noch zuvor gewesen war.

«Nicht fuchteln, hat mir mal jemand gesagt», entgegnete Jonas, als hätte er etwas daraus gelernt, was ich ihm als gut gemeinten Rat im Bezug zu Bienen mit auf den Weg gegeben hatte. Schon allein die Tatsache, dass er sich meine genauen Worte gemerkt hatte, machte mich einen Moment lang rührselig.

«Kommst du bitte trotzdem runter?»

Jonas nickte nur und machte Anstalten, vom Baum hinunterzusteigen. Als ich schon der felsenfesten Überzeugung war, dass wir vielleicht doch endlich begonnen hatte auf ein Happy End zuzusteuern, geschah es. Solche Dinge passierten immer dann, wenn man sie am wenigsten erwartete.

Erst war es nur ein bedrohliches Knacken, dass der Ast von sich gab, als Jonas sein Gewicht darauf stützte. Dann gab er mit einen Ächzen nach und Jonas stürzte in die Tiefe. Noch während er fiel, stieß er einen markerschütternden Schrei aus und prallte dann mit einem dumpfen Schlag auf dem Waldboden auf, deren Blätterdecke seinen Sturz etwas abfederte.

An seinem schmerzverzerrten Gesicht erkannte ich jedoch sofort, dass ihm der gebrochene Stumpf des Astes das Bein der Länge nach aufgerissen haben musste, als er daran entlang in die Tiefe gefallen war. Blut quoll in Strömen daraus hervor und färbte seine Jeans in Sekunden dunkelrot. Der Stoff war an dieser Stelle komplett durchgerissen und gab die Sicht auf eine Unterarmlange, tiefe Fleischwunde frei.

Jonas stöhnte laut auf, als sein Versuch aufzustehen fehlschlug und er auf den Boden zurückfiel. Ich erkannte die Bluttropfen, die das Laub zu sprenkeln begannen.

Der Schock musste mir so tief in den Gliedern sitzen, dass ich mich regelrecht dazu zwingen musste, mich aus meiner Erstarrung zu lösen und zu Jonas hinüberzueilen. Aber, was konnte ich schon tun? Er brauchte einen Krankenwagen. Ein Rettungsteam. Sofort. Ehe er zu viel Blut verlor.

Ich erreichte meinen Freund zeitgleich mit Florence, die vom Baum hinuntergeklettert war. Es war kaum zu übersehen, wie sie am ganzen Leib zitterte und es war gut, dass sie nicht das Gleichgewicht verloren und auch gefallen war.

«Was sollen wir tun?», fragte sie mich, ihre Augen dunkel vor Angst.

«Wir müssten einen Krankenwagen rufen. Anders geht es nicht. Er verliert sehr viel Blut.»

Auch wenn ich angenommen hatte, dass das nicht möglich wäre, verfinsterte sich der Blick meiner Gegenüber noch mal um ein paar Nuancen.

«Meinst du, sie schaffen es, mit dem Krankenwagen bis zum Waldrand heranzufahren?»

Darüber wollte ich gar nicht nachdenken.

«Müssen sie einfach. Dann können sie ihn mit einer Trage aus dem Wald holen. Hast du gehört? Das wird wieder, Jonas.»

Er antwortete mir nicht. Obwohl er die Augen noch geöffnet hatte, bemerkte ich, wie er uns langsam davondämmerte.

«Scheiße. Wir müssen und beeilen! Hast du ein Handy dabei?», fragte ich Florence, weil ich natürlich mal wieder so blöd gewesen war, ohne mein Handy aus dem Haus zu rennen, als wäre ein Schwarm Bienen hinter mir her.

Florence schüttelte den Kopf. Tränen überströmten ihr Gesicht.

«Ok, dann werde ich Jonas' Handy nehmen. Drück währenddessen irgendetwas auf seine Wunde!»

Florence brauchte ein paar Sekunden, um zu begreifen, was ich gesagt hatte. Ohne zu zögern, riss sie sich den Pullover vom Leib und knotete ihn um Jonas Bein, sie selbst nur noch im Unterhemd.

Ich machte mich wie in Trance daran, mich nach dem Handy umzusehen, mit dem Jonas noch bis vor ein paar Augenblicken Bilder aufgenommen hatte.

Mir war bewusst, dass es die einzige Möglichkeit war, wie wir Kontakt mit dem Rettungsdienst aufnehmen könnten. Wenn das Gerät vom Sturz einen Schaden genommen hatte, dann… Nein, ich durfte mir nicht das Schlimmste ausmalen.

Ich sah mich um, weil der Stick in Umkreis von einigen Metern gelandet sein sollte, und erkannte ihn an seiner Mintgrünen, sich deutlich vom braunen Waldboden abhebenden Farbe sofort. Auf allen Vieren griff ich nach dem Stab, der nur einige Meter hinter mir lag. Das Handy war immer noch darin befestigt.

Mit klopfendem Herzen befreite ich es aus der Halterung und stellte erleichtert fest, dass es noch ganz war. Und funktionierte. Jedenfalls die wenigen Augenblicke lang, bis ich die Telefonapp gewählt hatte und die 144 wählen wollte.

Dann wurde der Bildschirm schwarz.

Kein Akku mehr.

-Kapitel 23-

Was schon immer vor der Nase lag

Meine Augen sahen, was mein Gehirn nicht erkennen konnte. Nicht wollte.

Das durfte doch nicht wahr sein!, dachte ich mir nur.

Nein. Nein. Und nochmal nein.

Aber der schwarze Bildschirm sagte mir die Wahrheit laut und deutlich ins Gesicht. Er sagte mir, dass ich jetzt stark sein musste. Körperlich, weil es bedeutete, dass wir Jonas irgendwie zum Haus bringen mussten, und mental, weil alles in mir schon vom Beginn dieses Horrortrips an danach geschrien hatte, sie alle hier stehen zu lassen und davonzulaufen. Aber ich war nicht der Typ dafür, andere im Stich zu lassen. Erst recht nicht, wenn es sich um meine Freunde handelte.

Woher ich die Kraft dazu nahm, mein Gehirn zum Nachdenken zu bringen und Florence völlig ruhig und gefasst die Nachricht überbrachte, dass wir ohne Kontakt zu Hilfe im Wald festsaßen und es meines Erachtens bald einen Sturm geben würde, konnte ich mir nicht erklären. Innerlich fühlte ich mich jedenfalls wie Florence, die bei meinem Lagebericht kurz abzustürzen schien, so wie ihr Gesicht einen leblosen Ausdruck annahm, ich reagierte nur anders darauf.

Das hier konnte nur wieder gut werden, wenn wir die Nerven behielten. Anders ging es nicht. Es war, als wäre der Überlebensmodus in meinem Kopf, der genau dafür programmiert und nun eingeschaltet worden war. Vielleicht war es genau das, was er hier und jetzt brauchte.

«Hilf mir, ihn aufzustellen. Er soll sich mit seinen Armen an uns stützen.»

Florence reagierte sofort und schien willig zu sein, dem dahergelaufenen Mädchen, dass sie eigentlich zu hassen beschlossen hatte, zu helfen. So schnell konnten sich Leute ändern. Obwohl ich irgendwie schon immer gewusst hatte, dass Florence nicht so war. So… kalt. Als gäbe es da irgendetwas, was sie mir vorenthielt und es deshalb vermied, mit mir in Kontakt zu treten.

Eine Windböe fegte durch den Wald und erinnerte mich daran, dass wir es eilig hatte. Und das nicht nur wegen des aufkommenden Unwetters.

Tatkräftig packte ich Jonas am Arm und wollte ihn auf die Beine ziehen, erschrak jedoch, als ich bemerkte, was für ein schlaffes Bündel er unter meinem Griff war. Ihn aufzurichten stellte sich schon als eine große Schwierigkeit heraus. Ihn auf die Füße zu stellen, war schier unmöglich. Sein Gesicht war totenbleich, sein Kopf baumelte von seinen Schultern. Er war nicht vollkommen weg, aber auf keinen Fall mehr hundertprozentig bei uns.

«Halt durch Jonas, bis zum Haus ist es nicht weit», zischte ich ihm leise mit zusammengebissenen Zähnen ins Ohr, obwohl ich mir nicht ganz sicher war, ob er mich noch wahrnahm. Ich wollte ihm einfach Mut machen. Das war alles. Ich wollte ihn nicht damit belasten, dass ich mir Sorgen machte. Dass ich nicht sicher war, ob wir es schaffen würden.

Würden wir Jonas überhaupt bis zum Haus schleppen können? Klar, er war nicht schwer für seine Größe, dennoch wog er viel mehr als Florence und ich und brachte als schlaffer Sack dennoch um die siebzig Kilo auf unsere Schultern. Das Gewicht schien bei jedem Schritt, den wir vorwärtskamen, schwerer zu werden. Bei jedem Meter, den wir zurücklegten, schien außerdem der Wind stärker zu werden, als würde er versuchen, uns wieder zur Eiche zurückzuschieben. Als würde uns die Natur absichtlich in die Karten spielen. Ein Glück, war ich nicht abergläubisch. Und mochte die Natur.

Eher torkelnd als laufend kamen wir voran. Schritt für Schritt. So musste man das sehen. Jeder Schritt brachte uns unserem Ziel näher. Jeder Schritt verursachte Schmerzen und ließ die Zeit etwas mehr ablaufen, jedoch nur gering. Ich durfte mir die Strecke, die es zu laufen galt, gar nicht erst vorstellen.

Trotz all meiner positiven Gedanken knickten Florences – oder auch meine – Knie plötzlich ein, als wir einen Waldweg erreichten, was dafür sorgte, dass wir alle ins Stolpern gerieten und bäuchlings auf dem Waldboden landeten. Ich wollte gar nicht mehr aufstehen. Ich wollte nicht, aus dem einfachen Grund, dass wir sowieso wieder hinfallen würden, ohne einen Meter weiter gekommen zu sein. Die Tatsache, dass Jonas einfach zu groß und zu schwer war, dass Florence und ich ihn allein zum Haus zurücktransportieren könnten, wog schwer und kam über mich wie die dunklen Wolken, die sich über unseren Köpfen auftürmten. Ich brauchte nicht einmal nach oben zu schauen, um zu wissen, dass es anfing zu regnen. Die einzelnen Tröpfchen, die es durch die fast blätterlosen Baumkronen schafften und kalt wie Eisklumpen auf meiner Haut landete, und der heftige Windstoss, der mich, wären wir aufgestanden, sowieso zu Boden gedrückt hätte, waren Indizien genug dafür. Die Chance, es noch vor dem Unwetter zum Haus zu schaffen, hatten wir längst verspielt.

Mit letzter Kraft, auch wenn sie mich nicht mehr weiterbringen würde, schaffte ich es, Jonas schlaffen Körper erneut aufzuraffen und ihn an einen Baumstamm zu lehnen. Sein Gesicht war mittlerweile schneeweiß geworden und weckte in mir den düsteren Gedanken, dass es für ihn schon bald zu spät sein könnte. Dass er schon so viel Blut verloren hatte und später an Folgeschäden leiden würde. Konnte das sein? Und wäre es meine Schuld, wenn Jonas fortan sein Leben lang mit einem Defizit würde leben müssen, weil wir es mir verdankten, dass er mir auf diese dämliche, selbst auferlegte Mission gefolgt war, weil man mich verdammt noch mal nicht allein lassen konnte?

Nein – verflucht. Das durfte nicht sein! Ich würde das nicht zulassen. Andererseits – was hatte ich denn hier noch zu wählen?

Ich rang mit den Tränen und dass sie nicht aus mir herausströmten, wie aus einem Waschlappen, den man ausdrehte, lag allein daran, dass es die neben mir kauernde Florence war, die plötzlich schluchzte und der das Wasser nur so übers Gesicht strömte. Völlig perplex starrte ich sie an.

«Kira, ich muss dir etwas sagen. Ich hätte es dir schon lange sagen sollen, aber ich hatte Angst. Außerdem erschien es mir nie der richtige Zeitpunkt dafür.»

Jetzt war auch nicht der richtige Zeitpunkt dafür! Jonas schwebte in ernsthafter Gefahr und Florence fiel nichts Besseres ein, als zu reden. Über was über? Mädchenkram?

Ich hätte mir meine Entrüstung, die allein meiner eigenen Angst entsprang, am liebsten ins Gesicht geschrien, besann mich jedoch etwas Besserem und nickte nur.

«Ich habe etwas Furchtbares getan. Als du hergekommen bist und du gesagt hast, dass du die angefangene Arbeit deiner Mutter suchst, da wusste ich schon, dass die Sache nicht gut enden würde. Kann sie gar nicht, weil… weil ich nichts gesagt habe. Und wir deshalb so zerstritten sind und ja – weil wir deswegen hier sind! Ich habe die Dokumente. Ich habe sie gestohlen und für mich behalten, weil ich sie für meine Maturaarbeit brauche.»

Florence wurde von einem erneuten Stoss Tränen heimgesucht. Ich hingegen blieb still. Vielleicht, weil ich einen Moment brauchte, um zu verarbeiten, was ich gerade gehört hatte. Weil mein Kopf etwas hinterherhinkte und eigentlich immer noch mit einer ganz anderen Sache beschäftigt war, nämlich mit Jonas und der Frage, wie wir ihn retten konnten.

Oder aber, weil ich insgeheim ganz genau verstanden hatte, was Florence mir gerade knallhart gestanden hatte und ich es nicht wahrhaben konnte. Nicht wahrhaben wollte. Weil ich mir so verdammt dämlich vorkam und die Lösung aller Rätsel wieder einmal vor meiner Nase gelegen hatte, während ich die halbe Welt in Bewegung gesetzt hatte, um zu finden, was ich suchte. Weil es mir jetzt vollkommen logisch vorkam, dass Florence die Dokumente schon von Anfang an hatte und dass ich mich einfach nur auf sie hätte einlassen müssen und mit ihr hätte reden sollen, anstelle wie ein verletztes Tier auf ihre Zurückweisung zu reagieren und es bis zu diesem Punkt kommen zu lassen.

Auch wenn alle das Gegenteil behaupteten und ich angefangen hatte, an die schlechten Karten zu Glauben, die das Schicksal uns ausgeteilt hatte, ich war das Problem an allem. Genauer gesagt meine Naivität. Meine Verbissenheit. Mein Sturkopf.

Florence sah mich an, als erwartete sie eine Antwort von mir. Aber die würde nicht kommen.

Während die Gefühle und Gedanken im mir nur so herumwirbelten, gelangte nichts davon mehr an die Oberfläche, weil mir der Schock zu tief in die Glieder gefahren war. Es war, als würde ich mich in einem Körper befinden, der zwar mir gehörte, über den ich zu diesem Zeitpunkt aber absolut keine Kontrolle mehr hatte. Und auch, weil mein Unterbewusstsein mir immer noch zuflüsterte, dass hier und jetzt nicht der richtige Zeitpunkt dafür war, Diskussionen um die Rolle des Sündenbocks zu führen.

Florence hatte mich hängen lassen. Und wie. Vermutlich hätte sie mich um die halbe Welt rennen lassen, um diese Dokumente zu finden, und hätte es mir dennoch nicht mitgeteilt, dass sie diese längst gefunden hatte.

Dennoch war es nicht grenzenlose Wut, die ich empfand, wenn ich ihr ins Gesicht sah. Vielleicht war dem so, weil ich wusste, dass sie es nicht getan hatte, um mir zu schaden. Weil sie mich abgrundtief hasste. Nein, sie hatte mich ja noch nicht einmal gekannt, als sie ihre Tat begonnen hatte. Es war die Angst, dass ich alles versaute, indem ich die Arbeiten zurückforderte, wenn ans Licht kommen würde, dass sie im Grunde genommen nie einen Anspruch darauf gehabt hatte, die mich plagte. Sie hatte das Potenzial darin entdeckt und hatte versucht, unter die Leute zu bringen, was unter die Leute gehörte.

Des vielen, dessen ich Florence beschuldigen könnte, alles, was sie getan hatte, erschien mir dennoch nur auf eine Weise: verständlich.

Zorn war nicht das richtige, um darauf zu reagieren, selbst wenn da noch genug Energie in mir gesteckt hätte, ihr all diesen ins Gesicht zu schleudern.

Deshalb bekam ich erst mit, dass Hilfe nahte, als diese uns schon beinahe erreicht hatte. Das Toben und Brausen des Windes übertönte Morganes und Williams Schritte, die man im trockenen, wenn auch nassen Herbstlaub eigentlich deutlich hätte hören müssen.

Aber es war nicht nur das. Meine Sinne spielten verrückt. Ich sah die beiden nur verschwommen vor meinen Augen, selbst als sie direkt vor mir standen. Vielleicht die Unterkühlung. Die Erschöpfung. Die Angst. Oder alles zusammen.

Ich hörte Morganes Worte, die hektisch auf mich einredete, als würde sie hinter einer Glasscheibe stehen, die es ihr dennoch ermöglichte, meine Oberarme fest mit ihren Händen zu packen.

Währenddessen war es William, der Jonas auf seine Schultern hob, als wäre er aus Styropor. Das Gewicht an meiner Schulter verschwand augenblicklich. Und damit auch die Verantwortung, die ich für das schlaffe Bündel an meiner Seite bis zu diesem Moment tragen musste.

Irgendwo in meinem Hinterkopf formte sich der Gedanke, dass nun alles gut werden würde. Sie hatten uns gefunden. Sie waren zu uns gekommen, um uns nachhause zu bringen. Jonas würde es schaffen und das hier nahm endlich ein Ende.

Die Frage, ob ich dieses Ende je akzeptieren könnte, war es, was jegliche Glücksgefühle in mir überlagerte. Ein Happy End sah für mich anders aus.

Den Weg zurück nahm ich wahr, als würde ich bei einem Film zuschauen. Meine Hände, meine Beine und mein Gesicht waren schon längst zu taub dafür, noch irgendetwas davon zu spüren, was um mich herum abging. Ich sagte nichts, ging – oder schwebte vielmehr – einfach hinter meinen Rettern her, die vorangingen und zu einem zügigen Schritt antrieben, um Jonas so schnell wie möglich Hilfe zu besorgen. Gut so. Je schneller, desto besser – viel mehr war ich nicht mehr imstande zu denken.

Mehrmals stolperte ich auf dem Feldweg über ein Grasbüschel oder einen Stein, ignorierte den Schmerz jedoch, der jedes Mal durch meine Glieder zuckte und lief einfach weiter. Die Gewissheit, dass das hier bald ein Ende hatte, trieb mich an.

Ehe ich mich versah, hatten wir das Haus erreicht. Um mich herum wurde es plötzlich warm und der

Wind hörte auf, an meinen Haaren zu reißen. Hektisch liefen die Anwesenden umher – nur ich nicht. Kommandos gingen von hier nach dort, wurden von allen aufgeschnappt – außer von mir. Ich – die einfach mitten im Wohnzimmer stand – bewegte mich nicht von der Stelle und versuchte, kein Hindernis zu sein.

Véra kam mit Verbandszeug und einem Medizinkoffer angerannt und setzte sich aufs Sofa, wo sie Jonas hingelegt hatten. Dieser sah so leblos und weiß aus wie nie zuvor – obwohl er ja von Natur aus eine sehr helle Hautfarbe hatte – weshalb ich es vermied, ihn direkt anzuschauen und meinen abwesenden Blick darauf fokussierte, was Véra aus ihrem Koffer kramte.

Medizin hatte mich schon immer fasziniert. Zu gerne hätte ich Véra unter anderen Umständen dabei zugesehen, wie sie Leben rettete. Unter anderen Umständen, die voraussetzten, dass nicht mein bester Kumpel, mein Freund, mein Partner oder was auch immer Jonas nun für mich war, bei ihr auf dem Tisch lag und ich nicht so verdammt müde und nutzlos war. Immer wieder fielen mir im Stehen die Augen zu, während ich dabei zusah, wie Véra erst die Wunde desinfizierte, Jonas ein paar Medikamente verabreichte und ihm schlussendlich eine Spritze verabreichte. Vermutlich gegen eine Infektion.

Dass ich die Augen erst wieder öffnete, als der Verband schon dran war, gab wohl das Eindeutige Signal an alle Umstehenden, dass Jonas nun ausreichend versorgt war und es anscheinend noch andere gab, die den kleinen Ausflug in den Wald nicht ganz ohne Folgen weggesteckt hatten.

«Geh ins Bett, Kira. Du hilfst niemandem, wenn du hier vor Schwäche umkippst. Geh ins Bett und ruh dich aus.»

Véra stand auf einmal neben mir und blickte mir ins Gesicht. Ein Blick, der so sanft und mitleidig war, dennoch keinen Wiederspruch duldete.

Ich gehorchte. Widerstandslos.

-Kapitel 24-

Vom Vergeben und Vergessen

Obwohl es in mir schmerzhafte Erinnerungen emporsteigen ließ und ich selbst wusste, dass ich es besser hätte unterlassen sollen, trieb es mich immer wieder hinaus in den Garten zu den Bienenkästen. Oder zumindest zu den Überresten davon, was einst das liebevolle Zuhause eines lebendigen Bienenschwarms gewesen war, der von einer überaus talentierten, faszinierten Imkerin umsorgt worden war.

Nun waren sie beide nicht mehr da. Der Bienenschwarm und die Imkerin. Ihr Fehlen machte diesen Ort erdrückend düster, auch wenn einem nicht – wie mir – bewusst war, was er einmal gewesen war. Ein Ort der Freude. Ein Ort, der ganz meiner Mutter gehört hatte und wo sie ihre Faszination und Begeisterung für die Natur ausgelebt hatte.

Wie immer, wenn ich hier war, erschien sie in meinen Gedanken in schemenhaften Zügen vor mir, selbst wenn ich diese Szenarien nie mit eigenen Augen mitverfolgt hatte. Etwas in mir musste instinktiv wissen, wer meine Mutter gewesen war. Gemischt mit den Erinnerungen an sie, die mir aus meiner Kindheit geblieben waren, ergab sich die Vorstellung davon, wie Johanna einst hier gestanden haben und am Bienenkasten herumgewerkelt haben musste. Gleich hier vor mir, die hier im Schneidersitz im feuchten Gras hockte, müsste sie gestanden haben.

Der Gedanke kam mir so real und dennoch so unerreichbar weit entfernt vor, dass ich für einen Moment nicht mehr unterscheiden konnte, ob meine Mutter jeden Moment aus dem Haus kommen und sich an den Kästen zu schaffen machen könnte, oder ob das für immer der Vergangenheit angehörte. Vielleicht spielte das auch keine Rolle. Auch wenn man immer sagte, dass man im Hier und Jetzt leben sollte, vielleicht musste man erst mit seiner Vergangenheit abschließen, um sich im Präsens zurechtzufinden.

Es fiel mir leicht, mir lebhaft vorzustellen, wie Johanna und eine jüngere Version von mir in Vollmontur dagestanden hatten und mit völliger Hingabe und Leidenschaft um ihre Schützlinge gekümmert hatten – die Bienen. Die hatte Johanna mindestens genauso geliebt, wie sie Oskar und mich geliebt hatte, wofür ich ihr niemals böse sein könnte.

Ebenso leicht war es, das Bild mit den vielen, kleinen, herumfliegenden Bienen zu vervollständigen, weil mir dieser Anblick so vertraut war, wie nichts anderes es könnte. Es gab Dinge, die sich in den Gedanken verankerten, während andere sich verflüchtigten wie Wolken, die vom Wind weggeblasen wurden. Alles, was blieb, musste von Bedeutung sein. Was vergessen wurde, gehörte vergessen. So sah ich das.

Und wenn ich eines nie vergessen hatte und es nie tun würde, dann war es meine Mutter. Nicht, wie sie aussah, wie sie gerochen hatte – nach Blumen, Honig und Sommer – und auch nicht ihr Lächeln, dass sie für die drei Dinge in ihrem Leben, die ihr am allerwichtigsten waren, aufgespart hatte.

Ich war so in Gedanken versunken – oder wie man es nahm auch in der Vergangenheit – dass ich gar nicht bemerkte, dass sich jemand von hinten genähert hatte. Schon wieder nicht. Vielleicht hätte ich mal meine Ohren untersuchen lassen sollen.

«Hey.»

Ich drehte meinen Kopf so schnell um hundertachtzig Grad nach hinten, dass es beinahe wehtat, nur um Florence bei meiner heftigen Reaktion zusammenfahren zu sehen.

«Entschuldige, ich wollte dich nicht erschrecken», sagte sie bedauernd, obwohl ich offensichtlich eher sie erschreckt hatte als umgekehrt.

Sie blieb stehen, wo sie war, während ich sie nur anstarrte und sie nervös von einem Fuß auf den anderen trat, bis sie sich schließlich zu Worten durchrang.

«Darf ich mich zu dir setzen?»

Ich zögerte, nickte dann aber stumm, weil es unfreundlich wäre, Florence auf ihrem eigenen Grundstück wegzuschicken. Aber auch, weil ich im Grunde genommen nichts dagegen hatte, dass sie hier war. Im Gegenteil – Gesellschaft würde mir guttun und mich davor bewahren, vollständig in andere Dimensionen abzudriften.

Florence setzte sich ebenso stumm neben mich ins feuchte Gras, wobei sie genau wie ich in Kauf nahm, dass die Unterseite ihrer Trainerhose dabei nass wurde und das bei der kühlen Morgenluft gefährlich nach einer Blasenentzündung schrie.

Ich ließ mir nicht anmerken, dass mich die Art verwunderte, wie sie sich wie selbstverständlich zu mir herabgelassen hatte, mit mir hier saß und ihre Zeit damit vergeudete, einen leeren Holzkasten anzustarren und sich weiß nicht was dabei vorzustellen. Sie hatte doch eine Maturaarbeit mit den Dokumenten meiner Mutter zu schreiben, oder nicht? Das klang trotzdem nach einer Menge Arbeit. Stattdessen saß sie hier. Mit mir. Oder vielleicht sogar *wegen* mir.

Ich hatte Florence insgeheim seit unserer ersten Begegnung eher für oberflächlich, egozentrisch und unsensibel gehalten. Offensichtlich hatte ich mich in all diesen Vorurteilen getäuscht.

«Ich glaube, nichts, das ich sagen könnte, würde reichen, um mich dafür zu entschuldigen, was ich getan habe. Es ist unverzeihlich», sagte Florence in die Stille hinein, ohne mich anzuschauen, während sie ihren Blick starr auf den Kasten vor uns gerichtet hatte, als würde sie ebenfalls schemenhafte Figuren dabei beobachten, wie sie daran herumwerkelten.

Ich wusste nicht, was ich auf ihre Worte erwidern sollte, zumal es eher eine Feststellung, als eine Frage gewesen war. Florence wartete offensichtlich auch gar nicht darauf, dass ich mich äußerte, sondern fuhr fort.

«Das Einzige, das ich tun kann, um meine Fehler auch nur ansatzweise wieder gut zu machen, ist, dir zurückzugeben, was dir zusteht.»

Ich kam nicht dazu, nachzufragen, was sie meinte, weil Florence schon dabei war, einen dicken, vergilbten Umschlag aus der Innentasche ihrer gefütterten Jacke zu ziehen, bei der mir gar nicht aufgefallen war, dass etwas drin gewesen war. Wortlos überreichte sie mir den Umschlag. Ich brauchte ihn gar nicht zu öffnen, um zu wissen, was da drin war.

Die Dokumente. Die Arbeiten meiner Mutter. Ihr Lebenswerk. Ihre Hinterlassenschaft. Das, wofür ich hergekommen war.

Ich müsste jetzt vor Glück aufstehen und schreien. Oder zumindest müsste ich mich freuen, endlich bekommen zu haben, was ich mich so sehr gewünscht hatte. Aber ich stand nicht auf, schrie nicht und verspürte nichts anderes als Gleichgültigkeit, als ich den vergilbten Umschlag in meinen Händen betrachtete, denn mittlerweile wusste ich es besser. Wusste besser, dass es nicht dieser Umschlag war, den ich mir gewünscht hatte, um endlich glücklich zu sein. Es war meine Mutter, die ich mir zurückgewünscht hatte und das war etwas, das ich nicht auf ein paar geschriebenen Zeilen wiederfinden würde. Ich würde sie nie wieder zurückbekommen. Weil sie immer noch da war. In meinen Erinnerungen. Und in all den Menschen und Orten, in denen ebendiese noch fest verankert sind.

Florence hatte Unrecht gehabt, als sie mich vorletzten Abend auf der Party beschuldigt hatte, dass ich nie hätte herkommen sollen. Es hatte einen Grund gehabt, herzukommen. Und der war nicht ein paar Blätter Papier, mit denen ich sowieso nichts anfangen könnte. Ich war hergekommen, um zu erkennen, dass das, was ich wirklich suchte, schon immer bei mir gewesen war. Schon allein das war die Reise wert gewesen, auch wenn sie nicht so verlaufen war, wie wir das ursprünglich festgelegt hatten.

Ohne zu zögern, reichte ich Florence die Dokumente zurück und drückte sie ihr in die Hände, als sie wiederum zögerte, diese anzunehmen.

Natürlich fühlte ich mich ein bisschen wehmütig dabei, loszulassen, was ich so lange wiederzuerlangen versucht hatte. Die Gewissheit, dass meine Mutter es bestimmt auch so gewollt hätte, da sie mich niemals etwas hätte machen lassen, dass ich nicht hätte tun wollen, gab mir die endgültige Kraft dazu, die Papiere loszulassen und die Sache abzuhaken.

Florence schien von meiner Handlung überraschter zu sein, als ich es selbst war. Ihr Gesicht sprach Bände und wenn man beschreiben müsste, wie der Ausdruck darin zustande gekommen war, würde jeder Außenstehende behaupten, sie wäre eben gerade aus den Wolken gefallen.

«Aber…. Aber ich meinte, sie wäre dir so wichtig – die Arbeit? Dafür bist du doch extra hergekommen? Und deshalb bist du doch wütend auf mich, weil… weil ich…»

«Ich bin nicht wütend auf dich. Jedenfalls nicht wegen der Dokumente. Ich war enttäuscht, weil ich erkannt habe, dass du mir misstraust. Dass du nichts gesagt hast, *weil* du mir misstraut hast.»

Florence klappte den Mund auf, dann gleich wieder zu und sah aus, als müsste bei ihr dringend einmal die Neustarttaste gedrückt werden.

«Aber… wieso willst du die Arbeit nicht? Ich meine, sie gehört dir! Und ich kann dir sagen, deine Mutter hat sagenhafte Arbeit geleistet! Wenn jemand die Lorbeeren dafür ernten sollte, dann bist du es.»

Florences Worte brachten mich zum Schmunzeln.

«Das hat meine Mutter auch gesagt. Aber weißt du, ich kann nicht die Lorbeeren für etwas ernten, dass ich selbst nicht zustande bringen könnte. Bei mir würden die Dokumente nur in einer Schublade versauern und nach ein paar Jahren noch gelber aussehen, als sie es jetzt schon sind. Hingegen du – du kannst das. Forschen, dokumentieren. Das ist genau dein Ding, wie ich gehört habe.»

Florence nickte, schien aber dennoch nicht überzeugt. Was geschah hier eigentlich gerade? Verkehrte

Welt? Florence wollte mir die Dokumente geben und ich lehnte sie ab, obwohl ich noch vor ein paar Tagen alles dafür gegeben hätte, sie endlich in den Fingern zu halten und Florence um jeden Preis versucht hätte, sie mir vorzuenthalten. Da stimmte doch etwas nicht.

«Ich will, dass du sie behältst und zu Ende bringst, was meine Mutter begonnen hat, weil ich es nicht kann. Mir ist es lieber, ihre Hinterlassenschaften in fremden, aber guten Händen zu wissen, als die Bürde mit mir herumtragen zu müssen, dass ich sie nicht ausreichend zur Geltung bringen kann.»

«Bist du sicher?»

«Ganz sicher.»

Das war ich. Wirklich. Zumindest von dem Augenblick an, an dem ich meinen Entschluss ausgesprochen hatte. Vorher hatte ich – um ehrlich zu sein – keine Ahnung gehabt, wie es jetzt weitergehen würde.

«Heißt das jetzt, dass du mir vergibst?»

Ich dachte eine Weile nach, um mir bewusst zu werden, was es hieß, zu vergeben. Es hieß nicht nur, Florence die Dokumente in die Hand zu drücken und das wäre es dann schon gewesen. Es hieß, dass ich meine Meinung über sie ändern müsste. Meine bisherigen Vorurteile vergessen und durch ein neues Bild ersetzen.

Vergeben war grundsätzlich nichts anderes als vergessen. Vergessen, was geschehen war, indem man die Erinnerung daran umformte. In ein anderes Licht rückte. Ein positiveres. In eines, dass einem die Situation nachvollziehbarer erscheinen ließ.

Von dem her konnte ich Florence vergeben, weil es mir nun verständlich erschien, warum sie die Dokumente gestohlen hatte. Ich war nicht wütend deswegen. Nicht auf sie. Meiner Mutter, ihr würde ich nie vergeben können. Weil ich nie vergessen würde, dass sie uns verlassen hatte und ich unendlich wütend und traurig zugleich deswegen war.

Aber das war gut so. Denn das Letzte, was ich wollte, war sie zu vergessen.

«Kira? Ich kann verstehen, wenn du mir nicht verzeihen kannst. Sei also bitte ehrlich zu mir.»

Ich bemerkte an Florences bittendem Blick, dass ich schon wieder im Begriff war abzuschweifen.

«Vergeben und vergessen», antwortete ich auf ihre Frage, was ihr ein verwundertes Grinsen entlockte.

«Ähm, ok?»

Ich würde ihr nicht erklären, was ich meinte. Sie würde schon wissen, was ich mit *vergeben* meinte. Welch abstrakte Dinge in ich in *vergessen* hineininterpretierte, brauchte sie nicht zu verstehen.

«Etwas musst du mir jetzt aber noch erklären, um der Sache einen Punkt zu setzen. Wo hast du die Dokumente gefunden?», fragte ich Florence, weil ich mich fragte, ob wir vergebens gesucht und nichts gefunden hätte, wären die Papiere dort geblieben, wo sie meine Mutter verstaut hatte.

«In meinem Zimmer unter einer lockeren Bodendiele», antwortete Florence und ich erinnerte mich daran, dass auch der Brief unter einer solchen verborgen gewesen war. An einem Ort, von dem sie gewusst haben könnte, dass ich ihn eines Tages entdecken würde. Die lose Bodendiele im Honighaus bildete für mich einige Parallelen zu der Bodendiele in Florences Zimmer.

«Als ob sie gewollt hätte, dass ausgerechnet du sie bekommst», murmelte ich vor mich hin, halb zu mir und halb zu Florence. Zu wissen, dass die Papiere an einem Ort gewesen waren, der in den Privatbesitz einer Person fiel, die diese jetzt bekam, bestärkte das mein Gefühl, dass es richtig wäre, sie Florence zu überlassen. Auch wenn meine Mutter nichts davon hätte ahnen können, was damit geschehen würde, das Schicksal würde schon einen Grund dafür haben, warum es so gekommen war, wie es eben gekommen war. Das hatte es immer.

Noch eine Weile saßen wir wortlos da und starrten auf die schemenhafte Figur meiner Mutter. Jedenfalls tat ich das.

Zu gerne hätte ich gewusst, was Florence dachte, als ihr Blick ebenso wie meiner ins Leere ging und dabei dieselbe Stelle fixierte. Ein guter Geschichtenerzähler würde mir jetzt darauf antworten: «Das ist eine andere Geschichte.» Und zwar die von Florence.

Nach einer Weile stand Florence auf und schlang die Arme um sich, wie um mir zu signalisieren, dass sie fror.

«Ich gehe langsam wieder ins Haus. Ich möchte mir keine Erkältung holen. Kommst du auch?»

«Ich bleibe noch ein wenig», entschied ich, weil ich eigentlich bei jeder Temperatur und jedem Wetter gerne draußen war.

«Na gut, aber erfrier mir nicht. Wir sehen uns zum Abendessen.»

Florence machte Anstalt, nach drinnen zu gehen, als mir etwas in den Sinn kam, dessen ich mich noch erleichtern musste.

«Ach, Florence, etwas habe ich noch vergessen.»

«Ja?»

Sie drehte sich noch einmal zu mir um.

«Du musst mir etwas versprechen.»

Ich sah, wie Florence schluckte, als hätte sie Angst davor, was als nächstes kam, und labte mich für einen Augenblick mit Genugtuung an der Spannung, die ich verursachte. Dann entschloss ich mich dazu, sie zu erlösen.

«Versprich mir, meine Mutter in Ehren zu halten, wenn du die Arbeit schreibst.»

Florence schien erleichtert und straffte die Schultern, als würde Entschlossenheit sie überkommen.

«Werde ich. Da kannst du dir sicher sein.»

-Kapitel 25-

BRO'S

Ich krallte, ohne es wirklich zu realisieren, meine schwitzigen Hände in den Stoff meiner Jeans, während Véra das Auto in der U-Garage des Krankenhauses parkte. Angstschweiß. Meine Hypothese dafür. Véra würde mir die Diagnose sicher bestätigen können, wenn sie all die kalt-nasse Flüssigkeit, der aus meinem Körper abgesondert wurde, ein paar Tests unterziehen würde.

Dass mein Herzschlag zudem etwas schneller war als sonst, war mir eigentlich schon Bestätigung genug. Und er wurde jedes Mal noch ein Stückchen schneller, wenn ich daran dachte, gleich Jonas und Alain auf der Intensivstation zu besuchen und mich der Tatsache stellen zu müssen, dass alles, was in den letzten, albtraumhaften Tagen passiert war, leider kein Albtraum gewesen war, sondern real. Viel zu real. Und fast schon filmreif. Glücklicherweise war ich schon mit dem Gedanken nach Frankreich gefahren, dass das hier keine Ferien werden würden. Das hatte mir vielleicht den einen oder anderen Herzinfarkt erspart.

«Hey, alles wird gut. Du hast ja gehört, was die Ärzte gesagt haben, es geht ihnen besser. Beiden», erklärte Morgane mir und legte mir sachte die Hand auf die Schulter. Ihre Anwesenheit – die Anwesenheit einer Person, die all den Horror ebenfalls mit mir durchgemacht hatte und mindestens genauso darunter litt – ließ mich etwas entspannen. Und auch Véra war da. Véra, die ja sowieso Ärztin war. Dann noch William und Véras Mann. Florence und Serafin kamen in einem zweiten Auto nach. Alle waren da. Alle, die mit der Geschichte eines Jungen mit einem blaugeschlagenen Gesicht und eines anderen mit einem aufgeschlitzten Bein etwas zu tun hatten. Ich war nicht allein mit dem ganzen Scheiß und müsste es auch nicht allein ausbaden.

Jedoch war das nur ein kleiner Trost. Selbst, dass Morgane mir versicherte, dass es den beiden besser ging, brachte mich nicht von meiner Hundertzwanzig hinunter. Ich fürchtete mich davor, dass es nicht nur der Zustand der Jungs war, der mir Sorgen machen sollte. Natürlich hatte ich Angst, dass es ihnen schlecht ging, aber um ehrlich zu sein, bereitete es mir noch viel mehr unruhiges Flattern in der Brust, wenn ich daran dachte, dass es ihnen eben nicht mehr so schlecht ging und die Debatte eröffnet worden war. Die Tatsache, dass die beiden auch noch im selben Zimmer stationiert worden waren, machte die Sache überhaupt nicht einfacher. Eine weitere Tracht Prügel würde keinem der Teilnehmer bei seiner Heilungsphase von Nutzen sein.

Weil das nicht nur mir, sondern auch Morgane und den anderen bewusst war und ich ihnen nicht noch zusätzlich den Mut rauben wollte, rang ich mich zu einem dankbaren Lächeln durch und hängte mich bei Morgane ein.

«Jungs sind also doch nicht aus Porzellan», stellte ich fest und erkannte an ihren sich nach oben biegenden Mundwinkeln, dass auch Morgane sich an unser Mitternacht-Balkongespräch erinnerte.

«So weit würde ich vielleicht nicht gehen, aber unsere Jungs sind auf jeden Fall Vasen von der stabileren Sorte.»

Gemeinsam suchten wir uns einen Weg durchs Treppenhaus bis zur Haupthalle und zum Empfang der Klinik.

«Guten Tag, wir möchten gerne Jonas Martens und Alain Chevalier besuchen, wäre das möglich?», fragte ich mit zitternder Stimme und einem abgerungenen Lächeln, in der Hoffnung, das Ganze nicht auf Französisch wiederholen zu müssen. In diesem Bereich haderte es bei mir immer noch ein wenig. Außerdem wäre ich eh zu nervös dafür, um noch auf irgendeine Sprache etwas halbwegs Sinnvolles zu formulieren.

Die Frau am Empfang schien mich jedoch verstanden zu haben. Jedenfalls beugte sie sich über ihren Computer, tippte die Namen ins Feld ein und schien schnell auf etwas zu stoßen, dass in ihren Augen Erkennung aufleuchten ließ.

«Ah, sie meinen die flotten Jungs, die hier nacheinander eingeliefert wurden? Man wollte ihnen heute morgen ja Privatzimmer zuteilen, aber die beiden wollte sich nicht trennen lassen! Zweite Etage, Zimmer achtzehn.»

Unzertrennlich? Das klang nicht nach den beiden Krawallbürsten, die wir suchten. Aber falls es da einen Fehler im System geben sollte, würden wir das gleich sehen. Und wenn nicht, dann hatte sich die Differenzen der beide wohl mit harmlosen Neckereien verwechselt.

Ich bedankte mich beim Personal und gab die Zimmernummer in der Runde durch. Wir entschieden uns, den Lift zu nehmen, da keiner von uns wirklich Lust darauf hatte, die ganzen Stufen im Treppenhaus zu Fuß in den zweiten Stock zu laufen. Auch wenn man immer sagte, dass Bewegung guttäte. Vor allem in Momenten, in denen einem der Schädel vor lauter Sorgen brummte. Manchmal war man genau dann zu zittrig und wackelig auf den Beinen, um noch eine Treppenstufe unfallfrei zu erklimmen.

Die Türen des Personenaufzugs öffneten sich und ermöglichten uns die Sicht auf einen langen, symmetrischen Gang mit ebenso identischen, weißen Türen in regelmäßigen Abständen zu beiden Seiten. Vermutlich war es nicht nur der penetrante Geruch nach Desinfektionsmittel und Plastikhandschuhen, der in mir schon immer eine gewisse Abneigung zu Krankenhäusern hatte aufkommen lassen, sondern vielmehr die strikte, farblose Uniformität, die der Ort an sich hatte. Wie konnte jemand in so einer tristen Umgebung gesund werden? Meiner Meinung nach schrie alles in dieser Intensivstation danach, dass man hier war, weil etwas nicht in Ordnung war und es überhaupt keinerlei Grund dafür gab, noch Hoffnung zu haben und sich an irgendetwas zu erfreuen. Aber vielleicht war das auch nur meine Ansicht.

Mein Herz machte erneut einen Sprung, als wir durch den Gang gingen und die Nummern, links die ungeraden, rechts die geraden, von Tür zu Tür immer grösser wurden. 12, 14, 16, …. Da war sie. 2. Stock, Tür Nummer 18.

Ich schluckte. Was würde uns gleich hinter dieser Schutzmauer erwarten? Ob man Überwachungskameras im Zimmer installiert hatte? Jemand musste die beiden doch im Blick behalten. Es sei denn, sie waren beide längst an ihr Bett gefesselt worden…

Die einzige Möglichkeit, das herauszufinden, bestand darin, die Klinke zu drücken und selbst nachzuschauen. Also tat ich das mit dem festen Gedanken im Kopf, dass alles, was mich hinter dieser Tür erwartete, mich nicht aus der Bahn werfen könnte. Ich würde stark sein und Neutralität im Bezug zum Konflikt zwischen Jonas und Alain bewahren. Soweit mein Plan.

Es war gut, einen solchen zu haben, an dem man sich festklammern konnte, selbst dann, wenn es nicht gelingen würden, ihn umzusetzen.

Wir traten ins Zimmer hinein und das Erste, was uns entgegenschlug, war nicht ein Kissen oder ein Stück Geschirr, dass im wilden Gefecht zwischen den beiden Jungs im Raum hin- und herflog, sondern schallendes Gelächter. Was ungefähr dieselbe Wirkung auf mich hatte wie ein Stück Glas oder Teile der Einrichtung, die mir gegen den Kopf knallten.

Jonas, im Bett zur Linken stationiert, und Alain – auf unserer rechten Seite – verstummten abrupt, als sie die Neuankömmlinge erkannten, die ins Zimmer hereintraten, und ihr Gelächter wich einem breiten Grinsen.

«Wurde auch Zeit, dass endlich einer nach uns schaut. Es wird langsam langweilig hier», warf uns Alain vor, aber Jonas intervenierte.

«Eigentlich muss ich zugeben, dass ihr gar nicht hättet kommen müssen. Ich befinde mich hier in guter Gesellschaft. Besuch ist überflüssig.»

Alain lachte.

«Eigentlich hast du recht, *bro*. Sturmfreie Männerbude hatte ich schon lange nicht mehr.»

Bro? Jetzt musste mir mal einer erklären, was hier abging. Während ich wie angewurzelt im Türrahmen stehengeblieben war, sah ich vom einen zum anderen in der stillen Erwartung, dass das friedvolle Ambiente, das mir geboten wurde, gleich umschlagen würde.

«Ihr scheint euch ja schön vertragen zu haben, ihr beide. Ich muss euch leider mitteilen, dass eure sturmfreie Männerbude heute geschlossen wird und ihr euch wieder der stürmischen Familiengesellschaft anschließen werdet», erklärte Véra, wohl ebenso überrascht darüber wie ich, dass zwischen Jonas und Alain auf einmal aus Feinden *Best-friends-forever* geworden waren.

Oder eben *Bro's*.

«Schade, aber ich freue mich trotzdem auf Zuhause. Der Spitalfrass hängt mir schon zu den Ohren raus. Sorry Jonas.»

«Kein Ding, ich sehe es genauso. Ich vermisse Véra's Küche.»

Neugierig sah ich erst Jonas, dann Alain ins Gesicht. Versuchte zu erraten, was in unserer Abwesenheit wohl vorgefallen sein musste, dass die Stimmung zwischen den beiden so locker geworden war.

Als Alain mir nur auf meinen fragenden Blick hin geheimnisvoll zuzwinkerte, akzeptierte ich die Tatsache, dass das wohl für immer eine Sache zwischen den Jungs bleiben würde. Und damit hatte ich absolut kein Problem. Hauptsache, da waren über Nacht nicht noch mehr blaue Augen und aufgeschlitzte Körperteile hinzugekommen.

Jonas Bein war mit einem dicken Verband eingebunden und hochgelagert worden, wie man das in den Filmen immer sah. Offenbar wurde die Wunde auch genäht und von Splittern entfernt worden, weshalb es geschont werden musste.

Alain hingegen hatte ein ebenso dickes Pflaster auf dem rechten Auge, dass nur wenig von der blauen Farbe, die es trug, erkennen ließ. Er war mit einer leichten Gehirnerschütterung davongekommen.

«Schön, dass es euch so gut zu gehen scheint. Aber jetzt raus mit der Sprache. Was hat man euch gegeben und wo bekomme ich dieses Zeug her?», fragte Morgane neugierig, was uns allen ein Lachen entlockte.

«Nichts, das dich in irgendeiner Weise interessieren könnte und etwas mit dem Stoff zu tun hat, an den du mit Sicherheit gerade denkst», antwortete Alain.

«Und auch wenn uns wirklich interessante Substanzen in die Venen gepumpt werden, die ich selbst nicht benennen kann, müsstest du dich zuerst entschieden, ob du dich dafür blau schlagen lassen willst, oder ob es dir lieber wäre, von einem Ast aufgeschlitzt zu werden», erklärte Jonas und deutete mit seinem Kopf auf den Zugang, der immer noch in seinem Arm steckte, aber nichts mehr angeschlossen war.

Morgane rümpfte die Nase.

«Einen Versuch war's wert. Aber nein danke, ich verzichte.»

«Glaub mir, das ist eine gute Entscheidung», pflichtete ihr Jonas bei, während er Alain zuzwinkerte. Schon wieder. Jetzt brauchte ich aber wirklich ein paar Antworten.

«Ich nehme an, dass kein interessanter Stoff dafür gesorgt hat, dass ihr beide offensichtlich auf einmal beste Freunde geworden seid?», werfe ich versucht beiläufig in die Runde, wobei ich nicht beabsichtigt hatte, dass sich alle Blicke mir zuwandten.

«Kira, diskutieren – und ich denke, es gibt noch eine Menge zu diskutieren – können wir auch zu Hause. Lasst uns die Jungs nicht noch zusätzlich aufregen und genießen wir es, dass es ihnen so gut geht», schlug Véra vorsichtig vor, aber Alain setzte sich in seinem Bett ruckartig auf und musste sich infolgedessen an die Stirn fassen, weil die Bewegung offenbar für seinen malträtierten Schädel etwas zu schnell ausgeführt worden war.

«Diskutieren? Ich glaube, es gibt nichts mehr zu diskutieren. Es hat sich bereits alles ausdiskutiert», informierte er uns, offenbar gewillt, sein Fremdsprachvermögen etwas auf die Probe zu stellen.

«Schon? Also muss nichts mehr geklärt werden? Alles, was passiert ist, ist einfach vergessen und das wars?», hakte ich nach, weil die Jungs ihre Sache vielleicht *ausdiskutiert* hatten, aber für mich immer noch der brennende Wunsch nach gegenseitiger Aussprache da war. Und Erklärungen. Vor allem im Bezug zu einer Person. Einem gewissen jungen Mann, der sich gerne mal verhielt wie ein superschlauer Affe und eine Allergie auf Bienenstiche hatte.

Aber vielleicht hatte ich von meinem wir-sprechen-uns-aus-Vorhaben auch ein bisschen zu viel erwartet.

«Für mich ist es das. Jonas und ich haben uns ein wenig über… gewisse Themen unterhalten. Und mit dir habe ich auch nichts zu besprechen. Was geschehen ist, ist geschehen. Wir können es nicht rückgängig machen. Aber wir können beschließen, dass hier und jetzt alles wieder gut ist», bestätigte mir Alain todernst, während mir der Seitenblick nicht entging, mit dem er Jonas musterte, der auf einmal etwas bleich um die Nase geworden war.

«Aber wenn du reden willst, ich wüsste da jemanden, mit dem *du* dich vielleicht tatsächlich nochmal unterhalten solltest.»

Ich erkannte sofort, auf was Alain anspielte, und sah Jonas an, dessen Gesichtsfarbe auf einmal Bände sprach.

«Und über was soll ich mich mit dieser Person unterhalten?», fragte ich Alain, ohne dabei den Blick von Jonas abzuwenden, der darunter immer kleiner zu werden schien.

«Das musst du sie selbst fragen.»

Jonas kapierte, dass er nun derjenige war, der den Mund aufmachen musste. Normalerweise konnte er das gut. Den Mund aufmachen. Um schlaue Sprüche von sich zu geben. Aber diesmal tat er es nur, um ein unverständliches Gefasel rauszulassen.

«Also eigentlich war es ja Alain, der mir gesagt hat, dass ich… und das war auch nur weil…du musst wissen, dass ich nicht beabsichtige…»

«Jonas! Reiß dich zusammen und halt sich an unsere Abmachung!», unterbrach Alain ihn, was vor allem Jonas die Röte ins Gesicht trieb und mich nicht ausschloß. Wobei ich mich jedoch schneller wieder gefasst hatte als mein aufgeschlitzter Affenfreund.

«Ein Abmachung also. So ist das. Und diese schreibt dir vor, dass du mit mir reden musst? Also gut, reden wir», sagte ich so sicher in den Raum hinein, dass selbst ich mich fragte, was mit mir los war. Was war nur mit der kleinen, süßen Kira passiert? Wer war da an ihrer Stelle und was hatte diese Person mit ihr gemacht?

Insgeheim hatte ich jedoch schon immer gewusst, dass ich nicht das schwache, kleine Mädchen war, für das mich alle gehalten hatten, sondern einen harten Kern hatte. Klein aber oho, wie ich mir es gerne selbst zuredete. Außerdem machten Erfahrungen uns zu dem Menschen, der wir waren und ich hatte nicht gerade wenig Dinge in meinem Leben erlebt, in denen es nicht erforderlich gewesen wäre, stark zu sein. Selbst hier in Frankreich wurden meiner Erfahrungstrophäen-Sammlung ein paar weitere Pokale hinzugefügt. Es war also nicht erstaunlich, dass ich so harsch und direkt sein konnte, in Angesicht der Hürden, die ich für gewöhnlich kannte. Auch wenn es mich dennoch erstaunte, dass ich selbst in emotionalen Situationen die Nerven behalten konnte, obwohl ich sonst eher nahe am Wasser gebaut war.

Ich war wild entschlossen, diese Geschichte nicht damit enden zu lassen, dass sich nach und nach für all unsere Probleme und Konflikte eine Lösung fand, das Ganze aber bei Jonas und mir scheiterte. Wie peinlich wäre das denn? Sich nur vorzustellen, dass unsere Freundschaft – wenn auch diese von anfangs an ziemlich schräg gewesen war – uns hier zum Verhängnis wurde, ließ mir alle meine Haare zu Berge stehen.

«Na los, ich höre. Wenn du mir erzählst, warum du so ausgetickt bist, erzähle ich dir auch, warum ich dich nicht auf die Party mitnehmen wollte», forderte ich Jonas direkt auf und obwohl mein Tonfall weder anklagend noch freundlich geklungen hatte, sondern eher neutral, hörte ich, wie alle scharf die Luft einsogen.

«Kira, vielleicht ist das hier wirklich nicht der richtige Moment, um…», begann Morgane und wurde harsch von Jonas unterbrochen.

«Doch, es ist der richtige Moment.»

Damit hatte ich nicht gerechnet. Jonas blickte mir bestimmt in die Augen.

«Du hast recht. Ich habe Fehler gemacht. Fehler, die sich wohl nur entschuldigen lassen, indem ich sie erkläre. Also erkläre ich es dir. Alles. Jetzt sofort.»

Ich wandte meinen Blick von Jonas ab, ließ ihn durch die Runde schweifen, in die Gesichter, in denen sich sehr gemischte Gefühlregungen zeigten, um wieder da zu enden, wo ich begonnen hatte. Ich blickte Jonas an, plötzlich nicht ganz mehr so selbstbewusst.

«Hier? In diesem Raum? Wo alle zuhören?»

«Wir können auch rausgehen», schlug Véra großzügig vor, aber ich schüttelte den Kopf.

«Nein, das fände ich nicht gerecht.»

«Dann lass uns rausgehen. Draußen findet sich schon ein Platz, wo wir ungestört reden können», schlug Jonas vor. «Bist du sicher, dass du aufstehen kannst?»

Meine Frage war überflüßig, da er schon auf den Beinen stand, ehe ich meine Frage zu Ende gesprochen hatte, und sich auf eine Gehhilfe stützte.

«Also gut, gehen wir. Wir sind gleich zurück. In, sagen wir, einer Viertelstunde?»

«Nehmt euch so viel Zeit, wie nötig», versicherte mir Morgane und Véra nickte zustimmend. Alain sagte nichts dazu, aber das verschmitzte, etwas zu breite Grinsen, das sich auf seinem Gesicht festgesetzt hatte, beichtete mir schon genug.

«Schnapp sie dir, Tiger», hörte ich ihn Jonas zuraunen, ehe wir beide das Krankenzimmer verließen. Und ich durfte das schon wieder mit hochrotem Kopf tun.

Danke, Alain.

-Kapitel 26-

Der absolut unromantischste Platz der Welt

Es hätte eine Million andere Plätze auf dieser Welt gegeben, an denen man gemütlich und in Ruhe mit jemandem diskutieren konnte. Von alle denen bot dieses Spital uns nur eine einzige Option, die es uns garantierte, unbelauscht zu sein. Das Frauenklo. Wobei es an sich schon seltsam war, dass hier niemand herkam, da Frauen doch dafür bekannt waren, öfters vorbildlich die Toilette zu besuchen, als Männer.

Mich zu fragen, ob es in dieser Toilette also spukte, versuchte ich auszulassen. Vor der hintersten Kabine hockend, von wo aus das kleine Fenster in der oberen Zimmerecke die einzige Lichtquelle bot, hatte schon etwas genügend unerfreuliches an sich.

Weil wir beide nur so dasaßen und schwiegen, obwohl wir doch genau für das Gegenteil gekommen waren, versuchte ich, die Stille zu durchbrechen. Andernfalls war ich nicht bereit dazu, hier in dieser Frauentoilette länger zu bleiben als nötig. Aber wo anfangen? Jonas schien schon verunsichert und nervös genug zu sein, als dass ich ihn noch zusätzlich durch einen Fragebombardement aus der Ruhe bringen sollte. Besser, ich fing mit etwas Nebensächlichem an. Etwas Neutralem. Aber was? Was konnte ich einen Jungen fragen, der durchgemacht hatte, was wir durchgemacht hatten?

Zu gerne würde ich wissen, was in Jonas Kopf vorging. Wie es ihm im Allgemeinen ging. Wie er sich fühlte.

«Wie fühlst du dich?», fragte ich in die immer noch seltsame und erdrückende Stille, die nur vom gelegentlichen Gluckern von Wasser durch die Rohre an den Wänden unterbrochen wurde, weil es mich wirklich interessierte und es eine annährend harmlose Frage war. Jonas warf mir einen Seitenblick zu und brachte ein Grinsen zustande.

«Abgesehen davon, wie absurd diese Situation ist, geht es mir eigentlich gut.»

«Und dein Bein? Hast du noch starke Schmerzen?»

«Nicht wirklich, nein. Das könnte aber auch daran liegen, dass ich so viele Schmerzmittel nehmen musste. Beim Gehen spüre ich die Schmerzen noch. Die Wunde zieht, weil sie noch nicht richtig geschlossen ist. Heute Morgen hat sie nachgeblutet.»

«Tut mir leid.»

«Was?»

Ich stutzte. Ja, was eigentlich tat mir leid?

«Alles. Du bist wegen mir mitgekommen und wegen mir ist das alles passiert. Ich wollte das nicht.

Wirklich nicht. Ich wollte doch nur die Dokumente finden, aber dann…»

Jonas hielt mir den Finger vor den Mund und sah mir in die Augen. Die Berührung war so intim und gleichzeitig so harmlos, dass ich einen Moment brauchte, um mich wieder zu fassen, und abrupt verstummte.

«Wenn sich hier einer entschuldigen sollte, dann ja wohl ich. Ich war so ein Arschloch.»

Mir kam es vor, als würde sich Jonas' Blick intensivieren, als ob das überhaupt noch möglich wäre. Vielleicht auch nur Einbildung.

«Ich war ein eifersüchtiges Arschloch.»

Serafin hatte also recht gehabt. Dass ich bis jetzt noch etwas an ihren Worten gezweifelt hatte, änderte sich schlagartig, als ich sie aus Jonas' Mund zu hören bekam.

«Eifersüchtige Arschlöcher sind die schlimmsten», bestätigte ich frech, was Jonas betroffen den Kopf senken ließ.

«Aber du bist kein eifersüchtiges Arschloch. Du warst nur… was eigentlich? Erzähl es mir. Wenn du es mir erklären kannst, dann kann ich es endlich verstehen und dir bestätigen, dass du kein eifersüchtiges Arschloch bist.»

Jonas blickte mich gequält an, woraufhin ich wusste, dass ich auf den Punkt unserer Diskussion zusteuerte.

Es war Jonas sichtlich unwohl dabei. Mir auch. Dennoch konnte ich spüren, dass das hier sein musste. Dass wir es beide wollten. Es gab Dinge, die man einfach ein für alle Mal aus der Welt schaffen musste, weil sie einen sonst nur belasten.

«Mach es kurz und knapp, wenn es dir leichter fällt», schlug ich vor.

«Das klingt ja fast so, als hättest du mir auch etwas zu sagen.»

«Was wäre, wenn dem so ist?»

«Dann musst du es mir auch sagen.»

Ich zögerte einen Moment und suchte nach Worten. Nach den richtigen Worten, um zu beschreiben, was ich fühlte. Was ich von Jonas erwartete, war tatsächlich gar nicht so leicht.

Da gab es so viele Dinge, die ich beschreiben möchte, die sich aber vehement dagegen wehrten, beschrieben zu werden. So viele Emotionen, die ich verspürt hatte, seit wir hier angekommen waren. Aber nur eine, die hier und jetzt relevant war. Ich musste mich nur entschieden, ob ich den Gedanken preisgeben wollte, oder besser die Klappe hielt.

«Du zuerst», forderte ich Jonas auf. Er holte tief Luft.

«Ich habe mich wie ein eifersüchtiges Arschloch verhalten. Das lässt sich nicht leugnen. Und zwar aus dem einfachen Grund, dass ich tatsächlich eifersüchtig war. Auf Alain. Auf sein gutes Aussehen, seine charmante Art und wie er dich irgendwie zu faszinieren schien. Du hast mich jedenfalls noch nie so anschmachtend angesehen, wie du Alain immer ansiehst. Ehrlich. Als wäre er eine Honigomelette.»

«Hab ich gar nicht!»

«Doch, hast du.»

«Na gut, vielleicht ein- oder zweimal. Er ist halt eine interessante Person. Aber das hat nichts zu bedeuten.

Jetzt komm du nur endlich zum Punkt.»

Jonas holte nochmal tief Luft, als würde er unendlich gerne nochmal vom Thema abschweifen – am besten ganz weit dabei ausholen – anstelle endlich mit der Sprache rauszurücken. Dass er es dann doch tat, nahm ich an, konnte man ihm hoch anrechnen.

«Kira Blumenberg, ich mag dich. Also wirklich mögen – du weißt, was ich meine. Und ich mag dich schon lange. Deswegen habe ich mich so verhalten. Weil ich dich will und nicht mitansehen kann, wie irgendein anderer dich mir wegnimmt, ohne dass ich überhaupt die Chance dazu bekommen habe, dir zu sagen, was ich für dich empfinde, nur weil ich eben ein so verdammter Feigling bin. Wenn du willst, kannst du behaupten, dass das ein Problem ist, das dazu geführt hat, dass ich mich so danebenbenommen habe. Aber dann tut es mir leid. Dieses Problem will und kann ich nicht lösen. Ich will und kann nicht aufhören, so für dich zu empfinden»

Wow. Irgendetwas in mir drin hatte damit gerechnet, dass so etwas kommen würde. Es verschlug mir dennoch die Sprache, weil ich mich vielleicht nicht genug darauf vorbereitet hatte. Vor allem nicht, weil das vermutlich die längste und direkteste Rede von Jonas war, die ich je von ihm an einem Stück gehört hatte.

Dafür, dass sich mein Kopf gerade wie von einer Windböe leergefegt anfühlte, rauschten auf einmal sehr viele Dinge gleichzeitig aus mir raus. Wirre Dinge, vielleicht. Aber was raus musste, musste eben raus, wenn man nicht daran ersticken wollte.

«Jonas, du bist so nervtötend, besserwisserisch, affig und dazu noch auf Bienen allergisch. Aber weißt du was? Ich mag dich auch. Ich mag dich auch *wirklich*. Vielleicht bist du nicht der Einzige, der ein Problem hat.» Jonas antwortet nicht darauf, sondern zog mich zu sich heran und drückt mich zögerlich an sich. So sanft, dass es mir nicht genug war, aber gleichzeitig fühlte sich das nach all dem wilden Gefühlschaos so richtig und ehrlich an, dass es mir völlig ausreichte.

«Ich hatte noch nie eine Freundin», sagte Jonas mit ernstem Blick.

«Ich hatte noch nie einen Freund», erwiderte ich mit etwas weniger ernstem Blick und einem verschmitzten Lächeln auf dem Gesicht.

«Lass es und langsam angehen», kam Jonas nach ein paar Sekunden, in denen er offenbar intensiv nachzudenken versuchte, zum Schluss. Natürlich war das eine Standardantwort, die irgendwie nicht wirklich aussagte, ob da nun wirklich etwas entstand, oder nicht. Also nicht das, was ich eigentlich wissen wollte. Dennoch genügte es mir. Vollkommen.

Bisher hatte ich immer nach einer Antwort gesucht.

Einem ja.

Oder einem nein.

Jetzt hatte ich die Antwort bekommen und sie lautete *jain*. Ich erkannte, dass es nicht wichtig war, dass eine Antwort auf eine ja- oder nein-Frage immer ja oder nein war, sondern dass die Antwort etwas aussagte.

Noch vor nicht allzu langer Zeit hätte ich mich über die Antwort aufgeregt, aber jetzt war sie in Ordnung für mich. Mehr brauchte ich nicht.

Jain war perfekt.

Ja, Jonas mochte mich auch und das bedeutete mir sehr viel. Und nein, wir brauchten uns nicht mit unnötigen Pärchen Klischees abzugeben, die sowieso nur damit enden würden, dass wir uns unter Druck setzten, um die unnötigen Pärchen Klischees zu erfüllen. Alles konnte so bleiben wie es war. Wie es gut war.

Ich wusste endlich, wer Jonas für mich war. Er war mein absoluter Lieblingsaffe mit Bienenallergie und das würde er so lange bleiben, wie das Schicksal es für uns bestimmt hatte. Das Schicksal, das uns hierhergeführt und dafür gesorgt hatte, dass wir hier und jetzt zusammen in der Damentoilette chillten und über Gefühle redeten. Manchmal konnte das Leben schon komisch sein. Und unromantisch.

«Und?», fragte ich Jonas in die Stille hinein.

«Was und?»

«Hat der Tiger sie jetzt geschnappt?»

Jonas errötete. Ich lachte im Angesicht dessen, dass mir bewusst wurde, was Alain vorhin gemeint hatte, und boxte Jonas in die Seite.

«Keine Angst, du brauchst mir die Männersachen nicht bis ins Detail zu erklären, über die du und Alain gesprochen habt. Es genügt mir, zu wissen, dass mein Name darin öfters gefallen ist.»

«An irgendjemanden musste ich mich ja wenden, um Rat zu bekommen.»

«Und dieser Jemand hätte nicht von Anfang an ich sein können?», fragte ich Jonas, der offensichtlich hinter meinem Rücken mit jeder Person über seine Gefühle für mich gesprochen hatte, außer mit mir selbst. Ich war mir nicht sicher, ob ich mich dabei beleidigt oder geschmeichelt fühlen sollte.

«Ich könnte dich dasselbe fragen», konterte Jonas.

Voll ins Schwarze.

«Ich denke, man muss erst nach Paris fahren und sich von einem Ast aufspießen lassen, um genug Mut aufzubringen, so etwas auszusprechen.»

«Oder, man lässt seine Tante an der Grenze zurück, um seiner Vergangenheit nachzujagen und in einem fremden Land nach etwas zu suchen, dass sowieso schon längst gefunden worden ist», erwiderte ich. «Fällt dir dabei auch was auf?»

«Was?»

«Man muss die Fehler immer zuerst machen, bevor man aus ihnen lernt.»

«Es war kein Fehler hierherzukommen», meinte Jonas.

«Meinst du?»

«Nein, ich meine nicht, ich bin mir sicher.»

Mir war der Gedanke auch schon gekommen, dass schlussendlich alles einen Sinn hatte und wir – wenn nicht für die Dokumente – hergekommen waren, um etwas zu lernen. Eine Lektion fürs Leben, könnte man dem sagen. Dennoch blieb ich unsicher.

«Wären wir nicht hergekommen, würdest du jetzt nicht an Krücken umherlaufen müssen.»

«Wären wir nicht hergekommen, dann würden wir genau diesen Augenblick nicht erleben», erwiderte Jonas sofort.

«Du hältst Zweisamkeit in einer Damentoilette im Krankenhaus also für etwas Schönes? Wenn ja, dann muss ich dich leider enttäuschen. Wir teilen offenbar nicht dieselben Vorlieben dafür, was ein romantisches Date angeht.»

«Na gut, es gibt besseres als diese Kabine hier. Wirf einen Blick nach draußen, zum Beispiel.»

Jonas machte einen Wink in Richtung des kleinen Fensters über uns, das schräggestellt war und durch das kühle Luft in den Raum hineindrang. Ich stellte mich auf die Zehenspitzen und linste gemeinsam mit Jonas nach draußen.

«Siehst du etwas?»

«Falls du auf das hinauswillst: Räuberleiter kannst du dir ersparen. So klein bin ich nun auch wieder nicht.»

Ich sah tatsächlich etwas. Linste ich über die Fensterbank nach draußen in die Nacht, war es dort alles andere als einfach nur stockfinster.

Vor dem pechschwarzen Nachthimmel zeichnete sich der beleuchtete Pariser-Eiffelturm und die Hochhäuser der Stadt ab. Ein Bild, dass man sonst nur im Internet zu sehen bekam, auf einmal vollkommen real. Und unglaublich schön.

«Du Langweiliger! Warum hast du mir nicht schon früher gesagt, dass man das absolut wundervollste Wahrzeichen Frankreichs bei Nacht vom Spital aus sehen kann?», warf ich Jonas vor, ohne den Blick von den warmen Lichtern des pyramidenförmigen Gebildes abzuwenden.

Fast wäre ich wieder abgereist, ohne den Eiffelturm zu sehen. Zwei Wochen in Paris, aber den Eiffelturm nicht gesehen. Diese Worte sollten niemandem über die Lippen kommen.

«Von meinem Zimmer aus kann man ihn nicht sehen», rechtfertigte sich Jonas und ich glaubte ihm, weil ich in seinem Blick las, wie fasziniert auch er von dem unglaublich imposanten Konstrukt war, die so weit über die Dachspitzen der höchsten Wohngebäude herausragte.

«Außerdem wollte ich das hier für einen besonderen Moment aufbewahren.»

Ich hörte, wie Jonas etwas aus seiner Hosentasche hervorzog. Kaum hatte ich den Kopf zu ihm gewandt, um zu sehen, um was es sich bei *das hier* handelte, hielt mir Jonas schon ein kleines, in geblümtes Geschenkpapier eingewickeltes Päckchen entgegen.

«Happy Birthday. Wurde auch langsam Zeit dafür. Aber besser spät als nie.»

Jonas Stimme war nur noch ein Flüstern, als er mir das Päckchen überreichte, dass ich, absolut wortlos, entgegennahm. Es hatte mir die Sprache verschlagen. Vermutlich sollte ich aufhören zu zählen, wie oft in den letzten Tagen Jonas das schon geschafft hatte.

«Denk jetzt bloß nicht, dass ich deinen Geburtstag vergessen habe und nach irgendwelchen Ausreden suche, um zu erklären, warum ich dir das Geschenk erst jetzt geben konnte. Ich wollte es dir schon einmal geben. Erinnerst du dich? Damals, als ich dich nach der Arbeit gefragt habe, ob du noch zu mir kommen willst und…»

«Jonas, hör auf. Du musst mir nichts schenken. Und wenn doch, dann spielt es keine Rolle, wann, wieso und an welchem Ort du das tust.»

Jonas schien sich zu entspannen.

«Gut, dann mach es auf.»

Ich gehorchte. Übervorsichtig riss ich das Geschenkpapier an den Seiten auf und achtete darauf, es nicht versehentlich zu zerreißen. Das war so eine Angewohnheit von mir. Ich nahm an, Menschen konnte man nach der Art Geschenke auszupacken unterschieden, wie daran, welche Haarfarbe sie hatten. Nur heute war meine vorsichtige Auspacktechnik schwieriger auszuführen als sonst, da meine Finger leicht zitterten.

Als ich das Papier irgendwann doch fein säuberlich entfernt und zusammengefaltet hatte, kam ein kleines, schwarzes Kästchen zum Vorschien und mir fiel es schwer, nicht an einen Hochzeitsring zu denken. Als ich es aufklappte, bestätigte mir jedoch eine feingliedrige, goldene Kette mit einem filigranen Bienenanhänger mit Gold und Silberstreifen, dass Jonas das «wir lassen es langsam angehen» zum Glück ernst gemeint hatte.

«Gefällt sie dir?»

Ich wusste nicht, was ich sagen sollte.

«Ich weiß nicht, was ich sagen soll.»

«Heißt das, sie gefällt dir nicht?»

«Nein! Im Gegenteil!»

«Gut, mehr brauchst du auch nicht zu sagen.»

Ich sagte nichts mehr. Stattdessen fiel ich Jonas um den Hals. Über seine Schulter hinweg betrachtete ich nochmal den beleuchteten Eiffelturm, der in der düsteren Nacht so viel Wärme und Zufriedenheit ausstrahlte, und versprach mir, dieses Bild und dieses Glücksgefühl, das sich in mir festgesetzt hatte, so sehr in mir aufzusaugen, so dass es für immer bleiben würde.

«Du hattest recht. Es hat sich absolut gelohnt, hierherzukommen.»

Schon nur für diesen Moment hier in der Damentoilette eines Pariser Krankenhauses.

«Ah, und noch was zu der Kette», unterbrach Jonas die Stille. «Was?» «Lass dich bloß nicht zu dem Gedanken verleiten, dass du von nun an meine kleine Biene sein wirst. Wenn ich eine Biene sehe, muss ich an dich denken, deshalb dachte ich, die Kette ist passend. Aber das ändert nichts daran, dass du für immer und ewig mein freches Einhorn sein wirst.»

«Uff, da bin ich froh. Ich bezweifle, dass Affen mit Bienenallergie gut zu Honigbienen passen.»

«Die werden wohl nie so richtige Freunde.»

-Epilog-

Der Star des Tages

Home sweet home, kam mir in den Sinn, als ich den Gästebereich – der mal wieder eher halbleer als halbvoll war – mit einer Ladung Pommes betrat.

Nach einem Abenteuer wieder in den Alltagstrott zurückzukehren, fühlte sich immer für einige Zeit seltsam an.

Es fühlte sich seltsam an, seit einer Woche wieder vor der Fritteuse zu stehen, den vertrauten Geruch nach Bratfett zu inhalieren, während ich dabei zusehe, wie frische Gartenkartoffeln zu fettigen Kalorienbomben mutierten.

Es fühlte sich seltsam an, die Wünsche der Gäste von den Lippen abzulesen, bei den seltsamsten Extrawürsten nicht das Gesicht zu verziehen, jegliche Kritik über sich ergehen zu lassen und dann doch nie mehr Trinkgeld als eine Handvoll Kleingeld zu bekommen.

Es fühlte sich seltsam an, mit Jonas in der Küche zu stehen und Gemüse zu schnippeln – das es bei uns zwar eher selten gab, aber ab und zu trotzdem – und so zu tun, als wäre nie etwas gewesen. Es fühlte sich so anders an, mit ihm Zeit zu verbringen. Jonas und ich waren uns unbestreitbar nähergekommen und es gefiel mir. Wir waren zu einer Art Seelenverwandten geworden.

Ich musste mich also korrigieren; nicht alles fühlte sich seltsam an, seit wir hierher zurückgekommen waren. Mittlerweile war ich mir sicher, dass Jonas der Grund dafür war, dass ich nicht schon lange die mit Öl und Ketchup verschmierte Schürze in eine Ecke gepfeffert hatte. Solange er da war, gab es für mich einen Grund, davon zu träumen, was nach der Ausbildung sein würde. Jonas erinnerte mich jeden Tag daran, was in der Zukunft auf uns wartete. Auf uns warten könnte.

Um ehrlich zu sein, sah ich uns schon jetzt in unserem eigenen Bistro und wie wir im *Yoki's Honighaus* den Gästen ein Lächeln aufs Gesicht zauberten, indem wir ihnen einen dampfenden Teller Honigomeletten vor die Nase stellten. Natürlich könnte es utopisch sein, was ich mir ausmalte, und wir würden dieses Zeil nie erreichen. Aber wer hatte gesagt, dass es verboten war, zu träumen? Wer nicht träumte, der hatte keine Ziele zu erreichen. Und wer keine Ziele im Leben hatte, der steuerte mehr oder weniger planlos auf offener See umher. Auf der Suche nach etwas, das vielleicht schon längst vor der Nase liegt.

«Knusprig goldgelb, nicht *pinkelhart* dunkelbraun», war da eine Stimme hinter mir und gleich darauf zwei

Arme, die sich mir von hinten um den Bauch schlangen. Geschichten hörten eigentlich immer da auf, wo sie angefangen hatten – schoss es mir augenblicklich durch den Kopf. Und offensichtlich auch mit genau denselben, langsam aufgebrauchten Sprüchen.

«Ich würde mal behaupten, Sessel hat seither genug Dinge von sich gegeben, die du als *Running-Gag* verwenden könntest, anstelle immer denselben lahmen Satz zu zitieren.»

«Warum etwas ändern, dass doch gut ist?»

Jonas' Worte machten mich stutzig. Ja, warum eigentlich? Warum wollte man eigentlich immer alles verändern, obwohl das Leben doch immer irgendetwas Schönes zu bieten hatte? Und auch wenn im Moment nicht alles Friede-Freude-Honigkuchen war, warum nicht einfach einen backen?

«Und vielleicht solltest du wirklich einmal anfangen, Sessels Worte etwas ernster zu nehmen», fuhr Jonas fort, und ehe ich mich empört über den Ratschlag zu ihm hätte umdrehen können, bemerkte ich es selbst. Bemerkte, wie es roch. Es roch nach Pommes, die eindeutig nicht mehr knusprig goldgelb waren, sondern schon eher Richtung *pinkelhart* dunkelbraun tendierten.

Hastig eilte ich zur Fritteuse und hob den Korb aus dem heißen Öl. Zu spät. Das wars dann wohl gewesen mit den einstmals frischen, gesunden Gartenkartoffeln.

«Kannst du bitte mal aufhören, mich dauernd abzulenken?», schnauzte ich Jonas an.

«Kannst du bitte mal aufhören, dich dauern von mir ablenken zu lassen, als wäre ich ein Affe im Zoo?»

Ich boxte ihm in die Seite. Dann umarmte ich ihn.

«Einhörner und Affen sind wohl einfach zu verschieden.»

«Naja, man sagt ja, dass Gegensätze sich anziehen, oder nicht?»

Ehe ich etwas darauf hätte erwidern können, kam Sessel in die Küche gerauscht. Natürlich kam er immer dann hereingeplatzt, wenn man es gerade nicht nötig hatte.

«Was riecht den hier so verbrannt? Ihr habt doch nicht etwa…»

Oh doch, hatte ich.

Sessel verstummte abrupt, als er auch auf diesen Schluss kam. Ich sah dabei zu, wie sein Vollmondgesicht in Sekundenschnelle von hellbraun auf Rot wechselte. Dunkelrot. Wie eine Ampel.

«Kannst du denn nicht aufpassen? Willst du, dass ich den ganzen Laden dichtmachen muss wegen deiner Scheißaktionen hier? Du kapierst wohl nicht, das Geld nicht auf Bäumen wächst. Langsam frage ich mich, ob du überhaupt zu etwas taugst.»

Er kam einen Schritt näher und beäugte mit schmalem Mund die Pommes, die ich auf die Theke gestellt hatte.

«Die kannst du wegwerfen. Solchen Mist kannst du niemandem mehr auftischen.»

«Da irren sie sich, Sess… ähm, Mr. Langenscheidt. So mag ich sie am liebsten», behauptete Jonas.

Um das zu demonstrieren, langte er nach einer Handvoll brauner Pommes und schob sie sich in den Mund. Es krachte, als er sie zerbiss und kaute. Ich konnte mir ein Grinsen nicht verkneifen.

«Wollen Sie auch mal probieren? Ich versichere Ihnen, so etwas ist genau das, was noch auf der Menükarte fehlt.» Sessel starrte mit versteinerter, ungläubiger Miene auf Jonas' Hand, in welcher er ihm ein paar Pommes entgegenstreckte.

«Kommen Sie schon, probieren Sie wenigstens eines. Oder sind Sie etwa heikel?»

Sessel sah mich beinahe hilfesuchend an. Ich nickte ihm aufmunternd zu. Dennoch kam es unerwartet, als unser Vorgesetzter nach Jonas kulinarischer Kreation griff und sie sich in den Mund stopfte. Als er daraufhin das Gesicht verzog, musste ich mich wirklich zusammennehmen, nicht schallend loszulachen.

Jonas war auch schuld daran. Er und seine Art, wie er immer noch dastand und ungeniert weiter an den Fritten – pardon, der Kostprobe für unsere neue Menükarte – herumknabberte. Der hatte vielleicht Nerven.

Anders als unser Chef. Er hatte sich lange gehalten, bis er nachgeben musste und den Inhalt seines Mundes ins Spülbecken spuckte.

«Ich weiß ja wirklich nicht, was ihr daran gut findet. Esst diesen Frass nur selbst auf, wenn er euch schmeckt. Auf die Karte wird das nicht kommen!»

Mit diesen Worten brauste er aus der Küche und ich konnte mich eines lauten Lachens entledigen.

«Er hat wirklich geglaubt, du meinst das ernst!»

Jonas sah mich verständnislos an und schob sich noch ein paar Fritten in den Mund.

«Hab ich ja auch.»

Ich hörte auf zu lachen. An meiner Stelle brach er nun in schallendes Gelächter aus.

«Das war ein Scherz! Du bist genauso darauf hereingefallen. Ich wünschte, du könntest dein Gesicht sehen!»

Ich überlegte nicht lange und griff nach dem Putzlappen, den ich immer verwendete, um die Theke zu putzen, und schleuderte ihm Jonas ins Gesicht.

«Lass uns zusammen vor den Spiegel stehen. Der Kaffeesatz-Teint steht dir.»

Jonas und ich gaben uns alle Mühe, uns etwas zu beruhigen und uns wieder unseren Tätigkeiten zu widmen, ehe unser Chef noch einen reellen Grund gehabt hätte, in die Küche zu platzen und uns eine Standpauke zu halten.

Natürlich gelang es nicht. Das Grinsen hatte sich in Jonas Gesicht festgefressen, während mir jedes Mal, wenn ich mir die braungebackenen Pommes ansah, ein Lachen entfuhr. Wie sollte ich auch anders, wenn mir dabei das Bild von Sessel und wie er sie sich in den Mund stopfte in den Sinn kam.

Aber warum nicht ein bisschen lachen? Ich hatte schon lange nicht mehr hier in der Küche gestanden und dabei dieses schöne, wohlige Gefühl in mir gehabt. Zufriedenheit, vermutete ich. Und solange ich diese mit mir trug, könnte ich den ganzen Tag lang Fritten zum Tisch schleppen und mich von den Gästen anknurren lassen, dass es entweder zu lange gedauert hatte oder dass die Fritten noch nicht ganz durch wären.

Ich machte mich mit einer neuen Portion auf in den Gästebereich, um mich anknurren zu lassen, weil es zu lange gedauert hatte, oder weil die Fritten noch nicht ganz durch waren. Zwischen den Chancen stand es fifty-fifty.

Noch während ich mich fragte, was es wohl diesmal zu bemängeln gäbe, während ich die Pommes und die dazu bestellten Getränke auf Tisch sieben platzierte, erregte etwas anderes meine Aufmerksamkeit. Der Fernseher an der Wand, der, seit ich hier arbeitete, eigentlich noch nie Beachtung von mir geschenkt bekommen hatte. Ich hatte ihn nie angesehen, weil normalerweise ein Sportsender oder ein Formel-1 Rennen lief, wobei mich weder das eine noch das andere sonderlich interessierte. Jetzt waren es die Nachrichten, die von irgendjemandem, der die Fernbedienung in die Hand bekommen hatte, eingeschalten worden waren.

Aber das war nicht einmal der Grund, warum ich die restlichen Teller auf dem Tablett stehen ließ und meinen Blick wie gebannt auf den Bildschirm richtete. Es war die Stimme der jungen Frau, die gerade interviewt wurde, die ich erkannte, ohne dass ich sie auf dem Bild sehen musste. Florence da stehen zu sehen, im Hintergrund der Garten mit dem Apfelbaum und dem Bienenkasten, bestätigte mir nur, dass ich mich nicht verhört hatte.

«…erfreulich zu hören, dass die junge Generation sich für den Umweltschutz und die Zukunft unseres Planeten interessiert, und offensichtlich sogar Vorschläge hat, die aktuelle Situation zu verbessern. Die siebzehnjährige Florence aus Paris hat mir ihrer Maturaarbeit ein Schritt in die Zukunft der nachhaltigen Haltung von Honigbienen gemacht und den Fokus ihrer Forschung auf Wildbienen gelegt, was erstaunliche Ergebnisse hervorgebracht hat. Florence, wie bist du auf die Idee gekommen, dich ausgerechnet mi Bienen zu beschäftigen, wo es doch so viele andere Seminarthemen zu Auswahl gab?»

«Muss man sich hier neuerdings selbst bedienen?», fragte mich die Frau am Tisch mit einem vorwurfsvollen Blick. Ich zuckte zusammen und bemerkte, wie sie mir meine Aufmerksamkeit entrißen hatte und an mir vorbeizugehen drohte, was Florence sagte.

Ich musste es mir anhören. Ich musste einfach. Nur noch ein paar Sekunden.

«Nun ja, das eigentliche Thema meiner Arbeit war es, eine Forschungsprojekt zu planen und dazu eine Leitfrage zum Thema Umweltforschung aufzustellen. Ich muss zugeben, dass ich mich am Anfang etwas planlos an die Sache gemacht hatte, bis ich eines Tages mein Zimmer aufgeräumt hatte und die Bodenluke unter den Dielen entdeckt hatte…»

Ich bemerkte, wie ich die Luft anhielt, als Florence ihren Blick direkt in die Kamera richtete und mich dadurch direkt anzusehen schien.

Dieser Blick galt mir. Nur mir.

Wahrscheinlich wusste sie nicht einmal, dass ich zusah. Dennoch war, das, was sie gleich sagen würde, an mich gerichtet. An mich, meine Mutter und niemand anderen hier in diesem Raum.

«Was ich darunter entdeckt habe, waren ein Stapel alter Papiere. Natürlich war ich neugierig und habe mir die Dokumente angesehen. Ich konnte nicht anders. Es handelte sich um eine Forschungsarbeit, die jemand vor langer Zeit begonnen, aber nie fertiggemacht hat. Eine Frau namens Johanna Blumenberg aus Holland. Ich wusste nicht, wer sie war. Und das ist vermutlich der Grund, warum ich den Fehler begangen habe.»

Florence holte tief Luft. Ich tat es ihr nach.

«An dieser Stelle würde ich gerne etwas erzählen, dass meine Arbeit anschließend in einem etwas weniger glorreichen Licht erscheinen lässt.»

Ich bemerkte, wie ich immer noch die Luft anhielt. Stoßartig ließ ich sie aus mir entweichen.

«Das gibt's ja nicht. Stehst du immer noch da rum? Madame, wie lange steht sie schon da?»

Ich zuckte zusammen, als ich Sessels Stimme vernahm und das selten etwas Gutes bedeutete.

Trotz des drohenden Ärgers schaffte ich es aber nicht, meinen Blick vom Fernseher abzuwenden. Meine Augen schienen daran festzukleben, wie diejenigen von Florence, die sie immer noch geradewegs in die Kamera gerichtete hatte, als ginge es ihr genauso wie mir.

«*Ich hatte nie ein Recht darauf, mir die Dokumente zu nehmen und sie meine Eigenen zu nennen, um mit den enthaltenen Informationen eine Maturaarbeit zu schreiben. Alles war für mich vorbereitet worden. Ich hatte keine großen Schwierigkeiten, die Arbeit zu vervollständigen. Der Ruhm für dieses Projekt steht mir also nicht zu.*

Johanna Blumenberg, die Verfasserin des Dokuments, ist vor ein paar Jahren verstorben. Aber sie hatte eine Tochter und sie wäre die rechtmäßige Erbin gewesen. Ihr Name ist Kira Blumenberg.»

Hätte ich versucht, mich vom Bildschirm loszureißen und in die Küche zurückzugehen, wäre es zu spät gewesen. Sessel hatte mich schon erreicht. Der Zorn darüber, mich hier stehen zu sehen und nichts zu tun, stand ihm überdeutlich ins Gesicht geschrieben.

Als er seinen Blick für einen kurzen Moment zum Bildschirm richtete, als wollte er kontrollieren, was ich hier tat, wechselte der Ausdruck schlagartig. Es kam mir vor, als hätte jemand gerade einen Hebel in seinem Kopf umgelegt.

«Kira Blumenberg», stammelte er vor sich hin, die Augen da fixiert, wo es die meinen noch vor ein paar Sekunden gewesen waren.

«Spricht sie von dir?»

Als ich die Stimme hörte, drehte ich mich um, und sah eine Frau, die von ihrem Tisch aufgestanden war, um sich die Nachrichten im Fernseher etwas näher anzuschauen. Ihr Blick war auf den Namenspin gerichtet, den ich an meine Bluse gesteckt hatte. Kira Blumenberg, stand darauf. Er hatte mich verraten.

«Ja, die bin ich wohl», entgegnete ich mit einem schiefen Lächeln.

«*Kira ist die Tochter von Johanna Blumenberg, die diese Arbeit begonnen hat. Ein unglaubliches Werk, dass davon erzählt, welch großen Einfluß der Mensch auf die Natur genommen hat und wie wichtig es ist, das Natürliche zu wahren. Diese Frau ist der Grund, warum ich heute hier stehe und sprechen darf. Sie hat etwas herausgefunden, dass unbedingt mit der Welt geteilt werden muss. Was ich getan habe, war lediglich, die Arbeit zu vervollständigen und zu modernisieren. Was Johanna Blumenberg herausgefunden hat, habe ich erweitert. Außerdem habe ich nach Lösungsansät-*

zen geforscht, die es in Zukunft ermöglichen könnten, die Gesundheit von Honigbienen zu fördern. Das alles hätte ich niemals geschafft, hätte mir Johannas Arbeit nicht als Basis vorgelegen. Ich möchte ihr und ihrer Tochter hiermit einen großen Dank aussprechen, dass ich mich mit ihrer Schrift auseinandersetzen durfte. Mein Erfolg ist auch ihr Erfolg. Vielen Dank, Kira. Falls du gerade zuhörst.»

Ja, verdammt nochmal. Ich hörte zu! Und wünschte mir gerade irgendwie, es nicht getan zu haben, weil es mich dermaßen aus der Fassung brachte und ich anfangen würde zu weinen, wenn Florence weitersprach.

Vielleicht war es gut, tat sie es nicht.

Das Bild wechselte und zeigte den Garten vor dem Haus mit dem leeren Bienenkasten. Ein weiteres Video zeigte das Haus aus größerer Entfernung und die Lavendelwiese davor, während eine weibliche Stimme im Hintergrund erklärte, worum es sich genau bei Florences Arbeit handelte.

«Es ist eine unglaublich gute Sache, die ihre Mutter da geleistet hat. Sie können stolz sein, ihre Tochter zu sein», erklärte mir die Frau und nickte mir anerkennend zu.

Als ich meinen Blick durch den Raum schweifen ließ, erkannte ich, dass sie nicht die Einzige war, die auf einmal auf mich aufmerksam geworden war. Aus verschiedenen Winkeln des Zimmers wurden mir neugierige Blicke zugeworfen.

«Unsere liebe Kira entstammt einer ganz besonderen Familie. Wir sind stolz, sie in unserem Team zu haben.»

Plötzlich stand Sessel nicht mehr vor dem Fernseher, sondern direkt neben mir und legte mir die Hand auf die Schulter. Als würde ich ihm gehören. Ich schüttelte sie ab.

«Sie haben allen Grund, stolz zu sein auf Ihre kleine Berühmtheit, die sie da unter Ihren Angestellten haben.»

«Ich habe schon immer gewusst, dass etwas Besonderes in ihr steckt, nicht wahr Kira?»

Die Kira – die schüchterne, hilflose Kira, die ich vor meiner Reise nach Paris gewesen war – hätte jetzt höflich genickt und Sessel den Triumpf gegönnt, aus Angst vor den Konsequenzen.

Die Kira, die ich jetzt war – der man das Feuer zurückgegeben hatte – die hatte keine Lust, sich davon unterkriegen zu lassen.

«Die faule Jungend von heute ist wohl doch zu etwas nutze, nicht wahr?»

Meine Aussage entlockte der Frau einen stutzigen Gesichtsausdruck. Mit hochgezogener Augenbraue sah sie meinen Vorgesetzten an, dem die Schweißperlen schon auf der Stirn glitzerten.

«Aber Kira, du weißt doch, dass ich immer an dich geglaubt habe. Sei doch nicht so bescheiden», erwidert Sessel mit einem nervösen Lachen.

«*Il es tune mauvaise menteur*», hörte ich eine Stimme direkt hinter mir und brauchte mich nicht umzudrehen, um zu wissen, dass es Jonas war.

«*Tout a ton avis*», erwiderte ich, weil ich wusste, dass Sessel kein Französisch konnte. Ein Grund mehr, warum es sich gelohnt hatte, nach Paris zu reisen.

«Was?», fragte er, immer noch dieses dämliche Lächeln im Gesicht.

«Ach, gar nichts», erwiderte ich mit einem vielleicht noch dämlicheren Grinsen im Gesicht.

Es reizte mich sehr, dieser Frau vor mir zu erklären, was hier wirklich Sache war und dass Sessel nicht mit offenen Karten spielte. Es wäre die Gelegenheit, ihm ein für alle Mal das Handwerk zu legen.

Jedoch war mir die Tatsache bewusst, dass es vermutlich nicht die schlauste Idee war, sich gegen einen Vorgesetzten zu stellen, der vor ein paar Wochen noch damit gedroht hatte, mich rauszuwerfen. Ich war von der Lehrstelle abhängig, ob sie mir nun gefiel oder nicht. Außerdem hatte ich Sessel wohl schon genug damit gereizt, dass ich mir spontan zwei Wochen Urlaub genommen hatte, um meine arme Großmutter zu besuchen, deren Haus überfallen worden ist und die deshalb in einer finanziellen Krise steckte.

Ich zwang mich dazu, ruhig zu bleiben, was gar nicht so leicht war.

«Gönn ihm den Triumpf», flüsterte Jonas mir ins Ohr, so dass nur ich es hören konnte.

Ich entspannte mich.

Jonas hatte Recht. Vielleicht gab es keine Gewinner und keine Verlierer in diesem Spiel. Oder wir waren alle Gewinner und Sessel hatte auch sein Happy End verdient. Und eben sein unverdientes Ansehen.

Es würde allen zugutekommen, wenn künftig mehr Leute in *Joe's* kamen. Sessel würde mehr Geld einnehmen, wäre wesentlich entspannter und so wäre die Situation auch für uns von Vorteil.

«Ja, bei Mr. Langenscheidt zu arbeiten ist ein großes Privileg. Wenn Sie uns nun entschuldigen, wir müssen weiterarbeiten.»

Ich machte mich daran, Geschirr und Besteck vom Tisch abzuräumen.

Mein Blick schweifte dabei unwillkürlich durch den Raum bis hin zum Fenster nach draußen. Es hatte zu schneien begonnen. Als hätte der Herbst urplötzlich beschlossen, sich zu verabschieden, um dem frostigen Winter Platz zu machen und unserer Geschichte ein gelungenes Ende zu verschaffen.

«Gemütlich, oder?» Jonas stand immer noch hinter mir.

«So gemütlich, dass ich mich am liebsten auf ein Sofa legen und schlafen würde.»

«Schon müde von der ganzen Aufmerksamkeit?»

«Die scheint Sessel gerne für sich zu beanspruchen», entgegnete ich und deutete mit einem Kopfnicken in Richtung unseres Vorgesetzten, der immer noch bei den Gästen stand und sie unterhielt, wobei er wild mit den Händen gestikulierte.

«Was meinst du, ob er wohl heute gut genug gelaunt ist, uns etwas früher gehen zu lassen? Ich würde dich gerne zum Essen einladen.»

«Wenn er heute keinen Grund dafür hat, wird er ihn wohl nie haben. Ich denke, ein gemütliches Dinner in der Crêperie mit Ausblick auf wirbelndes Schneetreiben wird sich einrichten lassen», bestätigte ich, wobei ich nicht verhindern konnte, dass sich schon nur beim Gedanken daran ein Lächeln in mein Gesicht schlich.

«Wenn ich dir noch einen Tipp geben darf…»

«Und der wäre?»

«Sessel wird uns ganz bestimmt nicht gehen lassen, wenn du die Fritten wieder anbrennen lässt. Ich rieche da schon etwas aus der Küche, das nicht mehr ganz so im Bereich «knusprig goldgelb» liegt.»

Es gab Dinge, die änderten sich nie. Seien es nun anstrengende Vorgesetzte, blöde Sprüche, dumme Angewohnheiten wie meine offensichtliche Unfähigkeit, Pommes zu machen, oder ganz andere Alltagsprobleme.

Und genau so musste es sein. Man musste nur erkennen, wie nebensächlich das alles doch eingentlich war.

Blumenbergs (annektierte!)
französische Honigspezialitäten

* mit Kira's Notizen ergänzt

Véra's Frühstücksporridge mit Honig und Nüssen

Zutaten für 2 Portionen

- 70 g. feine Haferflocken
- 4-5 dl. Pflanzendrink (Mandelmilch) oder Kuhmilch
- Eine Priese Salz
- 1 TL Mohnsamen
- 4-5 El. Honig
- Etwas Vanillezucker
- 2 El. gemahlene Nüsse (Mandeln oder Haselnüsse)

Topping: nach Belieben Nüsse, Mohn, Früchte und Honig verwenden.

Die Haferflocken leicht in einer Chromstahlpfanne anrösten und mit Milch ablöschen. Mohnsamen, Mandeln und Nüsse hinzufügen und 10 min. kochen lassen. Mit Honig, Salz und Vanillezucker abschmecken. (Bei Bedarf mit Wasser oder Milch verdünnen) Das Porridge kann nach Belieben gesüßt und mit Toppings garniert werden.

Französischer Nougat vom Herbstmarkt

(Schwierigkeitsstufe 11 von 10!!!)

<u>Zutaten für 4 Portionen</u>

- 2 Eier (nur Eiweiss)
- Eine Prise Salz
- Ein El. Zucker
- 130 Gramm Honig
- 200 g Zucker
- 60 g Haselnüsse (in Hälften geschnitten)
- 60 g Pistazien

(Haselnüsse und Pistazien nach Belieben durch andere Zutaten ersetzen.)

- 2 Blatt Oblaten
- Oder Puderzucker

Eiweiss mit Salz und einem EL. Zucker mit einem Schneebesen (oder Handrührgerät) steif schlagen. Honig und Zucker separat in einer Pfanne erhitzen, bis 140-150 Grad erreicht sind. Vom Herd nehmen und schnell unter die Eiweissmasse rühren. Nüsse und ggf. Trockenfrüchte unter die Masse mischen. Weiterschlagen, bis die Masse abkühlt und fester wird, anschließend ca. 2 cm dick auf ein Oblaten-Blatt in einem Backblech geben, mit einem zweiten bedecken und auskühlen lassen. Andernfalls auf eine Schicht Puderzucker geben und nach Auskühlen mit Puderzucker bestäuben. In gleichmäßige Würfel schneiden. (Falls der Nougat nicht fest werden sollte und viel zu klebrig bleibt, bei 70 Grad Umluft 1 – 3 Stunden in den Backofen stellen und danach kühlstellen. Das braucht etwas Geduld.)

Véra's Madeleines als süße Frühstücks-Sünde

Butter schmelzen und etwas auskühlen lassen. Derweilen Eier, Zucker, Salz und Honig schaumig schlagen. Vanillestängel der Länge nach aufschneiden und Mark herauskratzen, der Masse beifügen. Mehl mit Backpulver vermengen, (durch ein Sieb streichen) und mit einem Teigschaber unterrühren. Zuletzt die flüssige Butter unterrühren und mind. 1 Stunde kaltstellen.

<u>Zutaten für 20 Stück</u>

- 150 g. Butter
- 3 Eier
- 140 g. Zucker
- 1-2 Priese(n) Salz
- Eine halbe Vanilleschote
- 2-3 El. Honig
- 150 g. Mehl
- 1/3 TL. Backpulver
- Butter (zum Fetten der Form)

(Vorzugsweise Madeleine-Förmchen verwenden, ansonsten Muffin- oder Silikonformen nehmen.)

Backofen auf 180 Grad Ober-Unterhitze oder 160 Grad Umluft vorheizen. Formen mit weicher Butter bepinseln. Teig vorzugsweise in einem Spritzbeutel füllen und Förmchen etwas über die Hälfte befüllen. 12 bis 14 Minuten, bis der Teig goldgelb, nicht pinkelhart dunkelbraun geworden ist, backen. ☺
(Tipp: Nach Belieben kann 50g Mehl mit 50 g gemahlenen Mandeln ersetzt werden.)

Nachwort der Autorin

Die Jugend von heute ist naiv, unverantwortlich und unerfahren – heißt es häufig. *Sie versteht den Ernst des Lebens einfach noch nicht.*

Dass ich siebzehn Jahre alt bin, gibt mir also nicht das Recht, eine Geschichte zu schreiben, die den Ernst des Lebens wiederzugeben versucht und sich mit Themen befasst, die die Jugend beschäftigt?

Natürlich sind wir unerfahren, weil wir noch keine Zeit hatten, erfahren zu werden. Natürlich sind wir naiv, weil wir noch nicht gelernt haben, misstrauisch zu sein. Natürlich machen wir Fehler, weil wir noch nicht wissen, wie wir sie umgehen. Aber wie sollen wir lernen, die Fehler zu vermeiden, wenn wir sie nicht machen dürfen, um daraus zu lernen?

Dass es einem an Alter mangelt, heißt nicht, dass es einem an Kreativität und Erfahrung fehlt, im Gegenteil. Keine Erfahrung bedeutet vielleicht mehr Vorstellungskraft. Weniger Rationalität und mehr Kreativität.

Es sind Erlebnisse, die mich verängstigt, verunsichert und nachdenklich gemacht haben, die ich gerne niederschreibe und sie mit der Welt teilen möchte, um sie zu verarbeiten und gleichzeitig andere darauf aufmerksam zu machen, damit diesen vielleicht nicht die gleichen Fehler passieren wie mir. Mit Kira habe ich einen Charakter mit Fehlern und Macken kreiert, der weder mich noch meine eigene Lebensweise darstellen soll – weil ich noch nie ein großer Fan vom Tagebuchschreiben war – aber meine eigene Denkweise und Weltanschauung wiedergibt und sich meines – vielleicht kleinen – Repertoires an Lebenserfahrungen bedient. Das ist es, wofür es sich für mich gelohnt hat, diese zu machen. Sie vielleicht nicht vollends zu verstehen, ist vielleicht der Grund dafür, warum so viel darüber erzählt werden kann.

Als junge Person muss man das Leben erst einmal begreifen und nach den richtigen Worten suchen, es zu beschreiben. Fehler, die man macht, sind nichts Schlimmes, sondern bieten einem die Gelegenheit zu wachsen und sich auf die Suche danach zu begeben, wie man seine Zeit, die einem gegeben wird, gestalten will. Und gleichzeitig lernt man, wie wichtig es ist, in all dem Durcheinander der Gestaltung eins nicht zu vergessen: zu leben.

(Wer das hin und wieder mal vergisst, der soll sich ein gutes Beispiel an Morgane nehmen. Na gut, Partys in der *caverne* vielleicht ausgeschlossen.☺)